出口王仁三郎

皇典釈義

素盞嗚尊と近江の神々

出口王仁三郎聖師

出口王仁三郎聖師

〈聖者のおもかげ〉

天上の吾たましひは生きてをり三千世界を守りつ照しつ

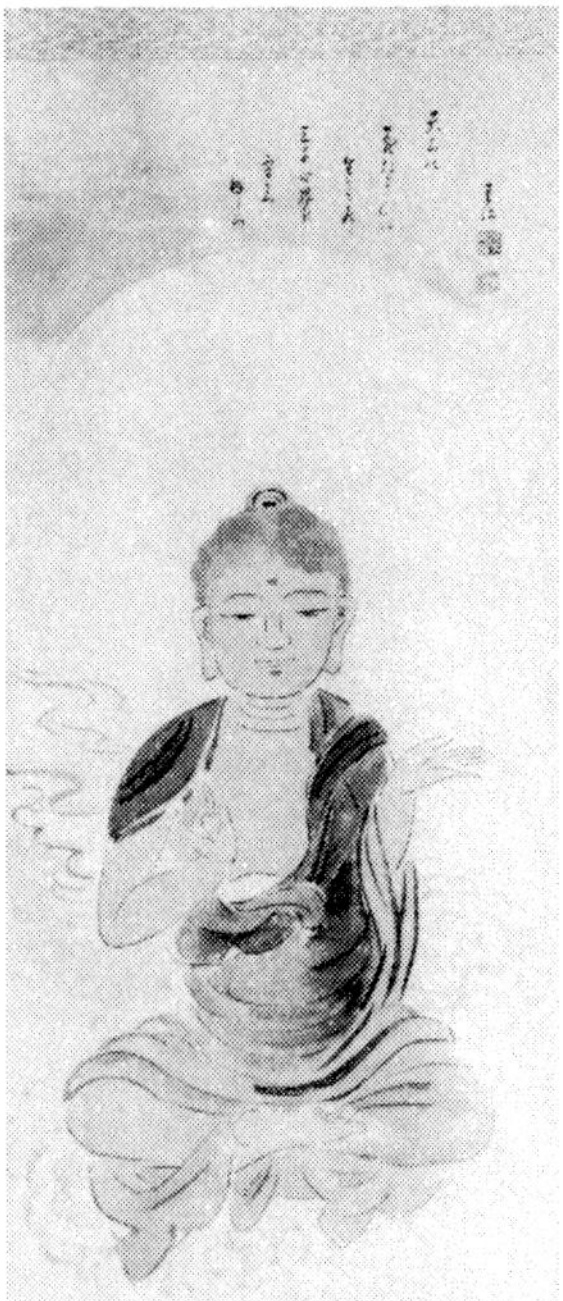

天上の瑞御魂

もゆる火のほなかに立ちて邪鬼退ふ日本武雄の不動の心よ

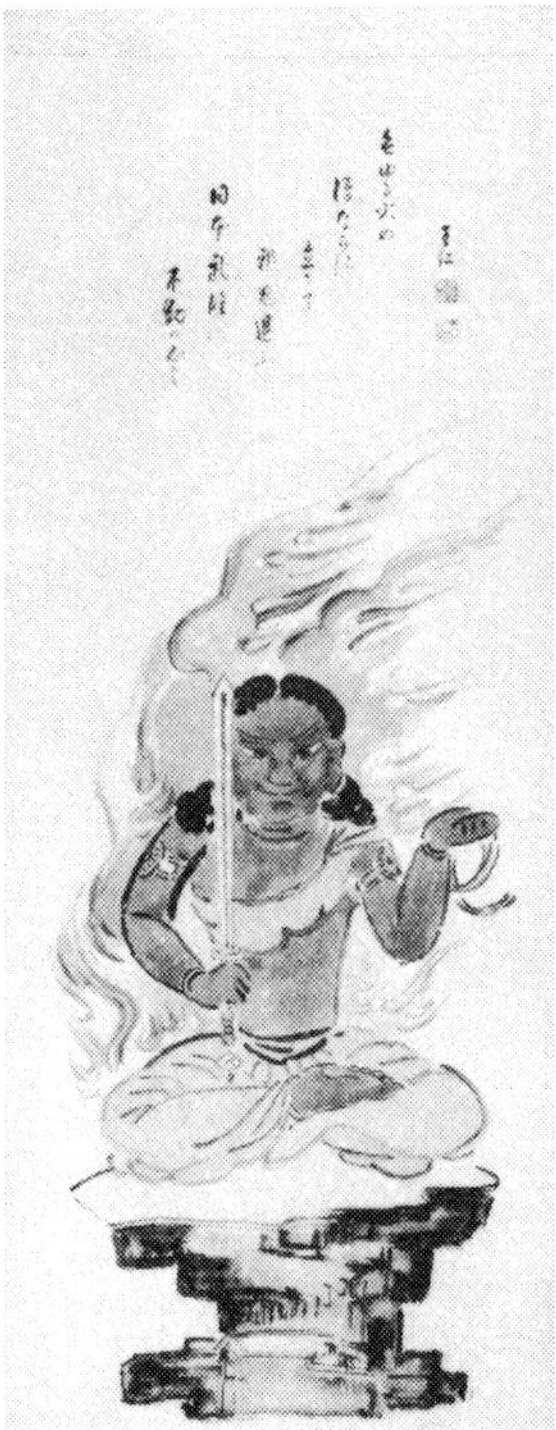

日本武雄

〈大津絵〉

まちのやのねごろ月光さゆる夜の岩を力に研ぎすますます武者

世を茶にし酒にして居るずるい奴瓢箪鯰のつかまへ所なし

墨染のころもに垢を包みつゝ鬼の念佛かねたゝきとる

外すぼり内弁慶の強い事半鐘の嫣を頭にかついで

中空に鷹を放てば雲に入り知行高までかへらずなりけり

毛槍持ち是でも見事二人扶持一人まへの武士にはあらねど

雷公も怒鳴った跡は地に降りて一汗流がす五右衛門風呂かな

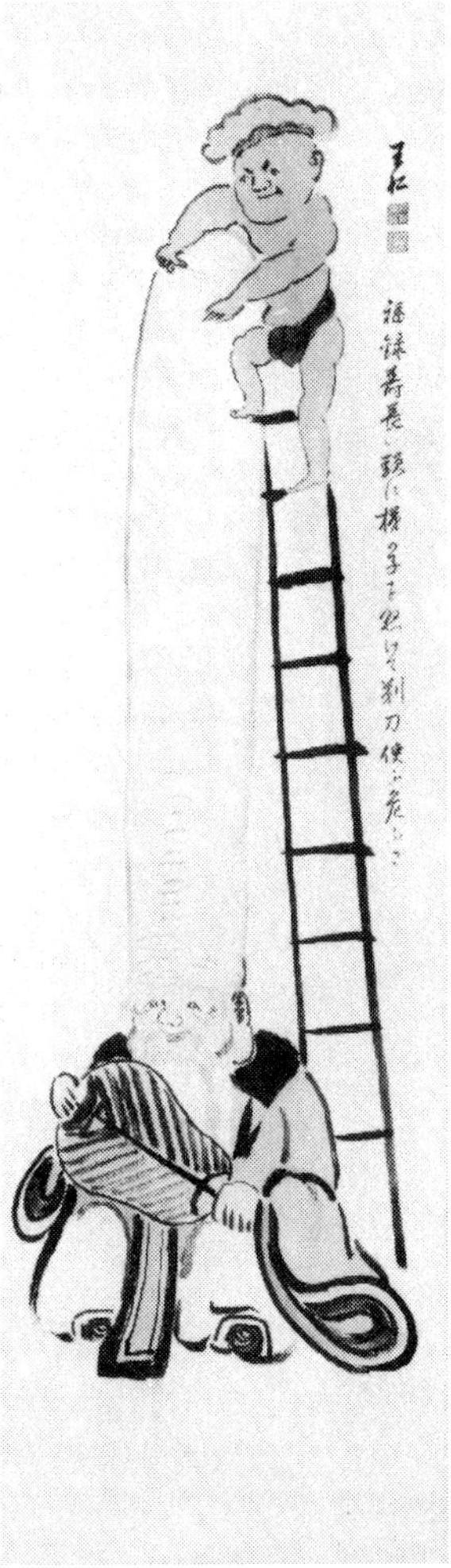

福禄寿長い頭に梯の子を懸けて剃刀使ふ危ふさ

大津絵の塗り笠お山と侮どるな天下の美人不二娘ぞや

琵琶法師闇の浮世を渡り行けば尻からいぬが嗅ぎ付けて来る

まえがき

日本の文化は古く、神代が今に脈々と生き続けている。

大正七（1918）年八月八日執筆の本書『皇典釈義』には、『古事記』、『日本書紀』などに、言霊学と出口王仁三郎聖師自身の考えを加えた内容が略解され、『皇典』に表わされなかったスサノオはじめ神々の世界から、現代の私たちに語りかけるものがある。

「皇典は神話即ち歴史にして、歴史即ち宗教なり。この天地一貫の大真理大真実を究むるにあらざる限り、大日本神典は遽《すみやか》に説くを得べきに非らず。」と示され、『皇典』には神話、歴史、宗教の三大視点がある。

『皇典』を神話とすれば神話になり、歴史書と解釈すれば古代遺跡が各地で発見され、大和政権前の見直しがされている。また宗教と捉えるなら、神代の神人が、永遠に霊すなわち本守護神、本体の生命が無限に持続し、日本各地の神社に祭祀され、多くの人々の崇敬を集め「神代即ち今日、今日即ち神代」として生き続けているのもその一つの現れです。『皇典』には国常立尊の修理固成、イザナギ、イザナミ大神の国生み神生み、その他の神々が登場し神政を施される。しかし、地上は体主霊従の世界となり、次に天照・月読・素盞鳴大神の三貴神が登場し、そこから三女神と五男神が生れ、日本の先祖の原点へとつながってゆく。

それについて釈義には、人類の始めは日本であって、それが滋賀県の琵琶湖周辺であるとの夢のような指摘がある。近江の国琵琶湖《あめのまない》（天の真名井）で天照大神と素盞鳴大神を機関とする「誓約《うけい》」から誕生した三女五男神がそれで、出生の場所、祭祀される神社など、その聖蹟が各地に顕彰される。

また出口聖師は三段の雛形として琵琶湖を小、日本海・太平洋を中、カスピ海を大と考え、国々所々で人類が誕生し、世界は同じ共通の先祖をもつ。そして古代の日本の文化は高く、鉄や農耕、既に失ってしまった神代文字など、大和政権成立よりはるか以前の神代の日本に注目したい。

琵琶湖を一周すると、満々とたたえる湖から、人間はこの湖によって守られ生かされてきたのではないか、といった神秘的な気分がする。清々しい比叡の山、湖東の山々、琵琶湖を人間側から見るのではなく、山や湖の側から人間に対して生命の豊かな息吹を語りかけてくる。

出口聖師の提唱する人間の起源説、興味深いこれからの課題です。

平成二十三年三月八日　　みいづ舎編集

【例言について】

一、本書使用の活字は、「神典、仮名遣いは厳なるが上に厳なり」と明示されるが、ここでは皇典釈義を資料として紹介するもので旧字体やルビを読みやすく一部新字体に改めた。

　また原本の一部にルビが付され大半はルビがなく、編集で添付した。一部に不明な個所がある。印刷不良の個所は、引用の文献『天地はえぬきの巻』、『道之大原』、『古事記』、『日本書紀』などを参考にした。

二、本文中の（＝○○○）は編集で注として挿入した。

三、例言に「読者もし疑義の点あらば必ずこれを質すべし」とある。

四、大正七（一九一八）年の『神霊界』誌上に「必読の書」として公告されている。昭和四十六（1971）年一月「大本教学研鑽会」で取上げ、『霊界物語のしおり』に「皇典釈義例言」のみが掲載され、本文は省略される。「愛善苑」の故窪田英治氏の「聖跡ルポ」の取材や、研修会によく活用されている。

五、本書は、『神霊界』「大八洲號」（大正七年八月十五日発行）（八幡書店刊）に発表されているので参考下さい。

もくじ

まえがき……………………I

第一篇　皇典釈義

皇典釈義例言……………………3

第一節　全大宇宙……………………7
第二節　天御中主神・⊙の声・言霊学……………………8
第三節　高　天　原……………………10
第四節　至大天球中の修理固成・魂線・識心……………………13
第五節　四魂・五母韻……………………21
第六節　四大と四魂……………………27
第七節　魂線の結合……………………28
第八節　三貴子の御出生・宇内の御付属……………………31
第九節　天照大御神・伊勢内宮・伊勢外宮……………………33

第十節　宇内は一大国家也……36
第十一節　大日本国と小日本国・祭事・理法禮道……37
第十二節　君、大臣、小臣、民の御出現……39
第十三節　四大身の御本務……41
第十四節　大八洲の象……44
第十五節　大八洲極徳・大祓の祝詞解……46
第十六節　国土就成・體系神々の大慈悲……52
第十七節　国土全部の御献上・尊霊卑體・霊體不二……56
第十八節　天地御経綸の完備……60
第十九節　（無題）……61
第二十節　三次の御付屬……62
第二十一節　神寶の真意義……63
（一）日本国の宗教…65　（二）水茎文字…67
第二十二節　神代史研究者の態度……68

第二十三節　人類出生の始め……………………71
（一）三姫神の御出生…74　（二）天保日命の御出生…75
（三）天津彦根命の御出生…76　（四）天之忍穂耳命の御出生…77
（五）活津彦根命の御出生…78　（六）熊野奇日命の御出生…78
（七）天押日命…79　（八）天津久米命の御出生…79
（九）血統永続の根源…85　（一〇）種姓の厳立…86
（一一）日本国体の厳立…87　（一二）人道の根本義…88
（一三）地徳を受けし人々の御出生…89　（一四）天中の御測量…91
（一五）声の本質、宇宙の実相…93　（一六）瓊々杵命の御化生…94
（一七）竜宮の豊玉姫…95　（一八）（弟━鳥）葺草不命の御出生…96
（一九）人體のご熟成…97　（二〇）心経錯乱…98　（二一）和膚と火食…99
（二二）産霊の真儀…101　（二三）神倭伊波礼彦命の御出生…102
（二四）天地と人體との根本関係…102
第二十四節　神倭伊波礼彦天皇の本義……………………103

(一) 大和御征討…105　(二) 神勇神武の大根源…106
(三)『古事記』は一大兵法書也…107　(四) 十六菊の御紋章…108
(五) 麻柱の大道…110　(六) 美曾岐祓の事…113　(七) 慚恥清浄…114
(八) 日本神道大意…118　(九) 八岐大蛇の物語…119
(一〇) 四季循環の神事…121　(一一) 人體の尊貴…123
(一二) ヒトの二声…124
第二十五節 (無題)……………………………128

第二篇　古代の日本は文明国
(一) 神国と太古の文明…135　(二) 神秘・荘厳の国…138　(三) 神の経綸…139
言霊の威力 (余白歌)…143

第三篇　琵琶湖の誓約
(一) 御霊のことわけ…147　(二) 琵琶の湖…163　(三) 呉の海・琵琶の湖…178

(四) 瀬戸の海・呉の海・琵琶の湖…186　素尊の遠征（余白歌）…200

第四篇　小　論

(一) 富士山…203　(二) 信濃国　皆神山…206　(三) 祈りは天帝にのみ…208
(四) 火の洗礼と水の洗礼…209　(五) 素盞嗚尊と鼻…210
(六) 鼻の世の中…210　(七) 素尊の神業…211
(八) 亜細亜大陸と素尊の御職掌…212　(九) 素盞嗚の領域…214
(一〇) 稲羽の白兎…215　(一一) 出雲言葉…216　(一二) 蓑笠の起源…216
(一三) 八岐大蛇…217　(一四) 大黒主と八岐大蛇…219　(一五) 琴の初め…219
(一六) 樹木…220　(一七) 素尊と稚姫岐美命…221　(一八) 素尊御陵(一)…223
(一九) 素尊御陵(二)…224　(二〇) 空相と実相…226　(二一) 人間の創造…227
(二二) 人間は木から生まれた…228　(二三) 男女の道…228
(二四) 蛭子の神…229　(二五) 昔は血族結婚…231
(二六) 天津神と国津神…232　(二七) 日本人種…233　(二八) 三大民族…233

（二九）湖水…234　（三〇）比叡山…235　（三一）武家人…235
（三二）呉の海…236　（三三）天津祝詞と神言…236
（三四）五百津御統丸の珠…237　（三五）原始時代の貴重品…238
（三六）瓢型の墳墓…239　（三七）三段の型…239
（三八）「ム」大陸は黄泉島…240　（三九）五男神は五大州の先祖…241
（四〇）アテナの神とアポロの神…242　（四一）五男三女神の働き…242
（四二）軍備撤廃問題…243　（四三）剣に就て…244　（四四）武の神…245
（四五）神功皇后と現われる…246　（四六）大和武尊…247
（四七）皇道と王道…247　（四八）江州はユダヤの型…248

第五篇　スサノオの経綸・琵琶湖

一、琵琶湖・近江に関する聖蹟
（一）日吉大社…251　（二）小比叡明神跡…259　（三）建部大社…261
（四）継体天皇のふるさと…264　（五）竹生島神社…267　（六）塩津神社…272

（七）伊香具神社…275　（八）多賀大社…282　（九）彦根神社…287
（一〇）天満宮・北野神社…290　（一一）太郎坊・阿賀神社…292
（一二）水茎の岡…295　（一三）佐目村の山奥御金の塔・相谷熊原遺跡…299
（一四）御上神社…301　（一五）新宮神社…304　（一六）矢川神社…307
（一七）馬見岡綿向神社…309　（一八）日雲山…312
（一九）大和国吉野郡井戸村にある人生井の井光…317
二、琵琶湖関係補足
（一）近江は人類誕生の地…321　（二）一百七十九万二千四百七十余歳…323
（三）同殿同床…325　（四）卑弥呼時代の近江の国…327　（五）建邦の神…328
（六）大津京…329　（七）紫香楽宮…330　（八）伊吹山…331
（九）政治と宗教…332　（一〇）素盞嗚尊から始まる海外救済…334
＜参考文献＞…337
あとがき…………………………343

○少々波《さざなみ》の志賀《しが》の近江《あふみ》は人《ひと》の祖《そ》の
生《うま》れし貴国《うづくに》神《かみ》の守《も》る国《くに》
○琵琶《びは》の湖《うみ》の永久《とは》の神秘《しんぴ》の明《あき》らけく
世《よ》に光《ひか》る時松《ときまつ》の世楽《よたの》しも
王仁
（『言華・上巻』二二〇頁、『神の国』昭和五年十一月号）

第一篇　皇典釈義

本書所載《ほんしょしょさい》の記事《きじ》は言霊学者中村孝道氏《ことたまがくしゃなかむらこうどうし》の所説《しょせつ》と、大石凝翁著《おおいしごりおうちょ》『天地《てんち》はえ貫《ぬき》の巻《かん》』を参酌《さんしゃく》し、かつ王仁《おに》が永年研究《ながねんけんきゅう》したる言霊《ことたま》学《がく》の意義《いぎ》をも加《くわ》え、もって本巻《ほんかん》を成《な》したるものなり。

大正七年八月八日　皇道大本・出口王仁三郎

皇《こう》典《てん》釈《しゃく》義《ぎ》例《れい》言《げん》

一、本書《ほんしょ》は、神典《しんてん》の極《きわ》めて大綱概要釈義《たいこうがいようしゃくぎ》するものなるが故《ゆえ》に、詳細《しょうさい》なる意義《いぎ》は尽《つ》くさざる所頗《ところすこぶ》る多《おお》きを免《まぬが》れず、読者若《どくしゃも》し疑義《ぎぎ》の点《てん》あらば必《かなら》ずこれを質《ただ》すべし。著者《ちょしゃ》は決《けっ》してこれが回答《かいとう》の労《ろう》を執《と》るに嗇《やぶさか》ならざるべし。

二、本書《ほんしよ》には、仏教専用《ぶつきようせんよう》の熟語《じゆつご》、若《も》しくは聖書類似《せいしよるいじ》の語句《ごく》を使用《しよう》したる所寡《ところすくな》からず。これ全《まつた》く止《や》むを得《え》ざるに出《いで》たり。我国《わがくに》には高遠《こうえん》なる思想《しそう》を発表《はつぴよう》するに敵《てき》したる術語《じゆつご》は、仏教専用《ぶつきようせんよう》の者《もの》を置《お》いて他《ほか》にこれを求《もと》むるべからず。無理《むり》な新熟語《しんじゆつご》を使用《しよう》せんよりはとて採用《さいよう》したる次第《しだい》なり。読者幸《どくしやさいわ》いに諒之《りようこれ》——言霊学《ことたまがく》より謂《い》へば純粋《じゆんすい》の日本語《にほんご》にて、奈何《いか》なる高遠《こうえん》なる思想《しそう》をも謂《い》ひ表《あら》わし得《う》べき語《ことば》あるも、創《はじ》めて聞《き》く人《ひと》には恰《あたか》も外国語《がいこくご》を聞《き》くことの感《かん》あるべし。これ遽《にはか》に使用《しよう》すべからざる所以《ゆえん》なり。されど間々《まま》この言霊《ことたま》を使用《しよう》せし所《ところ》あり。吾人《ごじん》は我国《わがくに》の学者《がくしや》が言霊学上《ことたまがくじよう》の術語《じゆつご》を多《おお》く使用《しよう》するに到《いた》らん事《こと》を切望《せつぼう》するなり。

三、神典《しんてん》、仮名遣いは厳《げん》なるが上《うえ》に厳《げん》なり。本書《ほんしよ》もまた厳格《げんかく》なる仮名遣《かなづか》いに従《したが》わむ事《こと》を欲《ほつ》したるも、現今《げんこん》の活字、ルビ等《とう》には発音《はつおん》を適当《てきとう》に写《うつ》したる仮名字《かなじ》なし。故《ゆえ》に若《も》し厳格《げんかく》に仮名遣《かなづか》いを正《ただ》さんならば多数《たすう》の活字《かつじ》を新調《しんちょう》せざるべからず。印刷部《いんさつぶ》もこれに耐《た》えざるを以《も》って、一時《じ》在来《ざいらい》の活字《かつじ》の儘《まま》を採用《さいよう》し、あるいは伊邪那岐《ゐざなぎ》、伊邪那美《ゐざなみ》の伊《ゐ》にゐの仮名《かな》を充《あ》て魂《たましい》にタマシヒとヒの仮名《かな》を充《あ》てたる等《など》、多少《たしょう》の用意《ようい》を微《わずか》に見《み》せたれども、本書《ほんしょ》は専《もっぱ》ら仮名遣《かなづか》いを放棄《ほうき》したる者《もの》たる事《こと》を深《ふか》く読者《どくしゃ》に訴《うった》え置《お》くものなり。

四、現代《げんだい》における我国著名《わがくにちょめい》の学者《がくしゃ》も、神話《しんわ》と宗教《しゅうきょう》と歴史《れきし》との三者《しゃ》の関係上《かんけいじょう》に種々《しゅじゅ》の故障《こしょう》を認《みと》めて、祖先崇拝《そせんすうはい》に説《せつ》を止《や》むる者多《ものおお》きも、大日本国《だいにほんこく》の神典《しんてん》は神話即《しんわすなわ》ち歴史《れきし》にして、歴史即《れきしすなわ》ち宗教《しゅうきょう》なり。この天地《てんち》一貫《かん》の大真理大事実《だいしんりだいじじつ》を究《きわ》むるにあらざる限《かぎ》りは、大日《だいに》本神典《ほんしんてん》は遽《にはか》に説《と》くべきに非《あ》らず。日本《にほん》の神話《しんわ》は希臘《ギリシア》の神話《しんわ》に同《おな》じからず。日本神典《にほんしんてん》は権威《けんい》乏《とぼし》き自覚上《じかくじょう》の宗教《しゅうきょう》とは同日《どうじつ》に論《ろん》ずべからず。

五、或《あるい》は言語学上《げんごがくじょう》の立場《たちば》よりして言霊学《ことたまがく》を疑《うたが》い、原子説《げんしせつ》より天津神算木《あまつかなぎ》を無視《むし》せむとする論者《ろんしゃ》も出《い》でなむか。言霊説《ことたませつ》は現今《げんこん》のエネルギズムに一大光彩《だいこうさい》を添《そ》えしめ、天津神算木《あまつかなぎ》は却《かえっ》て原子動説《げんしどうせつ》の根源《こんげん》を顕示《けんじ》するなり。若夫《もしそ》れ人類起源説《じんるいきげんせつ》の如《ごと》き進化論学者《しんかろんがくしゃ》の深《ふか》く三省《さんせい》すべき所《ところ》なりとす。徒《いたずら》に西人《せいじん》の憶説《おくせつ》にのみ執《しゅう》して、我国固有《わがくにこゆう》の記事《きじ》を忘却《ぼうきゃく》すべからず。天文地文上《てんもんちもんじょう》の所説《しょせつ》の如《ごと》き、今回《こんかい》は之《これ》に謂《い》い及《およ》ぼすと雖《いえど》も、これまた学者《がくしゃ》の夙《つと》に研鑽《けんさん》に従事《じゅうじ》すべき重要事件《じゅうようじはん》たりとす。

皇典釈義

斯乃邦家之経緯《これすなわちほうかのけいい》　王化之鴻基焉《おうかのこうきなり》

第一節　全大宇宙

◉この全大宇宙《ぜんだいうちゆう》は、全一大御神《あめのみなかぬしのかみ》の御精霊體也《ごせいれいたいなり》。祈年祭《としこひまつり》、太祓等《おおはらひなど》の祝詞《のりと》に曰《いわく》、「高天原《たかあまはら》爾《に》神留坐《かみつまります》、皇睦《すめらがむつ》、神漏伎命《かむろぎのみこと》、神漏美命《かむろみのみこと》、云々《うんぬん》」高天原《たかあまはら》とは全大宇宙也《ぜんだいうちゆうなり》。（第三節参照）

神留坐《かみつまります》とは神詰坐《かみつまります》の意《い》にて、全大宇宙《ぜんだいうちゆう》には神《かみ》が充塞遍満《じゆうそくへんまん》して、霊々極《びりともせ》乎《ぬ》たる義《こころ》なる也《なり》。即《すなわ》ち全大宇宙其儘《ぜんだいうちゆうそのまま》が全一大御神《あめのみなかぬしのかみ》の御精霊體《ごせいれいたい》なる也《なり》。全一大御神《あめのみなかぬしのかみ》の御精霊體《ごせいれいたい》の外《ほか》に宇宙《うちゆう》無《な》き也《なり》。

全一大御神《あめのみなかぬしのかみ》の御精霊體《ごせいれいたい》は、御霊《みたま》と御體《からたま》との二つに分《わか》れたり。神漏伎命《かむろぎのみこと》とは御霊系《みたまけい》の神々也《かみがみなり》。神漏美命《かむろみのみこと》とは御體系《からたまけい》の神々也《かみがみなり》。（第二節参照）共《とも》に我《わ》が皇《すめら》が御祖神《みおやがみ》にましまず也《なり》。全大宇宙《たかあまはら》は即《すなわ》ち霊《れい》、體《たい》、一體《たい》の全一大御祖神《あめのみなかぬしのかみ》にまします也《なり》。（第二節参照）

——神留坐《かみつまります》を神鎮《かみしずま》り坐《ます》の意《い》に解《かい》し、高天原《たかあまはら》という地名《ちめい》の霊所《れいしょ》に神《かみ》が鎮坐《しずま》りますの義《こころ》とするは大《だい》なる誤《あやま》り也《なり》。

第二節　天御中主神・⊙《す》の声《こえ》・言霊学

◉『古事記《こじき》』に曰《いわく》「天地初発之時《かみよがなりたつとき》、高天原成神名天御中主神《たかあまはらになるかみなあめみなかぬしかみ》、次《つぎに》、高御産巣日神《たかみうむすびかみ》、次《つぎに》、神産巣日神《かみうむすびかみ》、此三柱神者《このみはしらかみは》、並《みな》、独爾成坐而隠身也《すになりましてすみきりなり》」天地初発之時とは、神代《かみよ》が成《な》り立《た》つ時《とき》の事也《ことなり》。高天原《たかあまはら》とは、全大宇宙也《ぜんだいうちゅうなり》。（第三節参照）

独神とは三神一體の義也《こころなり》。国語《こくご》に訓《よ》みて⊙《す》というは（⊙《す》字《じ》を用《もち》いたるは別《べつ》に説《せつ》あり）終始《しゅうし》を超絶《ちょうぜつ》したる天爾《てに》の実在《じつざい》を示《しめ》したり。隠身とは霊々妙々至極《れいれいみようみようしごく》にして、聖眼《なんと》不《も》レ能《い》レ視《う》レ之、賢口《ことのでき》不レ能レ語《ぬ》レ之義也《こころなり》、国語《こくご》に訓《よ》みてスミキルというは、住《す》み極《き》るの意《い》にて、隠身《すみきり》の意義《いぎ》を完全《かんぜん》に発表《はっぴょう》したる語也《ことばなり》。（後の註参照）

高御産巣日神《たかみむすびかみ》は御霊系《みたまけい》の御祖神《みおやがみ》（神漏伎系《かむろぎけい》の御祖神也《みおやがみなり》）。神産巣日神《かみむすびかみ》は御體系《からたまけい》の御《み》祖神也《おやがみなり》。（神漏美系《かむろみけい》の御祖神也《みおやがみなり》）。天御中主神《あめみなかぬしかみ》は即《すなわ》ち霊《れい》、體《たい》一體《たい》の、全一大御祖神《おほみおやがみ》にまします也《なり》。

○

⦿《す》という声《こえ》は支那《しな》始《はじ》め外国《とつくに》には決《けつ》して無《な》し、従《したが》って漢字《かんじ》にてスの音《おん》に充《み》つる字《じ》無《な》し。独神と充《あ》てたるは元《もと》より当字也《あてじなり》。⦿《す》が皇《すめらぎ》の極元也《こもとなり》。⦿《す》の一音《おん》は解《かい》するに辞《ことば》なし。無始無終《むしむしゅう》というも全意《すべてい》を尽《つく》さず。絶対《ぜったい》というも当《あた》らず。至誠無息《しせいむそく》（中庸《ちゅうよう》の語《ご》）上《じょう》天之載者無声無臭　至　矣《てんこれことはむせいむしゅういたれるかな》（同上《どうじやう》）というも符牒《ふちょう》となる。⦿《す》なるが故《ゆえ》に三世常往《かきわときわ》のス、ミキリ也《なり》。⊙《す》なるが故《ゆえ》に、無辺周遍《むへんしゅうへん》のスミキリ也《なり》。不生不滅《ふしょうふめつ》、不増不減《ふぞうふげん》、至大至小《しだいししょう》、至大無外《しだいむがい》、至小無内《ししょうむない》の極徳也《ごくとくなり》。活機極烈《かっきごくれつ》なるが為《た》めに、静寂不動《せいじゃくふどう》なる⊙《す》の一音《おん》に一切《さい》の神《かみ》の御精霊《みこころ》は含蓄《がんちく》されたり。⊙《す》を発足点《はっそくてん》として宇宙間《うちゅうかん》に充実《じゅうじつ》する道《ことば》を、（音声《おんせい》、語訓《ごくん》、語法《ごほう》等《とう》が宇宙《うちゅう》を経綸造営《けいりんぞうえい》するもの、これ即《すなわ》ち神《かみ》の道也《ことばなり》）研覈《けんかく》するが言霊学也《ことたまがくなり》。声《こえ》即《すなわ》ち心《こころ》なるが故《ゆえ》に、言霊学《ことたまがく》を研鑽《けんさん》すれば霊界《れいかい》の道理《どうり》を詳細《しょうさい》に拝承《はいしょう》する事《こと》を得《う》べし。（第四節参照）

言霊学《ことたまがく》は『古事記《こじき》』に因《よら》ざれば決《けっ》して之《これ》を究《きは》むる事能《ことあた》はざる也《なり》。全巻《ぜんかん》、言霊学《ことたまがく》の宝典也《ほうてんなり》。（本書《ほんしょ》には言霊学《ことたまがく》を説《と》かず　志《こころざし》ある士《し》は専門《せんもん》に之《これ》を修《おさ》めらるべき也《なり》）

第三節　高天原

全大宇宙《ぜんだいうちゅう》を高天原《たかあまはら》と称《もう》す。蓋《けだし》高天原《たかあまはら》の意義《いぎ》はタカアマハラの六声之《せいこれ》を完全《かんぜん》に発表《はっぴょう》する也《なり》。タとは即《すなわ》ち対照力《たたのちから》の義也《こころなり》。東《ひがし》は西《にし》に対《たい》し、南《みなみ》は北《きた》に対《たい》し、陰《いん》は陽《よう》に対《たい》し、動《どう》は静《せい》に対《たい》し、明《めい》は暗《あん》に対《たい》し、顕《けん》は幽《ゆう》に対《たい》し、生《せい》は死《し》に対《たい》す。「タの一音《おん》あるが故《ゆえ》に高御《たかみ》産巣日《むすび》、神産巣日《かみむすび》の二系成立《けいせいりつ》せし也《なり》。六合《りくごう》、八角《はつかく》、八荒《はっこう》に皆悉《みなことごと》くこの対照力起《たたのちからおこ》りて、至大浩々恒々《しだいこうこうこうこう》たる至大気海《しだいきかい》を全《まつた》く張《は》り詰《つ》むる時《とき》は、茲《ここ》に創《はじめ》て球《たま》の形顕《かたちあら》わるる也《なり》。蓋《けだ》し、球《たま》という二声《せい》の霊《こころ》は、対照力《たたのちから》が全《まつた》く張《は》り詰《つ》めて成《な》り奠《さだ》まりたるなりという義《こころ》なり。かく全《まつた》く張《は》り詰《つ》めたる億兆劫々《おくちようごうごう》、数《かず》の限《かぎ》りの対照力《たたのちから》は、皆悉《みなことごと》く両々相対照《りようりようあいたいしよう》してその中間《ちゆうかん》を極微点《こごこ》の連珠絲《さぬき》にて掛《か》け貫《つらぬ》き保《たも》ち居《い》るなり。此義《このこころ》を声《こえ》に顕《あらわ》して「対照力《た》」「掛貫力《か》」「神霊顕彰《あ》而為宇宙」「全《ま》く張り詰め玉と成る」という也《なり》。

○

またこの極微点《こごこ》の連珠絲《さぬき》なす神霊元子《こえのこ》が、活機臨々乎《かつきりんりんこ》として活動《かつどう》し居《お》る義《こころ》を称《しよう》して、一言《こと》に「神霊活《あ》機臨々」というなり。またその膨張焉《ぼうちようえん》して至大渊々《しだいえんえん》たる真相《しんそう》を、一言《こと》に「至大瀌《は》々」という也《なり》。またその造化機《ぞうかき》が運行循環《うんこうじゅんかん》しつつ居《い》る義《こころ》を称《しょう》して、一言《こと》に「循環運《ら》行」という也《なり》。かくして全《まつた》く至天球成就畢《たかあまはらなりたちおわ》る矣《なり》。蓋《けだ》しタカアマハラ六声《せい》の義《こころ》は、「対照《た》力」「掛貫《か》力」「神霊顕彰而《あ》為宇宙」「至大球《ま》成就」「至大瀌《は》々」「循環運《ら》行」の義《こころ》也《なり》。これ造化開闢《ぞうかかいびやく》の極元《こもと》なり。高天原《たかあまはら》をタカマノハラまたはタカマガハラと訓《よ》むは誤《あやま》り也《なり》。

○

神代神楽翁三番叟《じんだいかぐらおきなさんばんそう》の謡《うた》に、ターターターラーリ、タラリーラー、タラリ、アガリ、ララーリトー、チリーヤ、タラリ、ララリトウー云々《うんぬん》と謂《い》うは、この神秘《しんぴ》を誤《あやま》り伝《つた》えたる者也《ものなり》。

第四節　至大天球中《たかあまはら》の修理固成《しゅうりこせい》

魂線《たましい》

識心《こころ》

◉御霊系《みたまけい》の御祖神《みおやがみ》、高御産巣日神《たかみむすびのかみ》、御體系《からたまけい》の御祖神《みおやがみ》、神産巣日神《かみむすびのかみ》がこの高天原《たかあまはら》の内実《うち》を、修理固成《しゅうりこせい》せむの目的《もくてき》にて、御容《みすがた》を誘導霊神誘導霊神《いざなぎのかみいざなみのかみ》に変じまして、秩序昭々《ちつじょしょうしょう》として、万有《ばんゆう》を産《う》み顕《あら》わし玉《たま》う、

古記事曰《こじきいわく》「於是《こゝに》天神《あまつかみ》諸《もろもろ》命詔《みこともちて》伊邪那岐命《いざなぎのみこと》伊邪那美命《いざなみのみこと》二柱《ふたはしら》神《かみに》修理固成是多蛇用幣流之国《このただよえるくにをつくりおさめかためさせと》賜《のりごちて》天沼矛《あめのぬほこを》而《たまいて》言依賜也《ことよさしたまうなり》」伊邪那岐命《いざなぎのみこと》は、即《すなわ》ち霊系《れいけい》（高御産巣日神《たかみむすびのかみ》の御《おん》系《けい》）にましまして、伊邪那美命《いざなみのみこと》は即《すなわ》ち體系《たいけい》（神産巣日神《かみむすびのかみ》の御系《おんけい》）にましますなり也《なり》。伊邪那岐命《いざなぎのみこと》、伊邪那美命者《いざなみのみことは》、至大天球之中《たかあまはら》を、普《あまね》く修理固成《しゅうりこせい》して、宇内《うだい》の系統《しすてむ》を大成《たいせい》し

玉《たま》い、万有《ばんゆう》の根《もと》となるべき者《もの》を、悉《ことごと》く産《う》み顕《あら》わし玉《たま》う也《なり》。霊系《れいけい》（天系《てんけい》）と體系《たいけい》（地《ち》系《けい》）との、御《み》ムスビの複雑《ふくざつ》なる御振舞《みふるまい》に因《よ》りて、この宇内《うだい》の一切《さい》は、成就《じょうじゅ》しけるなり。宇内経営《うだいけいえい》とは、即《すなわ》ち天御中主御祖神《あめのみなかぬしのみおやがみ》の、御精霊《みこころ》と御霊體《みすがた》とを、顕《あら》わし示《しめ》し玉《たま》う意義《こころ》也《なり》。

○

言霊学《ことたまがく》よりこの二神《しん》の御振舞《みふるまい》を解《かい》し奉《たてまつ》れば、伊邪那美命《いざなみのみこと》は鳴《な》り鳴《な》りて鳴《な》り合《あ》わざるの声《こえ》—即《すなわ》ちアーの声《こえ》、伊邪那岐命《いざなぎのみこと》は、鳴《な》り鳴《な》りて鳴《な》り余《あま》れるの声《こえ》—即《すなわ》ちウーの声《こえ》。（人試《こころみ》にアー、ウー、を発声《はっせい》し見《み》よ、必《かなら》ずア声《ごえ》は、いかに鳴《な》るとも、鳴《な》り合《あ》わず、ウ声《ごえ》は必《かなら》ず口内《こうない》一杯《ぱい》に余《あま》って、出《い》ずべきに）この「ア」「ウ」の二声《せい》を各分持《かくぶも》ち玉《たま》い、一切《さい》の声《こえ》を産《う》み出《だ》し玉《たま》う事《こと》を説《と》く也《なり》。（蓋《けだ》し男女《だんぢょ》の通有倫理《つうゆうりんり》は夫唱婦和《ふしょうふわ》が大道《だいどう》たる事《こと》、伊邪那岐命《いざなぎのみこと》伊邪那美命《いざなみのみこと》の国産《くにう》みの條《じょう》にて明《あきら》かなる也《なり》。（女人先言不良《おみなまずいうことふさわず》、これ千古《せんこ》の格言《かくげん》なる也《なり》）

○

一切《さい》の音《おと》は「ア」「ウ」の二声《せい》に基《もとづ》く事《こと》は言語学《げんごがく》を修《おさ》めたる人《ひと》ならば、皆知《みなし》る所《ところ》なり。其《そ》の産《う》み出《だ》し方並《かたならび》に、秩序《ちつじょ》の厳乎《げんこ》たる事《こと》は、言霊学《ことたまがく》を専攻《せんこう》して後《のち》、之《これ》を精《くわ》しく知《し》らるべし。大言忍男神《おおことおじをのかみ》より次下《しぎしも》は、語典語則《ごてんごそく》を説《と》きて、雑複《ぞうふく》に趣《おもむ》く也《なり》。

龍田《たつた》の風神《かぜかみ》の吹《ふ》き廻《まわ》しの如《ごと》き（龍田《たつた》の神《かみ》の宝物《ほうもつ》に黄金《おうごん》のタゝ、、、リというあり。タゝ、、、リは、絲《いと》を繰《く》る器械也《きかいなり》）絲《いと》を繰《く》る如《ごと》く、活用《はたらき》を自在《じざい》に説《と》く也《なり》。

心《こころ》の数《かず》のある限《かぎ》り、言語《ことば》あり。言語《ことば》の変化《へんか》のあるだけは、心識《こころ》ある也《なり》。この心《こころ》の絲《いと》を玉《たま》の緒《お》といい、或《あるい》は魂線《たましい》という。宇宙《うちゆう》は即《すなわ》ち、魂線《たましい》が複雑《ふくざつ》に実相経綸《じつそうけいりん》され居《お》る所《ところ》たる也《なり》。魂線《たましい》を声《こえ》の活用《はたらき》と見《み》るが、言霊学《ことたまがく》にて、魂線《たましい》を、糸筋《いとすじ》と見《み》て詮鑿《せんさく》し奉《たてまつ》るが、天津神算木《あまつかなぎ》の運用也《うんようなり》。之《こ》れ『古事記《こじき》』研究《けんきゅう》の二大分科《だいぶんか》なり。（本書《ほんしょ》には、天《あま》津神算木《つかなぎ》の運用《うんよう》を説《と》かす志《こころざし》ある士《し》は、特《とく》に之《これ》を専修《せんしゅう》せられよ）

○

「伊勢《いせ》大神宮《だいじんぐう》の御宝物《ごほうもつ》として、虚空色《そらいろ》の絹《きぬ》を織《お》りかけにして、樋《ひ》を二ツつなぎて神宮《じんぐう》に納《おさ》め、重《おも》き御宝物《ごほうもつ》と為《な》し玉《たま》う所以《ゆえん》は、衣食《いしょく》を重《おも》んじ給《たま》う者也《ものなり》というは、第《だい》二なり。その真意義《しんいぎ》は、細長線《しのいと》なす霊魂《たましい》が、世《よ》に組織《そしき》して、刧大約《おほつな》の年月《としつき》に渉《わた》りて、新霊温霊《あらたへにごたへ》を織《お》り成《な》し玉《たま》うを、寓意《ぐうい》し玉《たま》う者《もの》なりと知《し》るべし」

○

『古事記《こじき》』は、魂線《たましい》の数《かず》を、七万《まん》六千幾《いく》十條算《じょうかぞ》へ（尚《な》お、四十二億幾《おくいく》千万の計精《けいせい》あれど、人力《じんりき》にては容易《ようい》に出来《でき》ず、大嘗会《だいじょうえ》に真木《まき》の灰《はい》三十六石《こく》を使用《しよう》する。神秘《しんぴ》重々《じゅうじゅう》あり）一々に條理《すじ》を正《ただ》して之《これ》を整《ととの》うる仕方《しかた》を説《と》く也《なり》。理《すじ》、法《のり》、禮《いや》、道《みち》の事《こと》は、後《のち》に説《と》くべし。

宇宙間《うちゅうかん》の組織紋理《できておるめやすじ》―即《すなわ》ち魂線《たましい》の條理活動《すじのはたらき》（音声《おんせい》の実相変化《なりたち》）―直言《ちょくげん》すれば、大御《おおみ》神《かみ》の、造化御経綸《よおいとなみたまふ》の御有様《おんありさま》を、拝承《はいしょう》し奉《たてまつ》るが、神典《しんてん》の根本義《こんぽんぎ》たる也《なり》。故《ゆえ》に研究《けんきゅう》に従《したが》う者《もの》は、誠心誠意敬虔《せいしんせいいけいけん》の態度《たいど》を以《もっ》て慎《つつし》みて学《まな》ぶべき也《なり》。

○

人《ひと》の心《こころ》は、魂線《たましい》の作用《さよう》なるが故《ゆえ》に、心理作用《しんりさよう》を現《あら》わす国語《こくご》には多《おお》く緒《を》、魂等《たまとう》の語《ご》多《おほ》し。二三の例証《れいしょう》を挙《あ》くれば、

●球之緒《たまのを》が覚約無《おぼえしきりな》く茫漠《ろか》たるを愚《をろか》という也《なり》。

●此球之緒《このたまのを》が対照《たいしょう》する力《ちから》なく、流《なが》れ居《お》るを恐《をそれ》という也《なり》。

●球之緒《たまのを》が轟《とどろ》くを驚《をどろ》くという也《なり》。

●此球之緒《このたまのを》が物《もの》に渋《しぶ》り着《つ》きて、放《はな》ち与《あた》うるを嫌《きら》うを、吝嗇《をし》み惜《をし》むという也《なり》。

●此球之緒《このたまのを》が物事《ものごと》を種々索量《しゅじゅさくりょう》するを思《をも》いという也《なり》。

●此球之緒《このたまのを》に水《みず》の垂《したた》る如《ごと》き刃《やいば》を見《み》せて心《こころ》に栄《は》ゆる火《ひ》を消《き》ゆるべく冷《ひ》やすを 脅《をびやかす》 とい

う也《なり》。

●此球《このたま》の緒《を》が栄《は》えゆくを突《つ》き戻《もど》るべく怪事《はかりごと》を威《をどす》という也《なり》。

●此球《このたま》の緒《を》が無力者《むりよくしや》にては有力者《ゆうりよくしや》に会《あ》う時《とき》は恐縮《きようしゆく》する也《なり》。この恐《をそ》れ縮《ちぢ》むを怖《をじ》るという也《なり》。

●此球之緒《このたまのを》が圓成《なりかたまり》したる身《み》を巳《をれ》という也《なり》。

●球之緒《たまのを》が夢《ゆめ》に邪気《もの》に障《さわ》らるるを魘《をさは》るという也《なり》。又添《またそ》わるるを心襲《をそわる》という也《なり》。

●球之緒《たまのを》を他《ほか》に見《み》せずして己勝《をのれか》ち得《え》むと謀《たばか》る者《もの》を専醜《をずし》という也《なり》。

●此球之緒《このたまのを》が缼損《けつそん》に成《な》りたるを憶《をくる》という也《なり》。

●球之緒《たまのを》が恐《をそ》れて身《み》に添《そ》わず、消《き》え離《はな》れなむとするを魂消《たまげ》という也《なり》。是《これ》よりして恥《はじ》を忍《しの》びて厚顔《こうがん》に物《もの》するを緒萎緒萎《をめをめ》という也《なり》。

●此球《このたま》の緒《を》の力強《ちからつよ》きを緒力強《をじからつよ》しという也《なり》。耐忍力強《をしからつよ》しともいう也《なり》。膽太《いぶと》く忍耐力立《をしからたつ》という也《なり》。

●球之緒《たまのを》が栄《さかえ》を失《うしな》い締《しめ》を失《うしな》いて鈍弛《とろろぎ》なる事《こと》するを緒弛《をとろう》という也《なり》。（衰《すい》の字《じ》を用《もち》う）此球《このたま》の緒《を》の強《つよ》き人《ひと》は豪膽也《ごうたんなり》。故《ゆえ》に緒太《をぶと》しという也《なり》。格式《かくしき》を解放《かいほう》してたわむるるを戯《をどけ》という也《なり》。少女《おとめ》の類《たぐい》が気兼《きがね》して誠《まこと》にさしひかえ慎《つつし》み居《を》るを緒細子《をぼそこ》という也《なり》。俗《ぞく》にをほこという。（此類《このたぐい》の「を」は皆《みな》「を」と書《か》くべきを「お」と書《か》き居《お》るは誤《あやま》也《なり》。正《ただ》すべき也《なり》）

又《また》その玉《たま》の緒《を》が、既《すで》に与《よ》りて心《こころ》と成《な》り、声《こえ》と鳴《な》り出《い》で、色《いろ》に顕《あらわれ》れば、象造《かたちつく》りて眼《め》に入《い》り、耳《みみ》に入《い》る由縁《ゆえん》の、道筋《みちすぢ》に染《し》み付《つ》き居《を》る物《もの》を、性《さが》といい恋《ほ》れ込《こ》み居《お》る物《もの》を覺《をぼえ》といい飛《と》び走《はし》り出《いで》むとする所《ところ》を意という也《なり》。又飛《またとび》走《は》せ出《い》でずして内《うち》に集《つど》い居《お》る所《ところ》を思《をもい》という也《なり》。

又此球《またこのたま》の緒《を》の照《て》り徹《とお》る所《ところ》を識《しき》（＝識《さし》）という也《なり》。蓋《けだ》し智《て》量《り》は其全体《そのまるみ》也《なり》、純《すみ》精也《こなり》、識《しき》は世《よ》の形象《ありさま》か、人《ひと》の五官《かん》に機当《さしあた》りあう活用也《はたらきなり》。此活用《このはたらき》が、六識《しき》、七識《しき》、八識《しき》、九識《しき》、と成《な》りて、事《こと》、明細《めいさい》に心《こころ》の形象《ありさま》を顕《あらわ》し示《しめ》す也《なり》。而《しか》して其数《そのかず》は七万《まん》六千七百二十九の品《しな》を顕《あら》わすなり。

○

宇宙創成《うちゅうそうせい》に関《かん》して、茲《ここ》に『古事記《こじき》』の天文地文説《てんもんちもんせつ》を陳《の》ぶべき順序《じゅんじょ》なれど、『古事記《こじき》』の天文説《てんもんせつ》は現今《げんこん》の天文説《てんもんせつ》とは頗《すこぶ》る趣《おもむき》を異《こと》にし之《これ》を詳細《しょうさい》に説《と》く事《こと》は、一巻《かん》の書物《しょもつ》を要《よう》する程《ほど》なり。さりながら、之《これ》を簡単《かんたん》に説《と》かば、読書《どくしょ》必《かなら》ず迷惑《めいわく》して、却《かえっ》て誤解《ごかい》を招《まね》かむのみ。

○

タカアマハラの六声《せい》が宇内《うだい》に三倍輪《ばいわ》の螺旋順行《らせんじゅんこう》を生《しょう》じて地底《ちてい》より天底《てんてい》へ向《むか》う気《き》と、天底《てんてい》より地底《ちてい》に向《むか》う気《き》の摩擦作用《まさつさよう》によりて、神霊元子《こえのこ》に波動《はどう》を生《しょう》じ、この波動《はどう》の、極烈《ごくれつ》なると遅鈍《ちどん》なるとの関係《かんけい》より、日月星辰《じつげつせいしん》の生《しょう》じ成《な》る理由《りゆう》は、現今《げんこん》の星霧説《せいむせつ》等《とう》の遠《とお》く及《およ》ぶべき所《ところ》にあらず。此波動《このはどう》の極速《ごくそく》と遅鈍《ちどん》の別《べつ》あるより、次《つぎ》の四魂《こん》の分類《ぶんるい》は成立《せいりつ》する也《なり》。

第五節　四魂　五母韻

◉御魂線《みたましい》を其活機《そのはたらき》に因《より》て、四分類《ぶんるい》し。奇魂《くしみたま》、荒魂《あらみたま》、和魂《にぎみたま》、幸魂《さちみたま》と申《もう》す。魂《たましい》の奇《く》しき部《ぶ》を奇魂《くしみたま》と申《もう》し、魂《たましい》の荒《あら》き部《ぶ》を荒魂《あらみたま》と申《もう》し、魂《たましい》の和《にこや》かなる部《ぶ》を和魂《にぎみたま》と申《もう》し、魂《たましい》の寝《い》ぬるが如《ごと》き部《ぶ》を幸魂《さちみたま》と申《もう》す。この四魂《こん》の外御精霊体《ほかごせいれいたい》に残部《ざんぶ》ある事《こと》なき也《なり》。四魂《こん》がこの世《よ》を成就《じょうじゅ》しける也《なり》。

幸魂《さちみたま》の御始祖《ごしそ》は国常立神也《くにとこたちのかみなり》。和魂《にぎみたま》の御始祖《ごしそ》は豊雲野神也《とよくもぬのかみなり》。荒魂《あらみたま》の御始祖《ごしそ》は角材神《つぬくい》

活材《いくぐい》神也《なり》。奇魂《くしみたま》の御始祖《ごしそ》は意富斗能地神《おおほとのじのかみ》、大斗乃辨神《おおとのべのかみ》也《なり》。
宇比地邇神《うひぢにのかみ》、須比智邇神《すひぢにのかみ》は、統治《とうち》の位《くらい》にましまして、一霊《れい》を代表《だいひょう》し玉《たま》う也《なり》。又魂《またこん》称《しょう》を奉《たてま》って活魂《いくみたま》と申《もう》す也《なり》。

この四魂《こん》は、霊系高産巣日神《れいけいたかむすびのかみ》、体系神産巣日神《たいけいかみむすびのかみ》が、相互《そうご》の御交通《ごこうつう》に縁《よ》りて出《い》でませし也《なり》。即《すなわ》ち「霊《れい》の霊《れい》」「幽《ゆう》の幽《ゆう》」、「霊《れい》の体《たい》」「幽《ゆう》の顕《けん》」、「体《たい》の霊《いう》」「顕《けん》の幽《ゆう》」、「体《たい》の体《たい》」「顕《けん》の顕《けん》」の意義《いぎ》也《なり》。活魂《いくみたま》は即《すなわ》ち霊《れい》、体《たい》、一体《たい》の神位《しんい》たる也《なり》。

○

この四魂《こん》を言霊《ことたま》によりて説《と》けば
口《くち》を一杯《ぱい》に、開《あ》きて、咽《のど》の奥底《おくそこ》より呼気《こき》を呼《ふ》き出《だ》すべし、この時《とき》、必《かなら》ず「あー」と鳴《な》り出《い》ずべし、「あ」声《ごえ》は如何《いか》に鳴《な》らすとも常立《とこたち》にして変化《かわり》なし、故《ゆえ》に「あ」声《ごえ》を称《しょう》して国常立神《くにのとこたちのかみ》、国底立神《くにのそこたちのかみ》と申《もう》す也《なり》。（伊邪那美神《いざなみのかみ》はこの声《こえ》を受持《うけも》ち玉《たま》いて宇《う》

内《だい》の修理固成《しゅうりこせい》に出《い》でます也《なり》)

「あ」声《ごえ》を出《だ》しながら、漸次《ぜんじ》口《くち》を窄《つぼ》めて、唇《くちびる》の当《あて》に相会《あいあ》わむとする時《とき》に、自然《しぜん》に鳴《な》り出《い》ずるは「おー」なり、気息口内《きそくこうない》に淀《よど》みて口当《くちあて》に組《くも》うと為《な》す時《とき》に、出《い》ずる声《こえ》なるが故《ゆえ》に豊雲野神《とよくもぬのかみ》と申《もう》す也《なり》。又名《またな》は国狭土神《くにさつちのかみ》と申《もう》す「お」声《ごえ》を出《だ》しながら口《くち》を全《まつた》く塞《ふさ》ぎ切《き》る時《とき》、自然《しぜん》に鳴《な》り出《い》ずるは「ウー」なり、故《ゆえ》にウ声《ごえ》を宇比地邇神《うひぢにのかみ》と申《もう》し「此《この》ウ声《ごえ》には充《み》つべき文字《もじ》なきが故《ゆえ》に今烏字《いまうじ》のウを取《と》りて之《これ》に充《あ》てたり」又《また》「ウ」声《ごえ》を強《つよ》く呼《よ》んで其極《そのきわみ》に達《たつ》せしむれば、自然《しぜん》と「すー」と鳴《な》るべし、故《ゆえ》に「す」声《ごえ》を「ウ」声《ごえ》の妹神須比智邇神《いもがみすひぢにのかみ》と申《もう》す也《なり》。宇比地邇神《うひぢにのかみ》の宇《う》の下《した》に上点《じょうてん》を施《ほどこ》し須比智邇《すひぢにの》神《かみ》の須《す》の下《した》に去点《きよてん》を施《ほどこ》したるは、音《おと》の上《のぼ》り行《ゆ》くと、音《おと》の下《くだ》り行《ゆ》く標点也《ひょうてんなり》。アクセントを現《あら》わす也《なり》。

又《また》「ウ」声《ごえ》を呼《よ》びながら、舌以《したも》て、下顎《したあご》を、突《つ》きて、杙《くい》の如《ごと》く喰《くら》い入《い》らしむれば、

（塞《ふさ》ぎ切《き》りたる目《め》を一轉《てん》して裏《うら》に開《ひら》く形也《かたちなり》）

自然《しぜん》に「ゑー」と鳴《な》るべし「ゑ」声《ごえ》を強《つよ》く呼《よ》んで其極《そのきわみ》に至《いた》れば、舌自《したおのず》から轉《てん》じて上顎《うわあご》に、杙《くい》の如《ごと》く喰《く》い入《い》り「れー」と鳴《な》るべし。故《ゆえ》に「ゑ」声《ごえ》を称《しょう》して妹沽杙神《つぬぐいのかみ》と申《もう》し「れ」声《ごえ》を称《しょう》して妹沽杙神《いもいくぐいのかみ》と申《もう》す也《なり》。

又「ゑ」声《ごえ》を呼《よ》びつつ、全《まつた》く口中《こうちゅう》の気息《きそく》を転回《てんかい》し、圧《お》し尽《つく》す時《とき》は、自然《しぜん》に「いー」と鳴《な》るべし、い声《ごえ》を強《つよ》く呼《よ》んで其極《そのきわみ》に到《いた》らしむれば、自然《しぜん》に「ぎー」と鳴《な》るべし。これ声《こえ》の大《だい》なる止《とま》りの父《ちち》、大《だい》なる止《とま》りの母《はは》なるが故《ゆえ》に「い」声《ごえ》を称《とな》えて、大戸邇神《おおとのじのかみ》と申《もう》し、「ぎ」声《ごえ》を称《とな》えて大戸邊神《おほとのべのかみ》と申《もう》す也《なり》。

かくして「あ」「お」「ウ」「ゑ」「い」の五声《せい》「大母音也《だいぼいんなり》」成就《じょうじゅ》する也《なり》。（命ミ、コ、ーは御言也《みことなり》）

あおウゑいと順列《じゅんれつ》すべきを、普通《ふつう》にあいうゑおと順《じゅん》し居《お》るは大《だい》なる鄙事《ひがごと》にして、世界雑乱《せかいざつらん》の基也《もといなり》。律呂《りつりょ》に合《あわ》せず声調《せいちょう》を破《やぶ》る、速《すみやか》に訂《てい》改《あらた》むべき也《なり》。

「あ」「お」「ウ」「ゑ」「い」を口《くち》より鳴《な》り出《だ》さしむる形式《さま》と、高御産巣日《たかみむすび》、神産巣日《かみむすびの》二神《しん》の右《みぎ》に螺旋《らせん》してまい昇《のぼ》り玉《たま》い、左《ひだり》に螺旋《らせん》してまい降《くだ》り玉《たま》う御行為《みしわざ》よりして、水精《すいせい》、火台等《とう》の生《しょう》ずる摩擦運行《まさつうんこう》の摸様《もよう》と、全《まつた》く同一《ひとつの》形式《かた》たる也《なり》。

実《じつ》に此宇宙《このうちゅう》には先《ま》ず最初《さいしょ》に「あ」「お」「ウ」「ゑ」「い」の五大音声充実《だいおんせいじゅうじつ》して鳴《な》り渡《わた》りける也《なり》。此音声今《このおんせいいま》も虚空《こくう》に満《み》ちたれども、餘《あまり》に大《だい》なるが故《ゆえ》に人《ひと》の耳《みみ》には感《かん》ぜざるのみ。此五大音声《このだいおんせい》が根元《こんげん》を為《な》して無量無辺《むりょうむへん》の音声《おんせい》を生《しょう》じ、森羅万象《しんらばんしょう》一切《さい》は成立《せいりつ》する也《なり》。此五大音声成立《このだいおんせいせいりつ》の全面《ぜんめん》を称《しょう》して面足神《おもたるのかみ》と称《まお》し奉《たてまつ》り、一切《さい》の語源《ごげん》に立《た》ち渡《わた》らせ玉《たま》うが故《ゆえ》に、阿夜可志古沼神《あやかしこねのかみ》を妹《いも》とは為《な》し玉《たま》う也《なり》。（⊙《す》と母韻《ぼいん》との関係《かんけい》は大切《たいせつ》なれど畧《りゃく》す）

○

故《か》れ大皇国《だいこうこく》の言霊《ことたま》を磨《みが》き極《きわ》め照《て》り徹《とお》す時《とき》は、ありとあらゆる物事《ものごと》の産霊《うむすび》を説《と》き尽《つ》くし、其大造化《そのだいぞうか》の実相《じつそう》を知《し》り得《う》るのみにあらず。極典《ごくてん》『古事記《こじき》』を天地火水《てんちかみ》の天造之《あまつ》事《こと》、神算木《かなぎ》に掛《か》け行《おこな》いて千坐《ちくら》の置坐《おきくら》に置《お》き足《た》らわし尽《つく》しつつ、満潤《みちひ》の球《たま》をつかい奉《たてまつ》る事《こと》、高良玉垂《こらだまだり》の神《かみ》の如《ごと》くに至《いた》るべし。是《ここ》に於《おい》て天造之《あまつ》法言《のりと》の天真地真物真《ふちしんと》の法言《のりと》を宣《の》り尽《つく》す時《とき》は、大祓《おおはらい》の辞《こと》の真相《まこと》は現《あら》われて、天津神国津神《あまつかみくにつかみ》はその道々《みちみち》より神《かむ》つどいに集《つど》い来《きた》り玉《たま》いて、天造之信《あまつまこと》の事柄《ことがら》を明《あきらか》に顕《あら》わし示《しめ》し玉《たま》う也《なり》。かくてこそ誠《まこと》に尊《とうと》く奇霊《くずし》き人《ひと》の位《くらい》を天樋形奇樋形《あめひがたくしひがた》に事《こと》へ奉《たてまつ》る。今《いま》も神代《かみよ》の真実《しんじつ》は明《あきらか》に行《おこな》い立《た》て顕《あら》わし得《う》べき也《なり》。是誠《これまこと》に神人《しんじん》一致《ち》、祭政《さいせい》一致《ち》、顕幽《けんゆう》一致《ち》、億兆《おくちょう》一致《ち》、古今《ここん》一致《ち》、幾々《いくいく》却大約《おほつな》の御代《みよ》を唯一年《ただいちねん》の如《ごと》く、唯一日《ただいちにち》の如《ごと》く、唯《ただ》一代《だい》の如《ごと》くに立《た》ち渡《わた》らせ玉《たま》う、天《あま》津《つ》日嗣《ひつぎ》の大皇儀《おおすめらぎ》の真《まこと》が、極乎《かみ》恒々而《こうこうとして》常《とこ》立《た》ち玉《たま》う基也《もといなり》。

第六節　四大と四魂

◉奇魂《くしみたま》は天地《てんち》に澎湃《ほうはい》として、心霊《しんれい》の大作用《だいさよう》を営《いとな》み統うによりて、天《あめ》の語《ことば》を以《もっ》て之《これ》を代表《だいひょう》し奉《たてまつ》り、荒魂《あらみたま》は温熱《おんねつ》となりて宇宙《うちゅう》に充実《じゅうじつ》するが故《ゆえ》に、火《ひ》の語《ことば》を以《もっ》て之《これ》を代表《だいひょう》し奉《たてまつ》り、幸魂《さちみたま》は固結冷塊《こけつれいかい》して世《よ》を組成《そせい》するが故《ゆえ》に、地《ち》の語《ことば》を以《もっ》て之《これ》を代表《だいひょう》し奉《たてまつ》る也《なり》。和魂《にぎみたま》は柔流《じゅうりゅう》して世《よ》を組織《そしき》するが故《ゆえ》に、水《みず》の語《ことば》を以《もっ》て之《これ》を代表《だいひょう》し奉《たてまつ》る也《なり》。

即《すなわ》ち宇内《うだい》の経営経綸《けいえいけいりん》の御有様《おんありさま》は、之《これ》を物質的《ぶっしつてき》に謂《い》えば天《あめ》、地《つち》、火《ひ》、水《みず》の四大《だい》の活動《はたらき》造営《ぞうえい》にして、之《これ》を精神的《せいしんてき》に謂《い》えば奇魂《くしみたま》、荒魂《あらみたま》、和魂《にぎみたま》、幸魂《さちみたま》、四魂《こん》の御神業《ごしんぎょう》たるに外《ほか》ならざる也《なり》。物資《ぶっしつ》、精神《せいしん》、共《とも》に唯《ゆい》一大御祖神《おおみおやのかみ》の御所有也《ごしょゆうなり》。（御所有《ごしょゆう》とは只単《ただたん》に両方面《りょうほうめん》という義也《こころなり》）

○

岐《いざなぎ》、美《いざなみ》の二神《しん》が多《おお》くの嶋々《しまじま》を始《はじ》め、草木並《くさきならび》に風雨等《ふううとう》をも御産《おう》み遊《あそ》ばされたる事《こと》は頗《すこぶ》る注目《ちゅうもく》すべき事也《ことなり》、宇宙万有《うちゅうばんゆう》は悉《ことごと》く御神徳《ごしんとく》の発作《ほっさ》にして、現実《げんじつ》の世《よ》は其《そ》の儘《まま》の浄潔荘厳《じょうけつそうごん》の神界《しんかい》たる也《なり》。草木《くさき》も、国土《こくど》も、皆悉《みなことごと》く神《かみ》の分霊《ぶんれい》、分魂《ぶんこん》を受《う》け奉《たてまつ》りて、大御祖神御一人《おおみおやのかみおひとり》の膝下《しっか》に集《つど》う同胞《はらから》たる也《なり》。唯《た》だ頑迷《がんめい》の徒《と》のみ四魂妙結《こんめうけつ》の理《ことわり》を知《し》らずして、荘厳《そうごん》の天国《てんごく》を苦痛《くつう》の穢土《えど》と思《おも》い、一切万有《さいばんゆう》を冷視《れいし》して神徳霊化《しんとくれいか》の御光《みひかり》に接《せっ》せざる也《なり》。豈《あ》に痛嘆《つうたん》の極《きわ》みにあらずや。大日本神史《だいにほんしんし》を卑近《ひきん》の事実《ことじつ》の如《ごと》く解《かい》する学者《がくしゃ》は、神意《しんい》を知《し》らざる似而非学者《えせがくしゃ》というべし。

第七節　魂線の結合

◉天《あめ》の中《うち》に四魂《こん》を配《はい》し、地《つち》の中《うち》に配《はい》し、火《ひ》の中《うち》に四魂《こん》を配《はい》し、水《みず》の中《うち》に四魂《こん》を配《はい》すれば十六種《しゅ》の配合《はいごう》を得《う》る也《なり》。此事《このこと》を『古事記《こじき》』に、大八洲《おおやしまぐに》を岐《いざなぎ》、美《いざなみ》の二神《しん》が産《う》み給《たま》う

と謂《いう》也《なり》。（大八洲《おおやしま》の象《しょう》は後《のち》に説《と》くべし）

斯《か》く四大《だい》に四魂《こん》を配《はい》したる十六嶋《しま》の、各々《おのおの》に復《ま》た四魂《こん》を配合《はいごう》すれば二百五十六

天《てん》

幸　和　荒　奇

幸和荒奇　幸和荒奇　幸和荒奇　幸和荒奇

火《か》

幸　和　荒　奇

幸和荒奇　幸和荒奇　幸和荒奇　幸和荒奇

水《すい》

幸　和　荒　奇

幸和荒奇　幸和荒奇　幸和荒奇　幸和荒奇

地《ち》

幸　和　荒　奇

幸和荒奇　幸和荒奇　幸和荒奇　幸和荒奇

種《しゅ》と成《な》る也《なり》。（天津《あまつ》爾《みまし》瑞《みづの》御宝《ごしんぽう》是也《これなり》）而《しか》して又復《またまた》其《そ》の各種《かくしゅ》に四魂《こん》を配《はい》すれば、六万《まん》九千五百三十六結《けつ》となる也《なり》。（崇神天皇瑞垣宮是也《すじんてんのうみづがきのみやこれなり》）斯《か》く復雑《ふくざつ》に魂《たましい》を結合《けつごう》し行《ゆ》きて、其間《そのかん》の一切《さい》の義理《ぎり》変化《へんか》、活用《はたらき》を究《きわ》むる御神業《ごしんぎょう》は、これぞ『古事記《こじき》』神典《しんてん》の天津《あまつ》算木《かなぎ》を千坐置坐《ちくらのおきくら》に坐《お》き足《たら》はす妙用《みようよう》たる也《なり》。

○

伊邪那岐命《いざなぎのみこと》の黄泉《よもつ》の御訪《おんおとな》いは、顕幽《けんゆう》、生死《せいし》の大神秘《だいしんぴ》を顕示《けんじ》して千万無量《せんまんむりょう》の義味を人間《にんげん》の世《よ》に伝《つた》えられたる者也《ものなり》。生死《せいし》の間《あいだ》に横《よこた》わる大関係《だいかんけい》は霊《れい》と肉《にく》との関係也《かんけいなり》。微塵《びじん》の生死《せいし》も猶《なお》はその関係《かんけい》は全大宇宙《ぜんだいうちゅう》に交渉《こうしょう》を保《たも》つが故《ゆえ》に、全大宇宙《ぜんだいうちゅう》の生死《せいし》の理則が芥《け》爾《こ》の微物《びぶつ》の間《あいだ》にも行《おこな》われ居《お》る也《なり》。

●●あウーと生《うま》れ、ウ●●あーと死《し》ぬ。その間《あいだ》の天地《てんち》の呼吸《こきゅう》——この天地《てんち》の気息関係《きそくかんけい》が物《もの》の上《うえ》に働《はたら》く全分《ぜんぶ》たる也《なり》。伊邪那岐命《いざなぎのみこと》、伊邪那美命《いざなみのみこと》の国産《くにう》み以下《いか》黄泉《よもつ》の御訪《おんおとな》い、双《ならび》に伊邪那岐命《いざなぎのみこと》の中《なか》つ瀬《せ》の御禊《みそぎ》の如《ごと》きは、絶頂《ぜつちやう》に達《たつ》したる神紘《しんげん》の霊調妙楽《れいちょうみょうがく》にして、人間《にんげん》の世《よ》に斯《かく》の如《ごと》き神秘《しんぴ》、斯《かく》の如《ごと》き文字《もじ》を見《み》る事《こと》を得《え》たるは、偏《ひとえ》に神寵《しんちょう》唯《ゆい》一の国《くに》なればこそと思《おも》わるる也《なり》。

第八節　三貴子の御出生
宇内の御付属

◉至大天球《たかあまはら》之中、悉《ことごと》く具備完成《ぐびかんせい》を告《つ》げたる時《とき》、爰《ここ》に三霊神《れいしん》出生《しゅつしょう》まします。古事記《こじき》曰《いわく》「於是《ここに》洗左御目《ひだりのみめをあらいたまふときに》時所成神名《あれませるかみのみな》天照大御神《あまてらすおおみかみ》次洗右御目《つぎにみぎのみめをあらいたまふときに》時所成神名《あれませるかみのみな》月読命《つきよみのみこと》次洗御鼻《つぎにみはなをあらいますときに》時所成神名《あれますかみのみな》建速須佐之男命《たけはやすさのをのみこと》。此時《このとき》伊邪那岐命《いざなぎのみこと》大歓喜詔《いたくよろこびまして》吾者《あは》生子而於生終得三貴子《みこうみうみてうづのみこをえたり》云云《とのりたまいて》」この三霊神《れいしん》の御出生《ごしゅつしょう》は、天地造化《かみよがなりたつ》の極元《とき》の義《こと》を再演《さいえん》しまして、天地《てんち》の大御系図《おおみけいず》に一大時期《だいじき》を劃《かく》すべき大事件《だいじけん》たる也《なり》。

○

即《すなわ》ち伊邪那岐命《いざなぎのみこと》は宇内《うだい》を挙《あ》げて悉《ことごと》く天照大御神《あまてらすおおみかみ》（天系《てんけい》）に御付属《ごふぞく》あらせらる。霊系《れいけい》、体系《たいけい》相分《あいわか》れて互《たがひ》に産霊《うむすび》の大宏業《だいくわうげふ》を営《いとな》み玉《たま》いし者《もの》が、宇内経営の業終ると共に、其全体を挙げて天照大御神の御統御に帰し玉へる也。『日本書記《にほんしょき》』一の神代巻《じんだいかん》に曰《いわく》

「既《すで》に而誘諾尊《していざなぎのみこと》、誘冊尊《いざなみのみこと》、共《とも》に議《はかりて》曰《のたまわく》吾《あれ》己《すで》に生二大八洲国及山川草木一《おおやしまのくにまたやまかわくさきをうめり》何《いかに》ぞ不レ生二天下之主者一歟《あめのしたのきみたるかみをうまざらむやと》、於レ是《ここに》共《とも》に生二日神一《ひのかみをうみます》号二大日霊貴一《おおひるめのむちともうす》此子光華明彩《このみこひかりうるわしく》、照二徹於六合之内一《あめつちのうちにてりとおらせり》故二神《かれふたはしらのかみ》喜《よろこびて》曰《のたまわく》、吾息雖多《あがみこさわなりといえども》未レ有二若レ此霊異之兒一《いまだくしびなるみこはまさず》不レ宜二久留一此国一《ひさしくこのくににとどめまつるべからず》自《おのずか》ら当三早送二于天一而授以二天上之事一《まさにはやくあめにおくりまつるべしとのりたまいてあめのことをさずけまつりき》云云。『古事記《こじき》』曰《いわく》「即其御頸球之玉緒《すなわちそのみくびだまのたまのお》母由良邇取由良迦志而《もゆらにとりゆらかして》天照大御神《あまてらすおおみかみ》而詔之汝命者所知高天原矣事依也《にたとひてながみことたかあまはらをしらせとことよさしたまふなり》。故其御頸珠《かれそのみくびたま》名謂御倉板挙之神《のなをみくらたなのかみという》。次詔月読命汝命者所知夜之食国矣事依也《つぎにつきよみのみことにながみことはよるのをすくにをしらせとことよさしたまうなり》。次詔建速須佐之男命汝命者所海原矣事依也《つぎにたけはやすさのをのみことにながみことはうなはらをしらせとことよさしたまうなり》」云々《うんぬん》

天上《てんじやう》に此事《このこと》あるは、獨神隠身の大本あるが故《ゆゑ》の、必然《ひつぜん》の御出来事《おんできごと》たる耳矣《のみなり》

第九節　天照大御神
伊勢内宮
伊勢外宮

◉天照大御神者《あまてらすおおみかみは》、天上主宰《てんじようしゆさい》の大御神《おおみかみ》にましまして、全一大御祖神《あめのみなかぬしのかみ》が極仁《ごくじん》、極徳《ごくとく》、極智《ごくち》、極真《きよくしん》、極威《ごくい》、極神霊《ごくしんれい》、を顕《あら》わし示《しめ》して、世《よ》を照臨《しようりん》し玉《たま》う時《とき》の御名《みな》也《なり》。『古語拾遺《こごしゆうい》』曰《いわく》「天照大神者《あまてらすおおかみは》、惟祖《これそ》、惟レ宗《これそうにましまして》、尊無レ二《とうときことならびなく》。因《より》て自餘《ほか》の諸神者《もろもろのかみは》、乃子《すなわちみこ》、乃臣《すなわちおみにましまして》、孰《いづ》れか能《よ》く敢《あえ》て抗《こう》せむ云々《うんぬん》」

又祈年祭《またとしこいのまつり》の祝詞《のりと》に曰《いわく》「辞別《ことわけて》伊勢《いせ》爾《に》坐《ます》、天照大御神《あめてらすおおみかみ》能《の》太前《おおまえ》爾《に》曰久《まをさく》皇神《すめかみ》能《の》見霽志坐《みはるかします》四方《よも》能《の》国者《くには》、天能壁立極《あめのかべたつきわみ》、国能退立限《くにのそぎたつかぎり》青雲能霊極《あおくものたなびくきわみ》、白雲能隋坐向伏限《しらくものおりいむかふすかぎり》、青海原者《あおうなばらは》棹柁干《さおかじほさず》、

舟艫能至留極《ふねのへのいたりとどまるきわみ》、大海原《おおうなばら》爾《に》舟《ふね》満都都気底《みてつづけて》白陸《くがより》往道者《ゆくみちは》、荷緒縛堅底《にのおゆいかためて》磐根木根《いわねきね》履佐久彌底《ふみさくみて》、馬爪至留限《うまのつめのいたりとどまるかぎり》、長道《ながぢ》無間《ひまな》久《く》立都都気底《たちつづけて》狭国者《さきくには》廣久《ひろく》峻国者《さかしきくには》平久《たいらけく》、遠国者《とおきくには》、八十綱《やそつな》打掛底《うちかけて》、引寄如事《ひきよすることのごとく》皇太御神《すめおおみかみの》能寄奉波《よさしたてまつらば》」云々《うんぬん》。

○

天御中主神《あめみなかぬしかみ》の一切《さい》の御霊徳《ごれいとく》は、悉《ことごと》く天照大御神《あまてらすおおみかみ》帰《かえ》し奉《たてまつ》りし也《なり》。故《ゆえ》に天地初発《てんちしょはつ》の大御祖神《おおみおやのかみ》たる　天御中主神《あめのみなかぬしのかみ》は理身の如《ごと》くに身《み》を隠《かく》し給《たま》い、高天原《たかあまはら》の一切万有《さいばんゆう》、生《せい》と無生《むせい》とを問《と》わず、皆悉《みなことごと》く　天照大御神《あまてらすおおみかみ》を大御祖神《おおみおやのかみ》と斎《い》つき祭《まつ》るべき掟《おきて》とはなりし也《なり》。現身《うつそみ》の天上《てんじょう》にます大御祖神《おおみおやのかみ》を、皇祖皇宗《こうそこうそう》とは尊《とうと》び斎《い》つき祭《まつ》るべき也《なり》。天照大御《あまてらすおおみ》神《かみ》の和霊《にぎみたま》、現霊《あらみたま》を斎《いつ》き奉《たてまつ》りて、伊勢《いせ》の現祭《あらまつり》の宮《みや》に斎《いわ》い奉《たてまつ》る。（今《いま》の内宮《ないぐう》に荒祭《あらまつり》の宮《みや》という、神秘《しんぴ》、重々《じゅうじゅう》あり）

伊勢《いせ》とはイはイ走《はし》る、雷等のイにて強《つよ》き意《い》也《なり》。セ◎とは妹《いも》が夫《をつと》を指《さ》して脊《せ》というと

同義《どうぎ》のセ◎也《なり》。陛下《へいか》が伊勢《いせ》の宮《みや》を妹《いも》が夫《をつと》につき纏《まと》い添《そ》うが如《ごと》く思《おも》い玉《たま》うという意也《いみなり》。故《ゆえ》に神《かみ》が脊《せ》の伊勢《いせ》という也《なり》。神風《かみかぜ》というは誤也《あやまりなり》。

○

又外宮《またげぐう》に鎮《しず》まり給《たま》う、豊受姫《とようけひめ》の大神《おおかみ》と称《しょう》し奉《たてまつ》るは、亦《また》の御名《みな》を「神呂美神《かむろみのかみ》」と称《しょう》し奉《たてまつ》り、亦《また》の御名《みな》を醸謂禮御親《かもいわれみおや》の神《かみ》と称《しょう》し奉《たてまつ》る。亦《また》の御名《みな》は豊御霊主《とよみけぬ》の大神《おおかみ》と称《しょう》し奉《たてまつ》る。天照大御神《あまてらすおおみかみ》の神勅《しんちょく》を以《もっ》て既《すで》に極智《ごくち》を照《て》らして、至大天球之中《たかあまはら》を一呑《ひとのみ》し玉《たま》い、御腹《みはら》の内《うち》に収《おさ》め、克《か》く記憶《きおく》して敢《あえ》て忘《わす》れ玉《たま》わず、天照大御神《あまてらすおおみかみ》の現霊《あらみたま》和霊《にぎみたま》を能《よ》く懐胎《かいたい》し玉《たま》いつつ、世《よ》の極元《こもと》なる秩序《ちつじょ》の謂《いわ》れを曲《まが》つ曲《まが》つ最《もっと》も明《あきらか》に産《う》み出《だ》す事《こと》を主《かど》り玉《たま》う。是《これ》を以《もっ》て極母《ごくぼ》の位《くらい》を授《さづ》かり、女装《ぢよそう》を以《もっ》て斎《いわ》い祭《まつ》らされ玉《たま》う也《なり》。常《つね》に大君《おほきみ》の厳脊《いせ》に立《た》ち玉《たま》いて天津日嗣《あまつひつぎ》を守《まも》り幸《さちは》へ玉《たま》う。此故《このゆえ》を以《もっ》て厳脊《いせ》の大神《おおかみ》と称《しょう》し奉《たてまつ》る矣《なり》。(即《すなわ》ち伊勢《いせ》の大神也《おおかみなり》)故《か》れ億兆万々代《おくちょうばんばんだい》の御神《みかみ》と神体《しんたい》を懐胎《かいたい》し居《い》玉《たま》うが故《ゆえ》に、億兆万々代《おくちようばんばんだい》の御子孫《ごしそん》を醸《かも》して生《う》まれさせ奉《まつ》らせ玉《たま》う矣《なり》。又臣民《またしんみん》の末々《すえずえ》までも皆悉《みなことごと》く此事《このこと》を擬《あやか》り奉《まつ》りて、永世無窮《えいせいむきゆう》に事《こと》へ奉《まつ》らしめ玉《たま》う也《なり》。天津誠《あまつまこと》の謂《いわ》れを正《まさ》に明《あきらか》に豊受《とよう》けつつ保《たも》ち給《たま》う矣《なり》。

第十節　宇内は一大国家也

◉天照大御神《あまてらすおおみかみ》の統治《とうち》します全大宇宙《ぜんだいうちゆう》の御境界《ごきようかい》には、百官群臣威儀《ひやくかんぐんしんいぎ》を正《ただ》して、綺羅星《きらぼし》の如《ごと》くに坐《ざ》を聯《つら》ね、百姓《ひやくしよう》遙《はるか》に皇土《こうど》に拝坐《はいざ》して、其威義《そのいぎ》の森厳《しんげん》なる、其《そ》の列坐《れつざ》の整正《せいせい》たる言語《げんご》に絶《ぜつ》せり。これ即《すなわ》ち天照大御神《あまてらすおおみかみ》の御神徳《ごしんとく》の発露《はつろ》したる光華明彩《こうかめいさい》、六合《りくごう》の内《うち》を照《てり》徹《とお》し給《たま》う御相《おんそう》なり。十六菊章は即《すなわ》ちこの御相《おんそう》を写《うつ》し奉《まつ》れる者《もの》なり。然《しか》り而《しこう》してこの大《おお》御皇室界《みこうしつかい》は、造化《ぞうか》三神《しん》以来《いらい》の神工神事《しんこうしんじ》に因《よ》りて成《な》りし也《なり》。この複雑精妙《ふくざつせいみよう》なる御霊界《みたまかい》を、御鏡《みかがみ》に写《うつ》したるが八咫鏡の御神宝《ごしんぽう》と申《もう》す也《なり》。

霊《たま》は玉《たま》に通《つう》ず、これ三種神器《さんしゅのじんぎ》の一《ひとつ》に玉《たま》を加《くわ》えさせ玉《たま》う御神慮《ごしんりょ》にや、霊《たま》は渾然《こうぜん》として円満完備《えんまんかんび》たる也《なり》。言辞《げんじ》に絶《ぜつ》したる霊滑《れいかつ》の円融状態《えんゆうじょうたい》か玉《たま》を連想《れんそう》して忽《たちま》ち起《おこ》る也《なり》。宇宙《うちゆう》は実《じつ》に大融和界《だいゆうわかい》にして活発々地《かっぱつはっち》の大寂念体也《だいじゃくねんたいなり》。これ全《ぜん》一霊神《れいしん》の御《ご》一念界《ねんかい》なるが故也《ゆえなり》。四大々調和《だいだいちょうわ》の大玉体《だいぎょくたい》を挙《あ》げて皇孫《こうそん》に授《さず》け玉《たま》うの意義《いぎ》を遥察《ようさつ》せば誰《たれ》か御神慮《ごしんりょ》の深遠《しんえん》なるに敬畏《けいい》せざる者《もの》あらんや。

第十一節　大日本国と小日本国

祭事

理法禮道

◉此至大界之中《たかあまはら》は、君主《きみ》、大臣《おほみ》、小臣《をみ》、手身《たみ》が、各自所得《かくじしょとく》の魂姓《こんせい》、徳能《とくのう》を発揮《はっき》して、昭々乎《しょうしょうか》として常立《とこたち》に経綸造営《けいりんぞうえい》し玉《たま》う一大国家也《だいこっかなり》。この国家《こっか》、即《すなわ》ち全一《ぜんいつ》の御皇室界《ごこうしつかい》にして、天照大御神《あまてらすおおみかみ》の御領界也《ごりようかいなり》。円満無上《えんまんむじよう》の天国《てんごく》の象《しよう》を、地上《ちじよう》に移《うつ》したるが、日本国《にほんこく》也《なり》。故《ゆえ》に、吾人《ごじん》は至大天球之中《たかあまはら》を称《しよう》して大日本国《だいにほんこく》と呼《よ》び、極東《きよくとう》の日本国《にほんこく》を称《しよう》して、小《しよう》日本国《にほんこく》と呼《よ》び習《なら》えり。斯《か》く天上地上《てんじようちじよう》の大小《だいしよう》日本国《にほんこく》が、相照応《あいてらしおう》じて、天国《てんごく》の御作業《おんさぎよう》を、地上《ちじよう》に行《おこな》わせ玉《たま》うを、祭事《まつりごと》と申《もう》す也《なり》。祭事とは政事也。天上地上の真釣り事也。真釣《まつ》りとは、度衡《どこう》（はかり）に物《もの》を懸《か》けて釣合《つりあ》わす如《ごと》く、釣《つ》り合《あ》わす意義《いぎ》の国語也《こくごなり》。

○

完全円満具足《かんぜんえんまんぐそく》の、天国《てんごく》を識《し》るにあらざれば地上国土《ちじようこくど》の経綸《けいりん》は覚束《おぼつか》なし、天国自然《てんごくしぜん》の大御経綸《おおみけいりん》を知《し》らざれば、一身一家《いつしんいつか》は斎《いつか》わずされば天国を知るは国家経綸の根基、一身一家修斎の大本たる也。日本国大道の根抵実に此に在る也。大化《たいか》の詔文《しようもん》に惟《かむ》神《ながら》找《もあが》子《こ》応治《しらさむ》故寄《ことよさしき》と、よくよく拝誦《はいしよう》すべき也《なり》。

政事《まつりごと》と申《もう》す言葉《ことば》の訳《わけ》は、真釣《まつ》り事《こと》の意《い》にて、天《てん》に成《な》る如《ごと》く真釣《まつ》りに真釣《まつ》りて、地上《ちじょう》に行《おこな》わせ玉《たま》う意也《いみなり》。祭《まつり》の字《じ》を当《あ》てて単《たん》に祖神《そしん》を祭祠《さいし》する意味《いみ》とのみ思《おも》うは、大《おおい》に異《ことな》り居《お》る也《なり》。而《しか》して政事《まつりごと》の本意義《ほんいぎ》は猶《なお》これに止《や》まらず、この本理《ほんすじ》を融解《ゆうかい》して、弘《ひろ》く之《これ》を宣《の》り伝《つた》うる事必要也《ことひつようなり》、之《これ》を法《のり》と謂《い》う也《なり》。理《すじ》を融解《ゆうかい》して、宣《の》り伝《つた》うる意味《いみ》たる也《なり》。更《さら》に、この法《のり》したるものを一切《さい》の諸々《もろもろ》に結《むす》び合《あわ》す事《こと》を為《な》す必要《ひつよう》あり、之《これ》を禮《いや》と謂《い》う也《なり》。是《ここ》に於《お》いて一切《さい》の諸々《もろもろ》は、その大本理《たいほんすじ》を身《み》に体《たい》して、之《これ》を少《すこ》しも放《はな》たぬように、眷々服膺《けんけんふくよう》して、身《み》にしめ置《お》く也《なり》。之《これ》を道《みち》と謂《い》う也《なり》。道《みち》という国語《こくご》は身《み》に血《ち》が満《み》つるように少《すこ》しも離《はな》るる事《こと》なく、ひしとしめ置《お》く事也《ことなり》。道《みち》は離《はな》るべからず、離《はな》るべきは道《みち》にあらず。神道《しんどう》は実《じつ》に厳乎《げんこ》として必致也《ひっちなり》。

第十二節　君、大臣、小臣、民の御出現

◉民《たみ》は道《みち》に住《じゅう》し、少臣《をみ》は禮《いや》を宣《の》べ、大臣《おほみ》は法《のり》を行《おこな》い、君《きみ》は理《すじ》に住《じゅう》し玉《たま》うが故《ゆえ》に茲《ここ》に君《きみ》、

大臣《おほみ》、小臣《をみ》、民《たみ》の四階級《かいきゅう》必然《ひつぜん》に生《しょう》ずる也《なり》。君《きみ》とは極身《きみ》の意《い》にて理《すじ》に住《じゅう》して稜威《みいづ》を徳《とく》とし玉《たま》う也《なり》。大臣《おほみ》は大身《おほみ》の意《い》にして法《のり》に住《じゅう》して智量《てり》を徳《とく》となす也《なり》。小臣《をみ》は小身《をみ》の意《い》にして禮《いや》に住《じゅう》して和《にぎ》を以《もっ》て徳《とく》と為《な》す也《なり》。民《たみ》は手身《たみ》の意《い》にして道《みち》に住《じゅう》して、温《にこやか》を以《もっ》て徳《とく》と為《な》す也《なり》。

君主《きみ》の極位《ごくい》が偶然《ぐうぜん》に此世《このよ》に出《いで》たりという如《ごと》き意味《いみ》でなく、大臣《おほみ》でも小臣《をみ》でも必然《ひつぜん》に出《いで》たる階級《かいきゅう》たる也《なり》。天理《てんり》の然《しか》らしむる自然《しぜん》の要求《ようきゅう》よりして、この四大身《おほみ》は出《い》でたる也《なり》。全一大至尊《ぜんいつだいしそん》の極徳《ごくとく》が、自然《しぜん》に分《わか》れて、斯《か》かる四大分身《だいぶんしん》を生《しょう》じたる也《なり》。至尊《しそん》の徳《とく》に四つの階級《かいきゅう》あり、至尊《しそん》の霊性《れいせい》に四大《だい》の差別《さべつ》起《おこ》りし為《た》めに、爰《ここ》に四大分身出《だいぶんしんいで》たる也《なり》。徳《とく》といい御性質《ごせいしつ》と申《もう》したりとて之《これ》を人為的《じんいてき》に分類《ぶんるい》したる者《もの》にあらず、必然《ひつぜん》の御《み》徳《とく》、必然《ひつぜん》の御霊性《ごれいせい》が、必然《ひつぜん》に君《きみ》、大臣《おほみ》、小臣《をみ》、民《たみ》の四大身《おほみ》と為《な》り玉《たま》いたる也《なり》。

現今《げんこん》の人々《ひとびと》は君《きみ》も大臣《おほみ》も小臣《をみ》も民《たみ》も、人《ひと》が勢力《せいりょく》の勝劣《しょうれつ》より作《つく》り出《だ》したるもののように思《おも》い居《お》るものもあれど、此《こ》は大《だい》なる誤解也《ごかいなり》（日本以外《にほんいがい》の国《くに》は爾《しか》らざるなり）天《てん》には己《おのれ》に既《すで》に理《すじ》、法《のり》、禮《いや》、道《みち》の活動《はたらき》行《おこな》われ、並《ならび》に稜威《みいづ》、智量《てり》、和《にぎ》、温《にこやか》の四徳臨々《とくりんりん》乎《こ》として行《おこな》われ居《お》る也《なり》。この四徳《とく》四性《せい》より天上《てんじょう》に先《ま》ず、君《きみ》、大臣《おほみ》、小臣《をみ》、民《たみ》の四性《せい》が成立《せいりつ》したる也《なり》。

第十三節　四大身の御本務

◉稜威《みいづ》は奇魂《くしみたま》の発動《はつどう》にして、智量《てり》は荒魂《あらみたま》の発動《はつどう》、和《にぎ》は和魂《にぎみたま》の発動《はつどう》、温《にこやか》は幸魂《さちみたま》の発動《はつどう》也《なり》、智量《てり》の作用《さよう》は一切《さい》を法《のり》（宣《の》り弘《ひろ》めて行《ゆ》き渡《わた》らす也《なり》）する也《なり》。禮《いや》の作用《さよう》は上下《じょうげ》の間《あいだ》に立《た》て上《うえ》の條理《じょうり》を下《した》に結《ゆ》あわす也《なり》。禮《いや》とは結合也《いやなり》。民《たみ》は最下《さいか》に在《あ》りて動《うごか》せざるを本《ほん》領《りょう》とす。道《みち》とは充塞遍密《じゅうそくへんみつ》して確固《かくこ》たる也《なり》。稜威《みいづ》は、即《すなわ》ち最高《さいかう》に位《くらい》して、理《すじ》を照《て》らして八荒《はっこう》に君臨《くんりん》するの光華《こうか》なり。

奇魂	極身	理	稜威	天座
荒魂	大身	法	智量	火座
活魂	神	祭(政)	極徳	結座
和魂	小身	禮	和	水座
幸魂	手身	道	温	地座

○

故《ゆえ》に先《ま》ず第《だい》一に理《すじ》、法《のり》、禮《いや》、道《みち》の道理《どうり》を究《きわ》めて、厳確《げんかく》に之《これ》を調《しら》べ、君《きみ》の御職掌《ごしよくしよう》、大臣《おほみ》の御職掌《ごしよくしよう》、小臣《をみ》の御職掌《ごしよくしよう》を、悉《ことごと》く明確《めいかく》にし、稜威《みいづ》を照《て》り渡《わた》らせて、四海《しかい》に君《きみ》たるの実《じつ》を顕《あら》わし玉《たま》うように祈《いの》り奉《たてまつ》り、智量《てり》を豊富《ほうふ》にして、世間《せけん》に君《きみ》の徳《とく》を普《あまね》く敷《し》き及《およ》ぼし、禮儀《れいぎ》の本義《ほんぎ》に則《の》りて円滑《えんかつ》に上下《じようげ》の結合《けつごう》を計《はか》り、道《みち》を体《たい》して日夜朝暮《にちやちようぼ》に服膺《ふくよう》する様《よう》に到《いた》らしむる事《こと》、頗《すこぶ》る重要《じゆうよう》なる大事《だいじ》たる也《なり》。一般世上《ぱんせじよう》にて称《とな》え居《お》る所《ところ》の道《みち》は真《まこと》の道《みち》にあらざる也《なり》。理《すじ》という者《もの》が善《よ》く了解《りようかい》せられたる上《うえ》に法《のり》はある也《なり》。法《のり》が明確《めいかく》に成《な》りし上《うえ》に真《まこと》の禮《いや》はある也《なり》。禮《いや》が確立《かくりつ》して後《のち》に道《みち》は天下《てんか》に行《おこな》わるる也《なり》。

道《みち》を説《と》くものは、必《かなら》ずまず禮《いや》を説《と》かねばならず、禮《いや》を説《と》く者《もの》は、必《かなら》ず先《ま》ず法《のり》を説《と》かねばならず、法《のり》を説《と》く者《もの》は、必《かなら》ずまず理《すじ》を知《し》らねばならず、理《すじ》を究《きわ》むるは、神《かみ》に基《もとづ》くべき也《なり》。祭《まつり》（政事《まつりごと》）の本義《ほんぎ》を営《いとな》み行《おこな》うべき也《なり》。その極徳《ごくとく》を顕《あら》わすべき也《なり》。

故《ゆえ》に君《きみ》の最《もつと》も貴《とうと》びます御職掌《ごしよくしよう》は祭事《まつりごと》（政事《まつりごと》）也《なり》。大臣《おほみ》は、君《きみ》の命《めい》を受《う》けて事《こと》を致《いた》せど同《おな》じくその最《もつと》も貴《とうと》き職掌《しよくしよう》は祭事也《まつりごとなり》。小臣《をみ》も同一《どういつ》の理《すじ》にて、最《もつと》も貴《とうと》き職掌《しよくしよう》が祭事也《まつりごとなり》。民《たみ》すら猶《な》お前同様《まえどうよう》の義理《ぎり》にて祭事《まつりごと》が最貴《さいき》の職掌《しよくしよう》たる也《なり》。農業《のうぎよう》を為《な》すも、工業《こうぎよう》を為《な》すも、是《こ》れ即《すなわ》ち祭事《まつりごと》と見《み》るが、最《もつと》も根本的《こんぽんてき》の見方《みかた》たる也《なり》。至大天球之中《たかあまはら》の一切《さい》を挙《あ》げて、一《はじめ》の祭事《まつりごと》あるのみ也《なり》というも差支《さしつかえ》なき也《なり》。

但《ただ》し君《きみ》の政事《まつりごと》と、大臣《おほみ》、小臣《をみ》、民《たみ》の祭事《まつりごと》とは、その種類《しゅるい》自《みずか》ら異《こと》なる所以《ゆえん》を、善《よ》く了得《りょうとく》して、決《けつ》してその間《あいだ》に一毫《ごう》も他《た》を犯《おか》す処《ところ》あるべからざるべし。

第十四節　大八洲の象

◉伊邪那岐命《いざなぎのみこと》伊邪那美命《いざなみのみこと》二柱神《ふたはしらのかみ》が、産《う》み玉《たま》いし大八洲国《おおやしまぐに》の相《そう》は実《じつ》に其《そ》の秩序整然《ちつじょせいぜん》たる、奇麗《きれい》なる十六結《けつ》を構成《こうせい》し玉《たま》いたる也《なり》、実《じつ》に此《この》十六結《けつ》の真象《しんしょう》は、方正六合《ほうせいりくごう》の極真《ごくしん》にして、天照大御神《あまてらすおおみかみ》の和霊《にぎみたま》也《なり》。国家《こっか》の真経緯《しんけいい》也《なり》。人一人《ひとひとり》の大度衡《おおみはかり》也《なり》。故《ゆえ》に此《この》十六結《けつ》の真象《しんしょう》を以《もっ》て照臨《しょうりん》する時《とき》は世界《せかい》一切《さい》の物事《ものごと》、人事《じんじ》一切《さい》の真儀《しんぎ》、「理《すじ》」、「法《のり》」、「禮《いや》」、「道《みち》」の一切《さい》の極則《ごくそく》等皆《とうみな》悉《ことごと》く明《あきらか》に其至当《そのしとう》の極点的星《まとぼし》を採《と》り得《う》る事《こと》、誠《まこと》に純乎《じゅんこ》として純真《じゅんしん》なる物也《ものなり》。見《み》るべし其秩序《そのちつじょ》の正明《しょうめい》なる、其真位《そのしんい》の崇高《すうこう》なる、其活機《そのはたらき》造化《ぞうか》の照応《しょうおう》の妙《たえ》なる、其霊験瑞相《そのれいけんずいそう》の厳重《げんじゅう》なる、実《じつ》に極智《ごくち》の極元《こもと》矣《なり》。

伊邪那岐命、伊邪那美命、
二神の産みませる大八洲の
全象

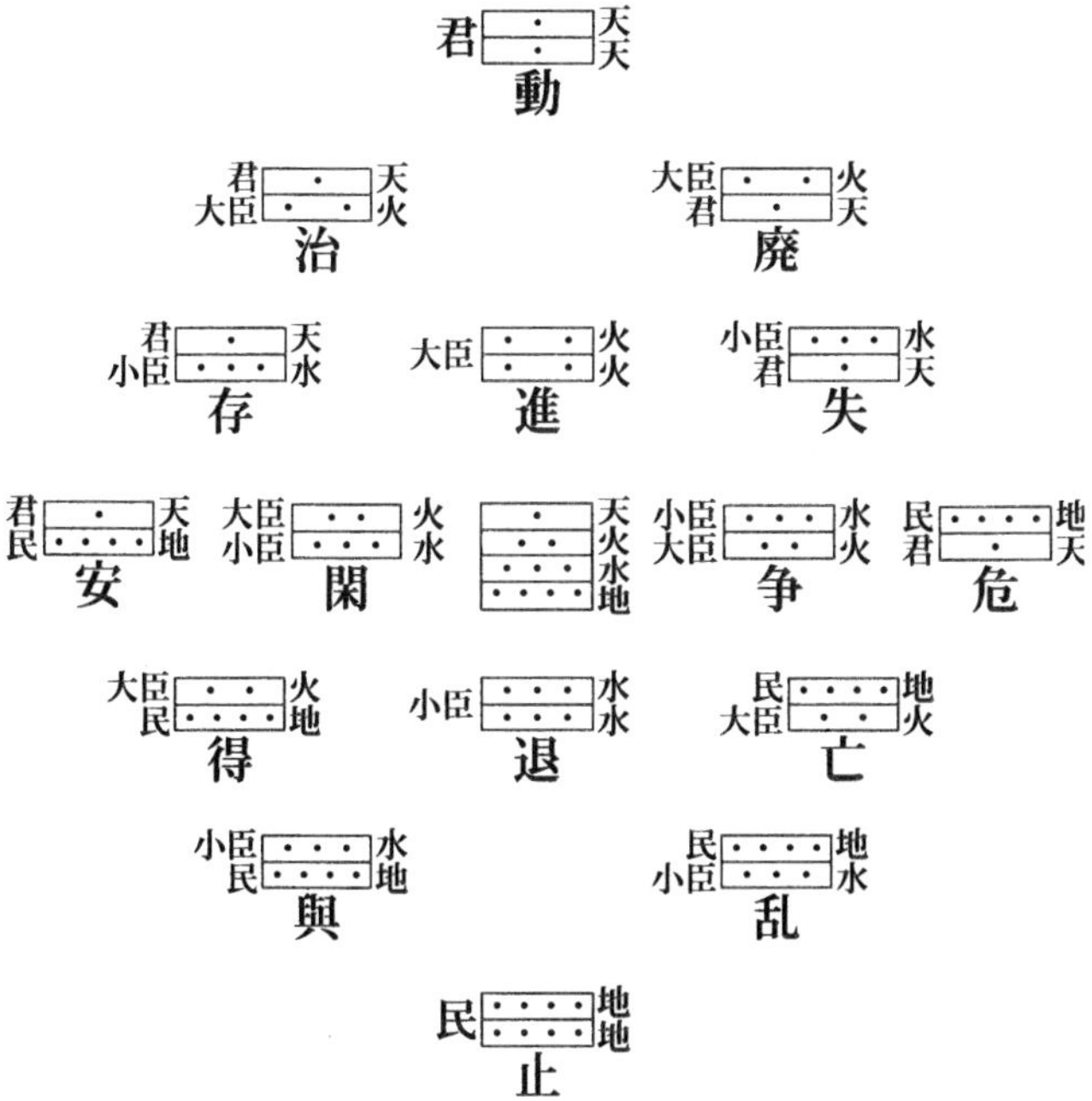

第十五節　大八洲極徳
大祓の祝詞解

◉天重《てんかさ》なるは動《うごく》、火重《ひかさ》なるは進《すすむ》、水重《みずかさ》なるは退《しりぞく》、地重《ちかさ》なるは止也《とどまるなり》、天《てん》の下《した》に火《ひ》あるは治《おさまる》、之《これ》に反《はん》するは廃《すたれ》、天《てん》の下《した》に水《みず》あるは存《たもつ》、之《これ》に反《はん》するは失《うしなう》、天《てん》の下《した》に地《ち》あるは安《やすし》、之《これ》に反《はん》するは危《あやうし》、火《ひ》の下《した》に水《みず》あるは閑《しずか》、之《これ》に反《はん》するは争《あらそう》、火《ひ》の下《した》に地《ち》あるは得《うる》、之《これ》に反《はん》するは亡《ほろぶ》、水《みず》の下《した》に地《ち》あるは興《おこる》、之《これ》に反《はん》するは乱也《みだるるなり》、君上《きみかみ》に在《あり》て大臣下《おほみしも》に在《あ》るは治《おさまる》、之《これ》に反《はん》するは廃《すたれ》、君上《きみかみ》に在《あ》り小臣下《をみしも》に随従《ずいじゅう》するは存《たもつ》、之《これ》に反《はん》するは失《うしなう》、君《きみ》上《かみ》に在《あ》り民下《たみしも》に在《あ》るは安《やすし》、之《これ》に反《はん》するは危《あやうし》、大臣上《おほみかみ》に在《あ》り小臣下《をみしも》にあるは閑《しずか》、之《これ》に反《はん》するは争《あらそう》、大臣上《おほみかみ》に在《あ》り民下《たみしも》に在《あ》るは得《うる》、之《これ》に反《はん》すは亡《ほろぶ》、小臣上《をみかみ》に在《あ》り民下《たみしも》に在《あ》るは興《おこる》、之《これ》に反《はん》するは乱也《みだるるなり》、この心《こころ》を悉《ことごと》く體《てい》する者《もの》は神也《かみなり》。

天照大御神《あまてらすおおみかみ》の大御和霊《おおみにぎみたま》を、動止進退《どうししんたい》（身之極也《みのきわみなり》）、安危閑争《あんきかんそう》（心之極也《こころのきわみなり》）、治乱興《ちらんこう》廃《はい》（国家之極也《こっかのきわみなり》）と申《もう》す。（第十一節参照）

この大御神《おおみかみ》の大和霊《おおにぎみたま》を「地球中心之洞《ゆめのいわと》」に収《おさ》め玉《たま》うが故《ゆえ》に、世《よ》は暗黒《あんこく》と成《な》る也《なり》、此《これ》を引《ひ》き出《だ》し奉《たてまつ》る事《こと》を知《し》らざる時《とき》は、諸災《しょさい》悉《ことごと》く起《おこ》り、悪魔《あくま》は檀《ほしいまま》に横行《おうこう》を逞《たくま》しくする也《なり》、「古事記《こじき》爾《すなはち》高天原《たかあまはら》皆《みな》暗《くらし》葦原中国《あしはらなかつくに》悉《ことごとく》闇《にくらし。》因而《これによりて》此常夜《とこよ》往《ゆく。》於是《ここに》万神《よろづのかみ》之声《のおとなひ》者《は》狭蠅《さばえ》那《な》須《す》皆《みな》満《ゆき》万《よろず》妖《のわざわい》悉《ことごとく》発《おこりき。》」然《しか》るに、之《こ》の大和霊《おおにぎみたま》を惹《ひ》き出《だ》し奉《まつ》らば、世《よ》は忽《たちま》ちに明《あ》け渡《わた》りて昭々赫々《しょうしょうこうこう》として億兆万有《おくちょうばんゆう》皆《みな》悉《ことごと》く正道《せいどう》を歩《ほ》する事《こと》を得《う》べき也《なり》。

須佐之男命《すさのをのみこと》が、天照大御神《あまてらすおおみかみ》に対《たい》し奉《たてまつ》りて、犯《おか》されし罪《つみ》が大《だい》なる罪悪《ざいあく》の如《ごと》く謂《い》わるるは、専《もは》ら天地《てんち》の経綸《けいりん》を紛《ふん》して宇宙《うちゅう》の間《あいだ》に大妖気《だいようき》を起《おこ》さすべき御行為《みしわざ》なりしが故《ゆえ》也《なり》。

天照大神《あまてらすおおかみ》も、非常《ひじょう》の御立腹《ごりつぷく》にて、遂《つい》に天岩戸《あまのいわと》へ隠《かく》れさせ給《たま》いし也《なり》、天岩戸隠《あまのいわとかく》れとは、天地間《てんちかん》の経綸《けいりん》が紊乱《びんらん》したる為《ため》に、世《よ》が暗黒界《あんこくかい》となりし意味也《いみなり》、今日《こんにち》にても常《つね》に経綸《けいりん》の本《もと》が乱《みだ》るれば世《よ》は暗黒界《あんこくかい》となる也《なり》、故《ゆえ》に罪悪《ざいあく》の最《もつと》も大《だい》なる者《もの》は、経綸《けいりん》を乱《みだ》す事也《ことなり》、経綸《けいりん》を紊《みだ》す根本《こんぽん》は、天地間《てんちかん》を統理《とうり》しますます唯一《ゆい》至尊《しそん》のましますす事《こと》を知《し》らず、その大御法則《おおみほうそく》を知《し》らぬより起《おこ》る也《なり》。

大御法則《おおみほうそく》とは一切《さい》の諸法《しょほう》悉《ことごと》く唯一《ゆい》大至尊《だいしそん》の御働《おはたら》きに外《ほか》ならぬ大八洲《おおやしま》の真正極則《しんしょうごくそく》を知《し》ると否《いな》とに在《あ》る也《なり》。天《てん》に行《おこな》わるる事《こと》は地《ち》に行《おこな》われ、天地《てんち》に行《おこな》わるる事《こと》が人《ひと》にも行《おこな》わる。故《ゆえ》に霊神《れいしん》は其《そ》の大《だい》なるや天地《てんち》に充塞《じゅうそく》して残《のこ》す所《ところ》なく、其《そ》の小《しょう》なるや微塵《びじん》も亦之《またこれ》を宿《やど》す事能《ことあた》わず、故《ゆえ》に人體《じんたい》を究《きわ》めて天運《てんうん》を知《し》り、地上《ちじょう》の霊動《れいどう》に鑑《かんが》みて人身《じんしん》の修治《しゅうじ》を識《し》る事《こと》を得《う》る也《なり》。『令義解《りょうのぎげ》』曰《いわく》「鎮安也《ちんはあんなり》」言《い》う心《こころ》は離遊之運魂《りゅうのうんこん》を招《まね》きて身體《しんたい》の中府《ちゅうふ》に留《とど》む。

○

大祓詞《おおはらい》の後段《こうだん》は地球組織《ちきゅうそしき》の新陳代謝《しんちんたいしゃ》を述《の》べ、地球生存《ちきゅうせいぞん》の大理《だいり》を説《と》きたる者《もの》あるが、この地球経営《ちきゅうけいえい》の御神事《ごしんじ》は、同《おな》じく微《わず》かなる人體《じんたい》にも宿《やど》って、始終御経営遊《しじゅうごけいえいあそ》ばし且《か》つ愛護《あいご》を垂《た》れ給《たま》いつつある也《なり》。

「高山之末《たかやまのすえ》短山之末《ひきやまのすえ》與利《より》佐久那太理爾《さくなだりに》落多支都《おちたきつ》速川野瀬坐《はやかはのせにます》瀬織津比賣《せおりつひめ》止《と》云神《いうかみ》大海原《おおうなはら》爾《に》持出奈武《もちいでなむ》」ここに瀬織津比賣《せおりつひめ》とあるは口中《こうちゅう》の事《こと》を申《もう》すのにて、歯《は》とか舌《した》とかいう、食物《しょくもつ》を咀嚼《そしゃく》せる機能《きのう》を指《さ》す事《こと》なり、口中《こうちゅう》にて食物咀嚼《しょくもつそしゃく》の様《よう》になり、「如此持出《かくもちいで》往波《いなば》荒塩之塩乃《あらしほのしほの》八百道乃《やほぢの》八塩道乃《やしほぢの》塩乃《しほの》八百會爾《やほあひに》座須《ます》速開都比賣《はやあきつひめ》止《と》云神《いうかみ》持可可呑《もちかかのみ》底《て》武《む》」ここに速開津姫《はやあきつひめ》とあるは食道《しょくどう》より、胃袋《いぶくろ》に食物《しょくもつ》を運《はこ》ぶ機能《きのう》なる也《なり》。

「如此《かく》可可呑《かかのみ》底《て》波《は》氣吹戸《いぶきど》坐《にいま》須《す》氣吹戸主《いぶきどぬし》止《と》云《いう》神《かみ》根国底之国《ねのくにそこのくに》爾《に》氣吹放《いぶきはなち》底牟《てむ》」ここに気《い》吹戸主《ぶきどぬし》とあるは、胃袋《いぶくろ》や腸《ちょう》から咀嚼《そしゃく》して出《で》た、乳汁《にゅうじゅう》を肺臓《はいぞう》に持《も》ち出《だ》す事《こと》にてある也《なり》。

「如此久《かく》氣吹放底波《いぶきはなちては》根国底之国《ねのくにそこのくに》爾坐《にます》速佐須良姫《はやさすらひめ》止云神《というかみ》持佐須良比失底牟《もちさすらひうしなひてむ》」ここに速佐須良姫《はやさすらひめ》とあるは、肺臓《はいぞう》にて空気《くうき》に觸《ふ》れ心臓《しんぞう》に帰《かえ》り、之《こ》れより全身《ぜんしん》に、血脈管《けつみゃくかん》に依《より》て、分布《ぶんぷ》さらるる事《こと》を申《もう》す也《なり》。

此様《このよう》に大祓《おおはらい》を解《かい》すれば全《まつた》く生理機能《せいりきのう》を説《と》いて居《お》る事《こと》を知《し》る也《なり》。天《てん》も地《ち》も亦同様《またどうよう》の機能《きのう》に因《より》て有形無形《ゆうけいむけい》の血液《けつえき》を循環《じゅんかん》せしめて活動《かつどう》し居《お》る也《なり》。

○

大祓祝詞《おおはらいのりと》に天津罪《あまつつみ》と国津罪《くにつつみ》とを挙《あ》げて之《これ》を祓《はら》うべき事《こと》を記《しる》せるは大《おお》いなる神事《しんじ》也《なり》、天津罪《あまつつみ》とは天《てん》の経綸《けいりん》を阻害《そがい》し、或《あるい》は之《これ》を紊乱《びんらん》せしむる行為《こうい》にして、国《くに》つ罪《つみ》とは地上《ちじょう》の経綸《けいりん》を紛乱《ふんらん》する罪《つみ》たる也《なり》、比喩《ひゆ》を以《もっ》て記述《きじゅつ》せられし妙文《みょうもん》なるが故《ゆえ》に、古来正解《こらいせいかい》を加《くわ》えしもの無《な》かりき。文字通《もじどお》りにては一向《こう》に解釈《かいしゃく》が出来《でき》ぬ也《なり》。好《よ》し出来《でき》たりとも卑《ひ》近《きん》にして甚《はなは》だ拙《せつ》なし（本文《ほんぶん》にも誤《あやまり》あり宜《よろ》しく之《これ》を正《ただ》すべき也《なり》）

○

大祓《おおはらい》は大《だい》は天上地上《てんじようちじよう》の潔斎法也《けつさいほうなり》、中《ちゅう》は人道政事《じんどうまつりごと》の潔斎法也《けつさいほうなり》。小《しょう》は一身個人《いっしんこじん》の潔《けつ》斎法也《さいほうなり》。前《まえ》に大祓《おおはらい》の後段《こうだん》を人身生理《じんしんせいり》に説《と》く者《もの》は最小部《さいしょうぶ》に解《かい》したる也《なり》。

地球《ちきゅう》も亦人身《またじんしん》と同様《どうよう》の生存状態《せいぞんじょうたい》を保《たも》てり、宇宙間《うちゅうかん》も亦同一也《またどういつなり》。只単《ただたん》に自然物《しぜんぶつ》にのみこの生存状態《せいぞんじょうたい》は存《そん》するのみにあらず。一国《こく》の政事機関《まつりごときかん》も亦一《またひとつ》の有機組織也《ゆうきそしきなり》。社《しゃ》会家庭等皆有機組織《かいかていとうみなゆうきそしき》を成立《せいりつ》する者《もの》は常《つね》に新陳代謝《しんちんたいしゃ》の自然法《しぜんほう》に則《そく》する大祓《おおはらい》の詞《ことば》は有機《ゆうき》組織全部《そしきぜんぶ》に対《たい》する潔斎法也《けつさいほうなり》。

故《ゆえ》に大祓詞《おおはらい》を実行《じっこう》する時《とき》は、その者即《ものすなわ》ち健全《けんぜん》にして大祓《おおはらい》を取《と》り行《おこな》わざる者《もの》は、その者必《ものかなら》ず腐敗《ふはい》し、破壊《はかい》し。不健康状態《ふけんこうじょうたい》を恢復《かいふく》する事能《ことあた》わざる也《なり》。世《よ》に大祓《おおはらい》の詞《ことば》より大切《たいせつ》なる神事《しんじ》なき也《なり》。

大祓祝詞《おおはらいのりと》の「科戸風《しなどのかぜ》能《の》天之《あめの》八《や》重《へ》雲《くも》乎《を》吹放《ふきはなつ》事《こと》之《の》如《ごと》久《く》朝之《あしたの》御《み》霧《ぎり》夕之《ゆふべの》御《み》霧《ぎり》能《の》朝風《あさかぜ》夕風《ゆふかぜ》能《を》吹《ふき》掃《はらふ》事《こと》之《の》如《ごと》久《く》大津辺《おおつべ》爾《に》居《ます》大船《おおふね》乎《を》舳《へ》解《とき》放《はなち》艫《とも》解《とき》放《はなち》底《て》大海原《おおうなばら》爾《に》押放《おしはなつ》事《こと》之《の》如《ごと》久《く》遠方《おちかた》之《の》繁木本《しげきがもと》乎《を》焼鎌《やきがま》能《の》敏鎌《とがま》以《も》底《て》打掃《うちはらう》事《こと》之《の》如《ごと》久《く》遺置《のこるつみ》波《は》不在《あらじ》止《と》祓給《はらひためへ》」と、常《つね》に拝誦《はいしょう》すべき也《なり》。

第十六節　国土就成
體系神々の大慈悲

◉御體系《からたまけい》（地系《ちけい》）大御成就《おおみじょうじゅ》は、大国主神《おおくにぬしのかみ》に到《いた》りて、具備完了《ぐびかんりょう》せし也《なり》。大国主神《おおくにぬしのかみ》は、宇宙万有有體《うちゅうばんゆうゆうたい》の統主也《とうしゅなり》。故《ゆえ》に大国主神《おおくにぬしのかみ》の和魂《にぎみたま》を、大物主神《おおものぬしのかみ》と申《もう》す。大物主神《おおものぬしのかみ》、即《すなわ》ち有形《ゆうけい》一切基儘《さいそのまま》の御容也《みすがたなり》。『古事記《こじき》』曰《いわく》「故茲《かれここに》白上於神産巣日御祖命《かむむすびみおやのみことにまうし》者答告《あげしかは》此者実我子也《こはまことにわがこなり》於子之中自我手俟久岐期子也《みこのなかにあがたなまたよりくしきみこなり》。故與汝葦原色許男命《かれみましあしはらしこおのみこと》（大国主神《おおくにぬしのかみ》の又《また》の名《な》）為兄弟而作堅其国《あにおととなりてそのくにをつくりかためよとのりたまう》、故自爾大穴牟遅《かれたれよりおほなむちを》（大国主神《おおくにぬしのかみ》の又《また》の名《な》）、與少名毘古那《すくなひこな》二柱神相並作堅此国《とふたはしらのかみあいならばしてこのくにをつくりかためたまう》」物質《ぶっしつ》の由来《ゆらい》は伊邪那美神《いざなみのかみ》の後《あと》を受《う》け玉《たま》う須佐之男命《すさのをのみこと》に到《いた》りて、大凡其組織完成《おおよそのそしきかんせい》せられたるを、尚《な》お大国主神《おおくにぬしのかみ》が詳細《しょうさい》に結成完備《けつせいかんび》せしめ玉《たま》う也《なり》。

『道之大原《みちのたいげん》』曰《いわく》「顕界《けんかい》の活物《かつぶつ》者は係二大国主之所轄一《におおくにぬしのしょかつにかかる》云々《うんぬん》又《ま》た曰《いわ》く地主以二三元《ちしゅさんげんをもつて》（動《どう》、植《しょく》、鑛《こう》の本質《ほんしつ》)、八力《りき》（動《どう》、静《せい》、解《かい》、凝《ぎょ》、引《いん》、弛《ち》、分《ぶん》、合《ごう》）造レ體而て與二之万有一《たいをつくりしかしこればんゆうにあたう》云々《うんぬん》」

いかなる化学《かがく》の大学者《だいがくしや》が出《で》たりとて、この一塊《かい》の土塊《つち》より絵具《えのぐ》の一雫《ひとしずく》をも製《せい》する事《こと》は難《かた》かるべし。然《しか》るに千草万木皆悉《せんそうばんぼくみなことごと》く夫々《それぞれ》の花《はな》を開《ひら》き、葉《は》を茂《しげ》らせて紅紫爛漫《こうしらんまん》の美《び》を呈《てい》する者《もの》は、何《な》故《ん》ぞや。いかなる人《ひと》とても、十塊《かい》を噛《かじ》って生命《いのち》を長《なが》く継《つ》ぐ事《こと》は出来難《できがた》かるべし。然《しか》るに土《つち》に播《ま》く草木《そうもく》に、千粒万顆《せんかばんか》の果実穀類《かじつこくるい》を稔《みの》らしむるは何《なん》等《ら》の作用《さよう》なるぞ。

須佐之男神《すさのをのかみ》が、大氣津比賣《おおげつひめ》を御殺害《ごさつがい》（注）『古事記・言霊解』「大気津比売の段」参照）ありしと聞《き》かば、皆《み》な人々《ひとびと》残酷《ざんこく》に思《おも》うならむが、人生必需《じんせいひつじゅ》の糧《かて》は、土壌《つち》や草《そう》木《もく》の上《うえ》に働《はたら》きます、須佐之男神《すさのをのかみ》の御恵与《ごけいよ》なりとすれば、奈何《いか》に難有《ありがた》く感《かん》ずらん（特《とく》に身《み》も棄《す》てて吾人《ごじん》に穀類《こくるい》を始《はじ》め食物《しょくもつ》を與《あた》え玉《たま》う、大氣都姫《おおげつひめ》の大御慈悲《だいごじひ》の如《ごと》き、何《なん》とありがたく感涙《かんるい》にむせぶ次第《しだい》にはあらずや、吾人《ごじん》の需要《じゅよう》する所《ところ》の一切《さい》の品物《しなもの》が一つとして神《かみ》の身《み》を棄《き》し玉《たま》いし、大慈悲《だいじひ》の産物《さんぶつ》ならざるは無《な》し）産《う》み残《のこ》す兒等《こら》に、幸《さち》多《おお》かれ、有體《うたい》の万有《ばんゆう》に永存《えいぞん》の賜《はい》を下《くだ》し玉《たま》いし御鴻恩《ごこうおん》。好《この》しや生存《せいぞん》の上《うえ》に、無常変化《むじょうへんげ》が見舞《みま》われて肉《にく》に執着《しゅうちゃく》して霊光《れいこう》を織《お》らざる盲兒《もうじ》の上《うえ》に、親うらめしの痛言《つうげん》を聞《き》く事《こと》あるとしても、猶《な》お慈愛《じあい》の賜《たまもの》として、與《あた》えられし美糧《びりょう》に、舌打《したう》ち鳴《な》らし、且《かつ》は暖《だん》に着《き》る事《こと》を得《う》るは、奈何《いか》に感謝《かんしゃ》せざるべからざる事《こと》ぞや。

若《も》し夫《そ》れ進《すす》むで天《てん》の霊光《れいこう》に接《せっ》して万有変遷《ばんゆうへんせん》の奥底《おうてい》を看破《かんぱ》し生死《せいし》の巷《ちまた》を霊化《れいか》して、天国本来《てんごくほんらい》の荘厳《そうごん》四囲《しい》に繞《めぐ》る、天《てん》の霊楽場《れいらくじょう》に、至大至楽《しだいしらく》の生涯《しょうがい》を永遠《えいえん》に味《あじわ》うを得《え》たらむには奈何《いか》に人生《じんせい》が尊《とうと》き者《もの》と為《な》るべきか。須佐之男《すさのを》の神《かみ》の御恩《ごおん》に馴《な》れ着《ちゃく》して、八鹽折酒《やしおおりのさけ》にのみ酔《よ》いしれたる、酔生夢死《すいせいむし》の輩《やから》も速《すみやか》に須佐之男《すさのを》の神《かみ》の御本領《ごほんりょう》を拝受《はいじゅ》し奉《まつ》りて、天照《あまて》る御霊界《ごれいかい》の永遠至楽《えいえんしらく》の寵兒《ちょうじ》と成《な》る事《こと》、実《じつ》に神々《かみがみ》の御誓願《ごせいがん》たるを知《し》れ「八雲立《やくもた》つ」の御歌《みうた》こそこの義理《ぎり》を陳《の》べ玉《たま》うのであって、顕界有體《けんかいうたい》の一切《さい》は、信仰《しんこう》に入《い》るべく作《つく》られて居《お》る也《なり》。

信《しん》ぜよ爾《しか》らば乃《すなわ》ち直《すぐ》に此《こ》の霊境《れいきょう》に入《い》るべし。入《い》るべきが本體也《ほんたいなり》。現仕《げんざい》入《い》らずして荒《すさ》び居《お》るが逆《さかさ》たる也《なり》。逆《さかさ》は必《かなら》ず順《じゅん》に復《くつがえ》す。己《こ》に天爾本有《てにほんぬ》の大順正界《だいじゅんせいかい》に住《じゅう》す。何《なん》ぞ求《もと》めて得《え》れらざるべき。これ即《すなわ》ち神誓神願《しんせいしんがん》たれば也《なり》。

「八雲《やくも》たつ出雲八重垣《いずもやえがき》つまごめに八重垣《やえがき》つくるその八重垣《やえがき》をすさのを」という、

顕界大神《すさのをのかみ》が、末世《まつせ》の兒等《こら》を呼《よ》び玉《たま》う御声《みこえ》の故何《いかに》に切《せつ》なるやを思《おも》うべき也《なり》。

大国主命《おおくにぬしのみこと》は、御祖神《みおやかみ》の御経営《ごけいえい》になりし国土《こくど》を一層詳細《そうしようさい》に御整理遊《ごせいりあそ》ばされたる也《なり》。大国主神《おおくにぬしのかみ》には、種々《しゆじゆ》の御物語《おんものがたり》あれど、皆《みな》この地球《ちきゆう》の内外《うちと》を悉《ことごと》く整理造営《せいりぞうえい》して、完成《かんせい》に達《たつ》せしめ玉《たま》う、御振舞《おんふるまい》たりし也《なり》。動物《どうぶつ》、植物《しよくぶつ》、鑛物《こうぶつ》に関《かん》する諸種《しよしゆ》の性能《せいのう》の決定《けつてい》せられたるが、皆大国主神《みなおおくにぬしのかみ》の御力《みちから》たりし也《なり》。(此一節《このせつ》は尚詳細《なおしようさい》を要《よう》すべきなれど余《あま》りに複雑《ふくざつ》なるが故《ゆえ》に略《りやく》して陳《の》べず、読者諒之《どくしやりようこれ》)

第十七節　国土全部の御献上

尊霊卑體
霊體不二

◉大国主神《おおくにぬしのかみ》が、天孫瓊々杵命《てんそんににぎのみこと》に全部《ぜんぶ》を挙《あ》げて、献上《けんじよう》し奉《たてまつ》る也《なり》。此《ここ》に於《おい》て宇宙《うちゆう》一君《くん》の実就《じつな》り、霊體《れいたい》一系《けいい》、相融和《あいゆうわ》して万世不易《ばんせふえき》の皇統《こうとう》、天壌《てんじよう》と與《ここ》に窮《きわま》りなきに至《いた》る。

『古事記《こじき》』曰《いわく》「問其大国主神《そのおほくにぬしのかみにとひたまはく、》汝子等事代主神《ながこどもらことしろぬしのかみ、》建御名方神二神者《たけみなかたのかみふたりは、》随大神御《あまつかみのみこ》子之命勿違白説《とのまにまにたがはしとまをしぬ、》故汝心奈何《かれながこころ、いかにぞととひたふ、》爾白之子《ここにしたへたまつらく、》等二神随白僕之不違《あがこどもふたりのまをせるまにまにあれもたがはし、》此《この》葦原中国者随命既献也《あしはらのなかつくにはみことのまにまにすみやかにたてまつらむ、》唯僕住所者如天神御子之天津日継所知之登蛇流天《ただあがすみかをばあまつかみのみこがあまつひつぎしろしますとだるあま》之御巣而於底津石根宮柱布斗斯理於《のみすなしてそこついはねにみやはしらふとしりて、》高天原永木多迦斯理而《たかあまはらにちぎたかしりて、》治賜者《おさめたまはば、》僕者於百不足《あはももたらず》八十神者即《やそかみはすなわち、》八重事代主神為《やへことしろぬしのかみが、》神之御尾前而仕奉者違神者非也如此之白《かみのみをさきとなりてつかえまつらばたがふかみはあらじかくまをして、》而乃隠《すなはちかくれ》也《にき》。」

大国主神《おおくにぬしのかみ》が、天神《てんしん》の御子孫《ごしそん》に、国土《こくど》の全部《ぜんぶ》を挙《あ》げて譲《ゆず》りたまいし一體《たい》事件《じけん》が天地《てんち》一体《たい》の上《うえ》に超然《ちょうぜん》たる全一大至尊《ぜんいつだいしそん》の御思召《おもしめし》ある所以《ゆえん》にして是《こ》の事《こと》ありて創《はじ》めて天国《てんごく》の一大経綸《だいけいりん》が統一和合《とういつわごう》して万世一系《ばんせいいっけい》、天壌無窮《てんじようむきゅう》の皇統《こうとう》が成立《せいりつ》したる根本《こんぽん》たる也《なり》。

若《も》し大国主《おおくにぬし》の神《かみ》にして、天神《てんしん》に国土《こくど》の一切《さい》を挙《あ》げて御壌與《ごじようよ》なかりせば、世《よ》は永遠《えいえん》に霊《れい》と肉《にく》との紊乱争闘《びんらんそうとう》を以《もっ》て終《おわ》るべかりしに、この事《こと》あるは天理《てんり》の然《しか》らしむる所《ところ》なりとは謂《い》へ、実《じつ》に神約《しんやく》の妙幽《みょうゆう》なるに驚《おどろ》かざるを得《え》ざるなり。

大国主《おおくにぬし》なる地上《ちじょう》一切《さい》の主《ぬし》が、天照神《あまてるかみ》に国土《こくど》の全部《ぜんぶ》を譲《ゆず》り給《たま》いし事《こと》が、我等《われら》に永遠《えいえん》不窮《ふきゅう》の生命《いのち》を与《あた》え玉《たま》う根本《こんぽん》であって、我等《われら》は天壌無窮《てんじょうむきゅう》に栄《さか》えます。大御神《おおみかみ》の民《たみ》たるが故《ゆえ》に我等《われら》も亦大御神《またおおみかみ》の如《ごと》く永遠《えいえん》の生命《いのち》に入《い》る事疑《じぎ》なき事証《じしょう》とはなりしなり。我等《われら》が尊霊卑體《そんりようひたい》の本義《ほんぎ》に帰《かえ》し、宇内《うだい》一君《くん》の御統治《ごとうち》の下《した》に国民《こくみん》（天民《てんみん》）と成《な》りし時《とき》、爰《ここ》に永遠《えいえん》の天民《てんみん》が永遠的《えいえんてき》御経綸《ごけいりん》の御作業《おんさぎょう》を扶翼《ふよく》し奉《まつ》る事《こと》とはなる也《なり》。尊霊卑體《そんりようひたい》の本義《ほんぎ》を実行《じっこう》する事《こと》は容易《ようい》の如《ごと》くにて、其実《そのじつ》、頗《すこぶ》る難《かた》き事也《ことなり》。

大国主神《おおくにぬしのかみ》の国土献上《こくどけんじょう》も容易《ようい》の如《ごと》くにて、『古事記《こじき》』の本文《ほんぶん》に依《よ》れば、或《あるい》は天菩比《あめのほひの》神《かみ》を遣《つか》わして成《な》らず、或《あるい》は天若日子《あまわかひこ》を遣《つか》わして成《な》らず、更《さら》に雉名鳴女《きぎしなきめ》を遣《つか》わし成《な》らず、高御産巣日神《たかみむすびかみ》、天照大御神《あまてらすおおみかみ》の御苦心《ごくしん》も度重《たびかさ》なりて、最後《さいご》に建御雷神《たけみかつちのかみ》を遣《つか》わして、漸《ようや》く成功《せいこう》したる也《なり》。

但《ただ》しこの御成功《ごせいこう》は、世《よ》の常《つね》の成功《せいこう》ならざる事《こと》を注意《ちゅうい》せざるべからず。この御成功《ごせいこう》は根本的《こんぽんてき》の成功《せいこう》にして、永遠不易《えいえんふえき》の大成功《だいせいこう》なりし也《なり》。

「爾答白之《ここにこたへまつらく》　僕子等二神随白僕之不違《あがこどもふたりのまをせるまにまにあれもたがはじ》　此葦原中国者《このあしはらのなかつくには》　随命既献也《みことのまにまにたてまつらむ》　唯僕住所者《ただあがすみかをば》　如天神御子之天津日継所知之登《あまつかみのみこのあまつひつぎしろしめさんと》　蛇流天之御巣而於《とだるあまのみすなして》　底津石根宮柱布斗斯理於《そこついわねにみやばしらふとしり》　高天原氷木多迦斯理而治賜者《たかあまはらにひきたかしりてをさめたまはば》　僕者於百不足八十隈手隠而侍《あはももたらずやそくまでにかくりてさもらひなむ》　亦僕子等百八十神者《またあがこどももやそかみは》　即八重事代主神《すなはちやへことしろぬしのかみ》　為神之御尾前而仕奉者《かみのみをさきとなりてつかへまつらば》　違神者非也《たがふかみはあらじ》　如此之白而乃隠也《かくまをしてすなはちかくりましき》」かく確実《かくじつ》なる永遠《えいえん》に易《い》らざる、御盟約《ごめいやく》が成立《せいりつ》したるなり。

○

茲《ここ》に尊霊卑體《そんりようひたい》という事《こと》を真解《しんかい》せば、天地一如《てんちいちによ》の上《うえ》には尊霊卑體《そんりようひたい》という事無《ことな》し、霊《れい》肉不二《にくふぢ》たる也《なり》。但《ただ》し肉身《にくしん》のみを大切《たいせつ》にして霊光《れいこう》を忘却《ぼうきやく》する者《もの》は罪悪常《ざいあくつね》に其人《そのひと》に伴《ともな》い、霊《れい》のみを尊《とうと》みて肉身《にくしん》を忘却《ぼうきゃく》するものも亦誤解《またごかい》たるを免《まぬが》れず。

世人《よひと》は多《おお》く肉身《にくしん》に執《しゅう》して、天地本来《てんちほんらい》の神約《しんやく》を知《し》らざるが故《ゆえ》に、特《とく》に玆《ここ》に尊霊卑體《そんりょうひたい》の語《ご》を用《もち》いたる也《なり》。国土《こくど》を天神《てんしん》に譲《ゆず》りし大国主神《おおくにぬしのかみ》は何處《どこ》へも去《さ》りしにあらず。乃《すなわち》隠也《かくれにき》とある事情《じじょう》を善《よ》く承知《しょうち》すべき也《なり》。国土《こくど》の相《そう》は譲《ゆず》りし前《まえ》も後《のち》も、替《かわ》らざりし也《なり》。天神《てんしん》に奉《まつ》りし儘《まま》の大国主神《おおくにぬしのかみ》たりし也《なり》。大国主神《おおくにぬしのかみ》の御名《みな》は無《な》からむ。されど其相《そのそう》は、大国主《おおくにぬし》其《そ》の神《かみ》の以前《いぜん》に異《ことな》る所《ところ》なき也《なり》。我等《われら》が天民《てんみん》と成《な》るも、亦此《またこれ》と一理也《いちりなり》。我等《われら》は我等《われら》の六根不浄《ろっこんふじょう》の時《とき》の儘《まま》が、天国《てんごく》に入《い》りても同様《どうよう》の相《そう》にて変《か》わらざる也《なり》。霊光《れいこう》の下《した》に照《て》らさるる以前《いぜん》の儘《まま》の我等《われら》が、即《すなわ》ち天国霊界《てんごくれいかい》の天民《てんみん》たる也《なり》。これ即《すなわ》ち尊霊尊體《そんりょうそんたい》天《て》爾不二《にふぢ》の一大霊界《だいれいかい》たる故也《ゆえなり》。

第十八節　天地御経綸の完備

◉天孫《てんそん》の御宏業《ごこうぎょう》は、神倭伊波禮毘古命《かむやまといれひこのみこと》に到《いた》りて、成就完成《じょうじゅかんせい》の域《いき》に達《たっ》せり。『古事記《こじき》』曰《いわく》「故如此言向平和荒夫琉神等退撥不伏人等而坐畝火之白柏原宮天下《かれかくのごとあらぶるかみたちをことむけはやしまつろはぬひとどもをはらひたひらげたまひてうねびのかしはらのみやにましましてあめのした》也云々《しろしめす》」故《か》れ神倭伊波禮毘古命《かむやまといれひこのみこと》と申《もう》す。

御名《みな》の意《い》は、倭《やまと》の国《くに》の君《きみ》として万世不易《ばんせふえき》に幾々幾々幾々却《いくいくいくいくいくいくごう》の大御代《おおみよ》を立《た》ち変《かわ》り受《う》け継《つ》ぎ継《つ》ぎて治《しろ》しめし玉《たま》う也《なり》という義也《こころなり》。後世《こうせい》、神倭伊波禮毘古命《かむやまといれひこのみこと》に、神武天皇《じんむてんのう》と申《もう》す漢名《かんめい》を奉《まつ》りて、御一代《ごいちだい》の如《ごと》くに思《おも》い誤《あやま》りたるは、痛《いた》く古義《こぎ》に背《そむ》けり。(此義《このぎ》の詳細《しょうさい》を要《よう》すれど今回《こんかい》は之《これ》を省略《しょうりゃく》す)

第十九節

◉万世一系の皇統＝極東の霊地に礎を鎮め玉いて、天壌無窮に御代治めしめ給う焉。

第二十節　三次の御付屬

◉茲《ここ》に、宇内統理《うだいとうり》の大権《たいけん》を付属《ふぞく》あらせられし事《こと》、三度《みたび》なりき。即《すなわ》ち
第《だい》一次《じ》は天神諸命以詔《あまつかみもろもろのみことのりもちて》、伊邪那岐命《いざなぎのみこと》、伊邪那美命《いざなみのみこと》、二柱神《ふたはしらがみ》に国土修理固成《こくどしゅうりこせい》の大権《たいけん》を付属《ふぞく》し玉《たま》い、賜《たま》うに天沼矛《あめのぬぼこ》を以《もっ》てしたまい、
第《だい》二次《じ》は、伊邪那岐命《いざなぎのみこと》が御頸球之玉精母由良邇取由良迦志而《みくびたまのたまのをもゆらにとりゆらかして》、天照大御神《あまてらすおおみかみ》、高天原統《たかあまはらとう》理《り》の大権《たいけん》を付属《ふぞく》し玉《たま》い、賜《たま》うに御頸珠《みくびたま》、名《な》、御倉擧之神《みくらたなのかみ》を以《もち》てし玉《たま》い、
第《だい》三次《じ》には、天祖《てんそ》が、葦原中国《あしはらのなかつくに》を其皇孫瓊々杵命《そのすめみまににぎのみこと》に授《さず》け玉《たま》い、統理《とうり》の大権《たいけん》を付属《ふぞく》し玉《たま》い賜《たま》うに八咫鏡《やあたかがみ》を以《もち》てし「此之鏡者専為我御魂而如拜吾前伊都岐奉《このかがみはもはらわがみたまにしてわがみたまへのごといつきとして》」と詔《みことの》り玉《たま》う。
この三次《つ》の御付属《ごふぞく》は宇内《うだい》一君《くん》の御系統《ごけいとう》を立証《りつしょう》し、万世不磨《ばんせいふま》の大権所有《たいけんしょゆう》の大君主《だいくんしゅ》を、立証《りつしょう》したる御神事也《ごしんじなり》。尊哉《とうときかな》、畏哉《かしこきかな》、大権《たいけん》三次《じ》の御付属《ごふぞく》や。

第二十一節　神寶の真意義

◉大権付属《たいけんふぞく》の際《さい》には、常《つね》に賜物《たまもの》ありし也《なり》。第《だい》一次《じ》の天沼矛《あめのぬぼこ》第《だい》二次《じ》の御倉板擧神《みくらたなのかみ》。第《だい》三次《じ》の八咫《やあた》は鏡《かがみ》（第《だい》二次《じ》は鏡《かがみ》に添《そ》うるに劒《つるぎ》と玉《たま》とを以《もち》てし玉《たま》う）この三種《しゅ》の神宝《しんぽう》は、宇《う》内統理《だいとうり》の大君主《だいくんしゅ》が、常《つね》に所持《しょじ》して、修理《しゅうり》、固成《こせい》、統治《とうち》、経綸《けいりん》、顕正《けんしょう》、尊祖《そんそ》の本義《ほんぎ》を実《じっ》行《こう》し玉《たま》う所《ところ》の大御宝也《おおみたからなり》。

特《とく》に第《だい》三次《じ》に於《お》いては宇内統理《うだいとうり》の主《ぬし》として、最後《さいご》に降《くだ》し玉《たま》う君《きみ》なるが故《ゆえ》に、鏡《かがみ》に添《そ》うるに劒《つるぎ》、玉《たま》を以《もっ》てし玉《たま》う也《なり》。御神慮《ごしんりょ》の程《ほど》察《さつ》し奉《まつ》るだに畏《かしこ》き極《きわ》みなり。三種神器《さんしゅのじんぎ》の伝《つた》わります所《ところ》に、即《すなわ》ち大統御《たいとうぎょ》の御君権《ごくんけん》は在《あ》る也《なり》。八阪瓊玉《やさかのぬなたま》は大日本国《だいにほんこく》至尊《しそん》の大御霊體《だいごれいたい》を示《しめ》し、草薙剣《くさなぎのつるぎ》は大八洲国《おほやしまぐに》至尊《しそん》の大御真道《おおみまこと》を示《しめ》し。八咫鏡《やあたかがみ》は大日本国《だいにほんこく》荘厳《そうごん》の大御霊境《おおみくにがら》を示《しめ》し玉《たま》うかと拝察《はいさつ》せらる。この三種神霊《しゅしんれい》の照《て》り照《て》る上《うえ》に大日本国《だいにほんこく》の教《おしえ》は成立《せいりつ》する也《なり》。

○

天上《てんじょう》に於《お》ける宇内《うだい》一君《くん》の真実義《しんじつぎ》を、地上《ちじょう》に伝《つた》えて万世一系《ばんせいいっけい》の皇統《こうとう》が在《ま》しますのは、地球上何国《ちきゅうじょういづくに》だろう。而《しか》して宇内《うだい》一君《くん》たるその一君《くん》が、全宇内《ぜんうだい》の一切《さい》悉《ことごと》く総本家《そうほんけ》であるという、宇内家族制《うだいかぞくせい》の真実《しんじつ》を、地上《ちじょう》に伝《つた》えて居《お》るのが、何国《いづくに》だろう。宇宙即皇《うちゅうそくこう》室界《しっかい》であって、皇室界《こうしつかい》の臣界《しんかい》は、悉《ことごと》く皇室《こうしつ》の分家分身《ぶんけぶんしん》で、この分家分身《ぶんけぶんしん》の一切《さい》が営《いとな》む作業《さぎょう》が、一皇室《こうしつ》の作業《さぎょう》たり経営《けいえい》たるに外《ほか》ならぬという真意義《しんいぎ》を、地上《ちじょう》に在《あ》って現実《げんじつ》に顕示《けんじ》し、その義《こころ》の如《ごと》く行《おこな》われて居《お》るのは、何国《いづくに》だろう。一国《こく》の君《きみ》がこの国《くに》全体《ぜんたい》の主君《しゅくん》であり、大祖宗《だいそそう》より継《つ》ぐ所《ところ》の宗家《そうか》であり、一国《こく》の師表《しひょう》たる三徳具備《とくぐび》の国《くに》が、地上《ちじょう》に在《ある》だろうか。大御神《おおみかみ》が有《ゆう》し玉《たま》う、権威《けんい》の剣《つるぎ》と、慈愛《じあい》の玉《たま》と、明智《めいち》の鏡《かがみ》とを地上《ちじょう》に伝《つた》えた国《くに》は何国《いづくに》だろう。かく天皇《てんのう》の霊威《れいい》が国土《こくど》とその国王《こくおう》とに使命《しめい》を下《くだ》して、遥《はるか》に天上《てんじょう》より絶大《ぜつだい》の冥護《みょうご》を垂《た》れ玉《たま》い、皇天《こうてん》の稜威《みいづ》を直《ただち》に地上《ちじょう》に移《うつ》して万有《ばんゆう》の主《しゅ》鎮《ちん》たる権威《けんい》を垂《た》れ玉《たま》う国柄《くにがら》は、日本国《にほんこく》を置《お》いて他《ほか》に決《けつ》して見《み》る事能《ことあた》わざる也《なり》。

（一）日本国の宗教

大日本国《だいにほんこく》の教《おしえ》は、皇天皇土《こうてんこうど》を通《つう》じて永遠不変《えいえんふへん》の大道《だいどう》なるが故《ゆえ》に彼《か》の死後《しご》の未来《みらい》を希求《ききゅう》せるようなものとは等《ひと》しからず。現在《げんざい》を永遠《えいえん》の内《うち》に宿《やど》し、永遠《えいえん》を現在《げんざい》の裡《うら》に宿《やど》して、一行《こう》一動《どう》神誓神力《しんせいしんりき》を発揮《はっき》して、不窮《ふきゅう》の行為《こうい》が永遠不窮《えいえんふきゅう》に日嗣《ひつぎ》の御代《みよ》を受《う》け保《たも》ち行《ゆ》く也《なり》。

故《ゆえ》に常《つね》に「遠神笑《とほかみえ》み玉《た》め」也《なり》。彼《か》の戦場《せんじょう》に於《お》て兵士《へいし》が戦死《せんし》せる際《きわ》に、遙《はるか》に皇土《こうど》を拝《はい》して「天皇陛下万歳《てんのうへいかばんざい》」と呼《よ》ぶ＝この「天皇陛下万歳《てんのうへいかばんざい》」の声《こえ》が、いかに勝《すぐ》れて尊《とうと》きぞ。

天皇陛下万歳《てんのうへいかばんざい》の裡《うら》に、大日本国《だいにほんこく》の宗教《しゅうきょう》は含蓄《がんちく》されたり。過去未来《かこみらい》を通《つう》じて永遠《えいえん》に響《ひび》く終焉《しゅうえん》の一語《ご》の中《なか》に、不窮《ふきゅう》の大意義《だいいぎ》ありて、遙《はるか》に皇天《こうてん》を拝《はい》して、地上《ちじょう》の民《たみ》が「遠神笑み玉め《とほかみえみため》」と申《もう》し奉《まつ》る時《とき》に、何処《どこ》にか国《くに》と国《くに》との戦闘《せんとう》があろう、民《たみ》と民《たみ》との戦闘《せんとう》があろう。人《ひと》と人《ひと》、物《もの》と物《もの》、あらゆるもののさやぎは、一切息《さい》んでしまって、天下豊穣《てんかほうじょう》の瑞穂国《みづほのくに》はここに現出《げんしゅつ》すべきなり。

芙蓉《ふよう》の峰高《みねたか》く雲表《うんぴょう》に聳《そび》えて四海《しかい》の水脚底《みずきゃくてい》の巌《いわ》を洗《あら》い、仙島東海《せんとうとうかい》に浮《うか》ぶが故《ゆえ》に山河《さんか》草木《そうもく》の為《ため》に霊気《れいき》を吐《は》く。(玉《れ》=令《い》)(玉《ろ》=龍《う》)たる天与《てんよ》の国土《えど》=風《かぜ》にリウ喨《ろう》の音楽《おんがく》あり波《なみ》に千古《せんこ》の歌謡《かよう》が宿《やど》る。瑞霊徂来《ずいれいそらい》して天羽空《てんはくう》に飄《ひるが》えり、万朶千朶《ばんだせんだ》の春《はる》の花《はな》、錦綾《きんりょう》を褥《しとね》に敷《し》くか秋《あき》の紅葉《こうよう》、伸《の》びては頭《あたま》を北海《ほっかい》の氷《こおり》に枕《まくら》し、脚《あし》を熱帯《ねったい》の潮《うしお》に洗《あら》う。腸《はら》に琵琶《びわ》の天井《てんじょう》を包《つつ》みて背《せ》に蜿々《えんえん》たる龍峰《りゅうほう》の臥《が》すあり、この天与《てんよ》の霊島《れいとう》には悉《ことごと》く霊蹟《れいせき》霊地布満《れいちふまん》され、神声密語《しんせいみつご》遠《とお》く神代《かみよ》の古《いにしえ》より伝《つた》わり、永遠《えいえん》に大芳香《だいほうか》を焚《た》いて、四海《しかい》の内外《うちと》を薫化《くんか》しつつあるなり。

（二）水茎文字《みずくきもじ》

今《いま》ここに最《もっと》も我国《わがくに》の霊蹟《れいせき》として国民《こくみん》の記憶《きおく》すべき一つを挙《あ》げる。天高《てんたか》く気澄《きす》みたるの日《ひ》、近江国蒲生郡岡山村《おうみのくにがもうごうりおかやまむら》なる水茎《みずくき》（＝すいけい）の岡山《おかやま》に登《のぼ》りて、湖面遙《こめんはるか》に沖《おき》の嶋《しま》を望見《のぞみみ》るべし。深碧《しんぺき》の水面《みなも》、宛然《えんぜん》、鏡《かがみ》の如《ごと》くして、細波《さざなみ》すら立《た》たざるに、龍神《りゅうじん》の吐息《といき》するにか、水神《すいじん》の相語《あいかた》るにか、碧縁《へきえん》の鏡面《きょうめん》にさながら描《えが》き出《だ》さるる不可思議《ふかしぎ》の波紋《はもん》、現《げん》じては消《き》え、消《き》えては複現《ふくげん》す。白色《はくしょく》の線條《せんじょう》かくして深碧《しんぺき》の水上《すいじょう》に文字《もじ》を描《えが》く。これ即《すなわ》ち水茎文字《みずくきもじ》なり。水茎文字《みずくきもじ》は、天地自然《てんちしぜん》が描《えが》き出《だ》す。神工神技《しんこうしんぎ》に成《な》りたる美妙文字《びみょうもじ》なり。この文字《もじ》や、その組織深遠《そしきしんえん》にして、その整然《せいぜん》たる結構超然《けっこうちょうぜん》として比類無《ひるいな》し。

水茎文字《みずくきもじ》の結構《けっこう》は、天津神算木《あまつかなぎ》によりて、初《はじ》めて解《かい》し得《う》べきものにして、その成《せい》

――立《りつ》の奥底《おくそこ》を為《な》す物《もの》は、即《すなわ》ち宇宙大経綸《うちゆうだいけいりん》の根元《こんげん》より出《い》ずる、永遠《えいえん》の太古《たいこ》より斯《か》くして湖面《こめん》に昼夜文字《ちゆうやもじ》を描《えが》きつつ神秘《しんぴ》の端《たん》を示《しめ》し給《たま》うぞ神国《かみくに》たるの御徴《おんしるし》なりける。

第二十二節　神代史研究者の態度

我国《わがくに》の神代史《じんだいし》を研究《けんきゆう》せんと欲《ほつ》すれば、先《ま》ず退《しりぞ》いて、絶対大威力《ぜつたいだいいりよく》、大神通之力《だいじんつうのちから》の霊動《れいどう》霊作《れいさ》を信《しん》ぜざるべからず。天爾《てに》に存在《そんざい》する無上至宝《むじようしほう》の神典《しんてん》を解《かい》するに徒《いたずら》に浅智凡慮《せんちぼんりよ》をもって為《な》すべからず。

〇

神様《かみさま》といえば、異装《いそう》の人體《じんたい》を創造《そうぞう》し、先入主《せんにゆうしゆ》となりて偶像教《ぐうぞうきよう》に近《ちか》く神事《しんじ》を解釈《かいしやく》し、或《ある》いは常識《じようしき》のみを基《もと》として神典《しんてん》を卑近《ひきん》の史実《しじつ》に解《かい》して神変霊動《しんぺんれいどう》の存在《そんざい》を認《みと》めざるあり。古来真実《こらいしんじつ》に天地《てんち》を達観《たつかん》し顕幽《けんゆう》を一呑《のみ》し、時間《じかん》と空間《くうかん》とを超越《ちようえつ》し、永遠一貫《えいえんかん》の史実《しじつ》して神代史《じんだいし》を解《と》く事《こと》を得《え》ざりしは、真《まこと》に痛嘆《つうたん》に堪《た》えざる所《ところ》なり。全一《ぜんいつ》の大神《おおかみ》、即《すなわ》ち至大天球《しだいてんきゅう》の中《なか》を悉《ことごと》く一身《いっしん》と為《な》し玉《たま》う。大御神《おおみかみ》の御分身《ごぶんしん》の神々《かみがみ》の御素性等《ごすじょうとう》は、『古事記《こじき》』の上《じょう》に明示《めいじ》されたり。これ等《ら》の八百万《やおよろず》の御分身《ごぶんしん》の神々《かみがみ》は、奇魂《くしみたま》・荒魂《あらみたま》・和魂《にぎみたま》・幸魂《さちみたま》を各々《おのおの》に御所持《ごしょじ》あって、大々的御神業《だいだいてきごしんぎょう》を営《いとな》み玉《たま》うなり。されば奇魂《くしみたま》の御《おん》作用《さよう》には、天《てん》も為《い》に動《うご》き応《おう》じ、荒魂《あらみたま》の御作用《おんさよう》には火《ひ》も為《い》に動《うご》き応《おう》じ、和魂《にぎみたま》の御作用《おんさよう》には、水《みず》も為《い》に動《うご》き応《おう》じ、幸魂《さちみたま》の御作用《おんさよう》には、地《ち》も為《い》に応《おう》ずるなり。教《おしえ》を信《しん》じてこれを実行《じっこう》する者《もの》にはこれ等《ら》の神々昼夜《かみがみちゅうや》にこれを守護《しゅご》し玉《たま》い、これに反《はん》する者《もの》は、これ等諸神常《らしょしんつね》に怒《いかり》を為《な》して、この人《ひと》を罰《ばつ》するなり。我国《わがくに》を祭政《さいせい》一致《ち》の国柄《くにがら》と称《とな》うる本《ほん》意義《いぎ》はここにあり。

○

大日本国《だいにほんこく》においては政事《まつりごと》即《すなわ》ち宗教《しゅうきょう》にして、宗教《しゅうきょう》即《すなわ》ち祭事《さいじ》なり。祭事《さいじ》即《すなわ》ち国土《こくど》を清《きよ》めて大麻柱《あなない》（此解後《このかいあと》に在《あ》り）の経綸《けいりん》を完成円備《かんせいえんび》する事《こと》にて、皇道大本《こうどうおおもと》の明《めい》に了《りょう》得《とく》せらるるなり。

人道《じんどう》の紊乱《びんらん》が即《すなわ》ち天道《てんどう》の変動《へんどう》を来《き》たし、君臣《くんしん》の乱離《らんり》傾倒《けいとう》が即《すなわ》ち天変《てんぺん》地妖《ちよう》の源《みなもと》を為《な》す因《いん》となるなり。君主臣民《くんしゅしんみん》に対応《たいおう》して天地火水《てんちかすい》の感応《かんのう》する事《こと》、天機妙用《てんきみょうよう》の恐《おそ》るべき神約《しんやく》ならずや。

天地火水《てんちかすい》と奇魂《くしみたま》・荒魂《あらみたま》・和魂《にぎみたま》・幸魂《さちみたま》の詳細《しょうさい》なる関係《かんけい》、並《なら》びに宇宙万有《うちゅうばんゆう》の間《あいだ》にこの四大《だい》四魂《こん》の活動《かつどう》する有様《ありさま》、生物《せいぶつ》無生物《むせいぶつ》有形無形《ゆうけいむけい》の間《あいだ》に、神徳神業《しんとくしんぎょう》の機《はた》を織《お》ります御《ご》経綸《けいりん》の詳細《しょうさい》は、容易《ようい》に説《と》き尽《つ》くす事能《ことあた》わざれど、大神業《だいしんぎょう》の御発動《ごはつどう》は天地《てんち》を掌中《しょうちゅう》に玩《あそ》び、万有《ばんゆう》を指先《ゆびさき》にて動《うご》かし給《たま》うなり。顕幽生死《けんゆうせいし》の界《かい》を自由《じゆう》に往来《おうらい》し、水火《すいか》の間《あいだ》を自在《じざい》に出入《しゅつにゅう》し給《たま》う御作業《おんさぎょう》は、遂《つい》に微《ぬる》けき人間《にんげん》の心《こころ》を畏怖《いふ》せしめて、天籟直伝《てんらいじきでん》の神《しん》典《てん》を見《み》るに、卑近《ひきん》の人事《じんじ》と解《かい》するに到《いた》るは嘆《なげ》きても嘆《なげ》くべき事《こと》なり。

○日本《にほん》の古代史《こだいし》においては神《かみ》と人《ひと》との境目《さかいめ》が確然《かくぜん》とせない。日本《にほん》の神代史《じんだいし》は到底解《とうていかい》すべからざるものだと云《い》っている学者《がくしゃ》あり。これは口惜《くちお》しき事《こと》なり。かく神《かみ》と人《ひと》との区別《くべつ》の分《わか》らない程《ほど》に、日本国《にほんこく》は神《かみ》に近接《きんせつ》したる天国《てんごく》に接近《せっきん》したる国《くに》なり。大至天球《たかあま》之中《はら》を所領《しょりょう》します神《かむ》ながらの血統《けっとう》が、人《ひと》と神《かみ》と区別《くべつ》のはっきりせぬ程接近《ほどせっきん》したる点《てん》に於《お》いて確《しか》と結合《けつごう》しているが、日本国《にほんこく》なり。

第二十三節　人類出生の始め

日本神代史《にほんじんだいし》において、はじめて人體《じんたい》を具備《ぐび》されし、神《かみ》のご出生《しゅっしょう》は琵琶湖中《あめのまない》の竹生《ちくぶ》嶋《じま》に多紀理毘売命《たきりひめのみこと》、市寸嶋比売命《いちきしまひめのみこと》、狭依毘売命《さよりひめのみこと》、並《なら》びに近江《おうみ》の醸造郡《かもごおり》にご出生《しゅっしょう》ありし天之菩卑能命《あめのほひのみこと》、天津彦根命《あまつひこねのみこと》、正勝吾勝勝速日天之忍穂耳命《まさかあかつかちはやひあめのほしほみみのみこと》、活津日子根命《いかつひこねのみこと》、熊野《くまぬ》久須毘命《くすびのみこと》の三姫神《ひめがみ》、五彦神《ひこがみ》がご出生《しゅつしょう》になりとす。

ここに天照大御神《あまてらすおおみかみ》は、太陽《たいよう》を機関《きかん》として、近江国伊香具《おうみのくにいかご》の宮《みや》を本営《ほんえい》として、神明《しんめい》というなり、今《いま》は東浅井郡山田村《ひがしあさいぐんやまだむら》の神明《しんめい》というなり。この里人鰻《さとびとうなぎ》を不食《ふしょく》。毎年《まいとし》十月節《がっせち》に至《いた》る毎《ごと》に出発《いでたた》して膽吹山《いぶきやま》（＝伊吹山）に登《のぼ》り給《たま》い。湖東《ことう》の山脈《さんみやく》を踏《ふ》み伝《つた》いて、川處《かわがご》郡《おり》（＝甲賀郡）の白黒嶽《しろくろだけ》（＝白倉岳）の低《ひく》み尾山《をやま》、今《いま》は日雲山《ひくもやま》というに臨《のぞ》み、海原《うなばら》に稜威《みいづ》を放《はな》ち玉《たま》う。

須佐男神《すさのをのかみ》は大陰水姓《たいいんすいせい》を機関《せをひもの》とし、日枝山《ひえやま》（＝比叡山）を本営《ほんえい》として、常《つね》に坂下《さかもと》（＝坂本）の一の宮《みや》に住《す》み玉《たま》い。十月節《がっせち》に至《いた》る毎《ごと》に出《いで》て三井《みい》を経《へ》て石山《いしやま》の剱泉《つるぎいづみ》を保《たも》ち、瀬田《せた》の宮《みや》に建《たけ》び出《いで》て、対神山《たなかみやま》（今《いま》は田上山《たなかみやま》という＝太神山《たなかみやま》）を後《うし》ろ楯《だて》として、日雲山《ひくもやま》、伊吹山《いぶきやま》に稜威《みいづ》を放《はな》ち玉《たま》う。（以下《いか》人類学者《じんるいがくしゃ》、進化論者《しんかろんしゃ》の真面目《まじめ》なる研究《けんきゅう》を望《のぞ》む）

○

その初《はじ》め伊邪那岐神《いざなぎのかみ》が三柱《みはしら》の大御神《おおみかみ》を産《う》み玉《たま》いし時《とき》に、近江《おうみ》の国《くに》を斎庭《ゆには》と定《さだ》め、中央《ちゅうおう》において北南《ほくなん》に一線断《せんだん》して、東部《とうぶ》を顕界《たかあまはら》の御樋代《みひしろ》として三大歴儀《みくらたなのかみ》（ミクラタナノ神）を授《さず》けて、天照大御神《あまてらすおおみかみ》に詔給《のりたま》はく、汝《な》が命《みこと》は顕界《たかあまはら》を知《し》らせと。因《よ》りて天照大御神《あまてらすおおみかみ》はこの国《くに》の最上部《さいじょうぶ》なる厳兒《いかご》の宮《みや》に鎮《しず》まり給《たま》うなり。（今伊香具《いまいかご》の神明《しんめい》というなり）御嫡厳子《いかご》なるが故《ゆえ》に、イカゴと称《まを》し奉《まつ》るなり。その所《ところ》を厳子郡《いかごごおり》というなり。今《いま》は伊香具郡《いかごぐん》というなり。

その西部《せいぶ》は湖水《あめのまない》を保《たも》ちて、幽界《うなばら》の御樋代《みひしろ》として素盞嗚命《すさのをのみこと》に詔給《のりたま》わく、汝《な》が命《みこと》は海原《うなばら》を知《し》らせと。因《よ》りて素盞嗚命《すさのをのみこと》は当国《とうこく》の最下部《さいかぶ》なる坂下《さかもと》の一宮《みや》に鎮《しず》まり給《たま》いつつ毎年《まいとし》十月節《がつせち》に至《いた》る毎《ごと》に三井《みい》を経《へ》て石山《いしやま》の麓《ふもと》たる劒泉《つるぎいづみ》を原佩《とりは》き給《たま》い、瀬田《せた》の建部《たけべ》にたけび給《たま》うなり。

月夜見命《つきよみのみこと》は夜見《よる》の食国《おすくに》を知《し》らせと。因《よ》りてこの月夜見命《つきよみのみこと》は大造化《あまつ》、産霊《むすび》の真《まこと》を執《と》り持《も》ち給《たま》いて、天《あめ》の御影神《みかげのかみ》、日《ひ》の御影神《みかげのかみ》を結《むす》びて三神山《みかみやま》に鎮《しず》まり給《たま》うなり。（この三神山《みかみやま》は三神《しん》、造化《ぞうか》の所《ありか》なり）然《しか》り而《しこう》して大《いか》き主神《ぬしがみ》なる伊邪那岐《いざなぎ》の大神《おおかみ》は大主神郡《いぬかみごおり》の多賀《たが》の宮《みや》に鎮《しず》まり給《たま》いて、御子神等《みこかみたち》の御行為《みしわざ》を照覧《みそなは》し給《たま》うなり。

故《か》れかくの如《ごと》く顕幽《ひがしにし》を別《わか》ち定《さだ》め、東部《とうぶ》は高天原《たかあまはら》の御樋代《みひしろ》なり。西部《せいぶ》は湖水《あめのまない》を保《たも》ちて海原《うなばら》の御樋代《みひしろ》なりと定《さだ》めて、神詔勅《みことのり》のままに天照大御神《あまてらすおおみかみ》は（霊《れい》）顕界《けんかい》を主《つかさど》り給《たま》い。素盞嗚命《すさのをのみこと》は（體《たい》）幽界《ゆうかい》を主《つかさど》り給《たま》い。

（一）三姫神の御出生

この神事《しんじ》によりて三姫神《ひめがみ》をこの嶋《しま》に生《う》み成《な》し給《たま》うなり。これが日本皇国《にほんこうこく》に女子《ひめびと》を生《う》み出《だ》し給《たま》う極元《こもと》なり。

ここに天照大御神《あまてらすおおみかみ》は素盞嗚命《すさのをのみこと》の御佩《みはか》せる十拳剱《とつかのつるぎ》を乞《こ》い渡《わた》して、三段《みきだ》に打《う》ち折《を》り奴《ぬ》那《な》共感応《ともゆらに》、湖水《あめのまない》に振《ふ》りすぎて真醸《さがみ》に醸《か》みて、十三年《ねん》三ケ月《げつ》をこの海底《かいてい》に醸祭《かみまつ》る。その際《とき》海水《かいすい》一切《さい》、海原《うなばら》悉《ことごと》くこれに朝《ちょう》して、みなその精《せい》を貢《みつ》ぎ奉《まつ》るなり。かくて十四年目《ねんめ》の正月《しょうがつ》にこれを伊吹山《いぶきやま》に向《む》かいて伊吹放《いぶきはな》ち給《たま》う。この時《とき》に已《すで》に水中《みずなか》において醸《か》まれし所《ところ》の魂精液《つるぎ》、魂精神《みたま》は漸次熟《ぜんじじゅく》する機《き》あるを久米《くめ》の神《かみ》、押日《おしひ》の神《かみ》がスクひ出《だ》し来《きた》りてその魂精の第《だい》一、第《だい》二、第《だい》三なるを堅大島《たておじま》、今《いま》は竹生島《たけふしま》（またはチクブシマと云《い》う）に鎮《しず》め奉《まつ》る。

（二）天保日命の御出生

また建速須佐之男命《たけはやすさのをのみこと》は、天照大御神《あまてらすおおみかみ》の、左《ひだり》の御《み》みづらに纏《まか》せる瓊《たま》を乞《こ》い渡《わた》して、滋賀《しが》の石倉《いわくら》に造醸《かも》し給《たま》いて、天《あめ》の保日命《ほひのみこと》を産《う》み顕《あら》わし給《たま》う。その機臨々照々《きりんりんしょうしょう》奴《ぬ》那《な》止《と》母《も》音動揺《ゆら》に天《あめ》の真名井《まない》に振《ふ》りすゝぎて真醸《さがみ》に造醸《かみ》て伊吹山《いぶきやま》に吹《ふ》きて、吹《ふ》き鑄《うつ》る伊《い》吹《ぶき》の真霧《さぎり》に成《な》る次第《しだい》は、『古事記《こじき》』を真解《しんかい》する事《こと》によりて明《あき》らかなり。

(三) 天津彦根命の御出生

第《だい》二に右《みぎ》の御《み》みづらに纒《まか》せる玉《たま》を乞《こ》い渡《わた》して奴那止母音動揺《ぬなとももゆら》に天《あめ》の真名井《まない》に振《ふ》りすすぎて、真醸《さがみ》に造醸《かみ》て吹《ふ》き鑄《うつ》る伊吹《いぶき》の真霧《さぎり》に成《な》り玉《たま》う人《ひと》を天津彦根命《あまつひこねのみこと》と申《もう》すなり。この命《みこと》は造醸郡《かもごおり》の佐目村《さめむら》（＝東近江市永源寺）の山奥御金《やまおくおかね》の塔《とう》に生《うま》れ給《たま》うなり。この御金《おかね》の塔《とう》の本名《ほんみょう》は彦根《ひこね》の産屋《とや》というなり。またこの所《ところ》を昔《むかし》造醸郡《かもごおり》の内《うち》に入《い》れしを今《いま》は神幸郡《かみさちごおり》の内《うち》に入《い》れられたり。また造醸郡《かもごおり》を今《いま》は蒲生郡《がもうぐん》と書《か》き、また神幸郡《かみさちごおり》を神《かん》埼郡《ざきぐん》と書《か》くなり。また川處郡《かはがごおり》を甲賀郡《こうがごおり》と書《か》き，大主神郡《いぬかみごおり》を犬上郡《いぬがみぐん》と書《か》き、石處郡《しがごおり》を滋賀郡《しがぐん》と書《か》く類《たぐい》の事《こと》は別《べつ》に説《せつ》あり。

（四）天之忍穂耳命の御出生

第《だい》三に、御《み》かづらに纒《ま》かせる瓊《たま》を乞《こ》い渡《わた》して奴那止母音動揺《ぬなとももゆら》に天《あめ》の真名井《まない》に振《ふ》りすすぎて、真醸《さがみ》に造醸《かみ》て吹《ふ》き鑄《うつ》る、伊吹《いぶき》の真霧《さぎり》に成《な》り給《たま》う人《ひと》を正哉《まさか》吾勝勝速《あかつかちはや》日《ひ》天之《あめの》忍穂耳命《おしほみみのみこと》と称《まを》し奉《まつ》るなり。この尊《みこと》は五十百津《いほつ》の真生玉《まがたま》のみすまるの瓊《たま》の中《なか》において、首尾《もとすえ》を分《わか》ちて、中《なか》の精真《す》を選《えら》みたる自然《じねん》の中正《ちゆうせい》、真《さ》なるが故《ゆえ》に厳嫡正統《いかしのくらい》を踏《ふ》みい給《たま》うなり。故《ゆえ》にその造醸《かも》の御所《ごしよ》も中正《ちゆうせい》の部分《ぶぶん》に位《くらい》して、脇兒《わきご》の郷《さと》なる吾勝山《あがやま》に定《さだ》め給《たま》うなり。この吾勝山《あがやま》またの名《な》を吾兒山《あかごやま》という。また長峰《ながみね》の内腹《うちはら》に孕《はら》める山《やま》なるが故《ゆえ》に、手《た》の内山《うちやま》ともいうなり。厳嫡之御産屋《いかごのうぶや》なるが故《ゆえ》に、その伏霊《ほどろぎ》も厳重而《いかめしくして》、満山唯《まんざんゆ》一箇《いつひとつ》の厳《いわ》なり。誠《まこと》に巍巍烈々《ぎぎれつれつ》たるなり。この厳嫡子《いかご》を近頃《ちかごろ》太郎子《いかご》と書《か》きて、これを字音《じおん》に誤《あやま》り太郎子様《たろぼうさま》と称《まを》して、愛宕山《あたごやま》の太郎坊《たろうぼう》という天狗《てんぐ》なりと思《おも》う者《もの》あり、大《おお》いに非《ひ》なり。この山《やま》、いま阿賀山《あがやま》という。宮《みや》を阿賀神社《あがじんじゃ》という。即《すなわ》ち吾勝山《あがやま》の略《りゃく》なり。吾兒山《あかごやま》の略《りゃく》なり。

（五）活津彦根命の御出生

第四《だい》に左《ひだり》の御手《みて》に纏《まか》せる玉《たま》を乞《こ》い渡《わた》して真造醸《さがみ》に造醸《かみ》て吹《ふ》き鑄《うつ》る伊吹《いぶき》の真霧《さぎり》に成《な》る人《ひと》を、活津彦根命《いくつひこねのみこと》と称《まを》す。この命《みこと》は醸造郡《かもぐん》の東桜谷村《ひがしさくらたにむら》（=蒲生郡日野町東桜谷）の奥石《おくいし》の石兒山《いしこやま》の子守石《こもりいし》の所《ところ》に鑄《うつ》され伏霊《ほどろ》ぎて成《な》り立《た》ち玉《たま》う。

（六）熊野奇日命の御出生

第五に右《みぎ》の御手《みて》の手纏《たまき》の玉《たま》を乞《こ》い渡《わた》して、真醸造《さがみ》に造醸《かみ》て吹《ふ》き鑄《うつ》る伊吹《いぶき》の真霧《さぎり》に成《な》り給《たま》う人《ひと》を、熊野奇日命《くまのくすびのみこと》と称《まを》す。この命《みこと》は、造醸郡《かもごおり》の熊野村《くまのむら》（=蒲生郡西大路）の滝《たき》より五町《ちょう》ばかり下《した》に割谷《われたに》の割石《われいし》あり。この所《ところ》に吹《ふ》き鑄《う》され伏霊《ほどろぎ》て成《な》り立給《たちたま》えり。

（七）天押日命

天押日命《あめのおしひのみこと》は早《はや》く神勅《しんちょく》を受《う》け給《たま》いて、田《た》な神山《がみやま》に成《な》り立《た》ち給《たま》いて川蔵極《かわがれ》の宮《みや》に鎮《しず》まり給《たま》い。

（八）天津久米命の御出生

天津久米命《あまつくめのみこと》は杉谷《すぎたに》（＝甲賀市甲南町杉谷）の巌《いわ》に成《な》り立《た》ち給《たま》いて、矢川《やがわ》の宮《みや》に鎮《しず》まり給《たま》うなり。（五伴緒《いつとものを》に二種《しゅ》の御成立《ごせいりつ》ある事《こと》は別《べつ》に説《せつ》あり）

○

この三柱《みはしら》の姫御子《ひめみこ》、五柱《いつはしら》の彦御子《ひこみこ》、二柱《ふたはしら》の伴《とも》の男等《おたち》は、この近江《おうみ》の国《くに》を斎庭《ゆには》として、その坪々《つぼつぼ》に吹《ふ》き鑄《う》されて、造醸《かも》の宮《みや》に数々《かずかず》の年月《としつき》を憩《いこ》い給《たま》いけるなり。その憩《いこ》い給《たま》うところは皆《みな》その界《かい》の大気天真《たいきてんしん》、地真来《ちしんきた》り朝《ちょう》して護衛《ごえい》し奉《まつ》る故《ゆえ》に、その辺《あたり》の地《ち》が伏霊《ほどろ》ぎて、コヽヽヽヽヽヽヽヽヲロ、マヲロに結晶《こを》りて石《いし》と成《な》るなり。なお石《いし》の辺《あたり》は皆大気《みなたいき》の伏霊《ほどろ》にて、稜威《みいづ》を天中《てんちゅう》に放《はな》ち貫《つらぬ》きいるなり。かくて多々《たた》の年度《ねんど》を経渡《へわた》り給《たま》いつつも、天照大御神《てらすおおみかみ》が太陽《たいよう》を機關《せをひもの》として、日々《ひび》に新霊《しんれい》なる光線真温《こうせんしんおん》を作《つく》りて放《はな》ち与《あた》え給《たま》う所《ところ》の真恩《しんおん》をうけ、また須佐之男命《すさのをのみこと》が太陰《たいいん》を機關《せをひもの》として、夜毎《よごと》に恵《めぐ》み与《あた》え恵《めぐ》み与《あた》え給《たま》う所《ところ》の真味《しんみ》をうけ給《たま》うなり。

〇

春《はる》は天気《てんき》が降《くだ》り来《き》てその石《いし》の中《なか》に徹《し》み通《とお》り入《い》りて精神《せいしん》を養《やしな》うなり。即《すなわ》ちこれが食《おしもの》と成《な》るなり。同時《どうじ》に地気《ちき》は発蒸《はつじょう》して天《てん》に昇《のぼ》り霞《かすみ》と成《な》るなり。これを糞《くそ》としてここに新陳交代《しんちんこうたい》し、栄気《えいき》を増《ま》し給《たま》うなり。

夏《なつ》は冬分《とうぶん》に食《く》い居《お》りたる温気《おんき》を、吹《ふ》き返《かえ》し出《だ》して天中《てんちゅう》に帰《かえ》して、暑《しょ》を作《つく》るの資《し》料《りょう》とするなり。これと同時《どうじ》に天中《てんちゅう》より帰《かえ》り来《きた》りて、地中《ちちゅう》に収《おさ》まり入《い》る水姓《すいせい》の滋味《じみ》を得《え》て食《おしもの》とし、秋《あき》は春分《しゅんぶん》に来《きた》りて養《よう》となりし所《ところ》の天気《てんき》は天《てん》に帰《かえ》り、これと同時《どうじ》に春分《しゅんぶん》に霞《かすみ》と成《な》りて天《てん》に昇《のぼ》りたる地気《ちき》が帰《かえ》り来《く》るなり。これをうけて息《いき》とし、食《おしもの》とし、冬《ふゆ》は火気《かき》の温精《おんせい》が天中《てんちゅう》より降《ふ》り来《きた》り入《い》りて醸《かも》の力《ちから》を増《ま》し、これと同時《どうじ》に地中《ちちゅう》の水気《すいき》は天中《てんちゅう》に昇《のぼ》り、出《い》でて外部《がいぶ》を寒霜《ひや》し、凝《こ》り纏《まと》めて躬自然《みしぜん》に感覚《かんかく》を得《え》、知識《ちしき》を内《うち》に養《やいな》いつつ、春夏秋冬《しゅんかしゅうとう》に天《てん》、地《ち》、火《ひ》、水《みず》の精粋《せいすい》が互《たが》いに昇降交代《しょうこうこうたい》するに随《したが》って、身《み》の新陳《しんちん》を交代《こうたい》せしめ給《たま》いつつ、幾々万年《いくいくまんねん》を唯一睡《ただいっすい》として、世《よ》に有《あ》りとあらゆる物《もの》事《ごと》の変化《へんか》を悉《ことごと》く感《かん》じつくし、終《つい》に内《うち》に活機独立《はたらきどくりつ》するだけに、外《ほか》に相応《そうおう》すべき神霊《しんれい》機關《せをひもの》を身《み》に備《そな》わり、保《たも》ち尽《つく》して、極《きわ》めて厳平《げんこ》たる剣膚《たちはだ》を授《さづ》かり、世界《せかい》の一切《さい》を自由《じゆう》自在《じざい》にする器量《きりょう》をも備《そな》わり、その神機純熟《しんきじゅんじゅく》しける時《とき》に、その包裏《つつ》みいる所《ところ》の御胞《みえな》石《いし》が堅《たて》に真《ま》二つに割《わ》れて、初《はじ》めて生《うま》れ出《い》で給《たま》いけるなり。

〇

故《か》れその竹生嶋《ちくぶじま》に生《うま》れ給《たま》いし人《ひと》を田凝姫命《たごりひめのみこと》、次《つぎ》に市杵嶋姫命《いちきしまひめのみこと》、次《つぎ》に沖津嶋姫命《おきつしまひめのみこと》と称《まを》し奉《まつ》るなり。

その滋賀《しが》の石坐《いわくら》に生《うま》れ給《たま》いし人《ひと》を天保日命《あめのほひのみこと》と称《まを》す。この神《かみ》は滋賀《しが》に生《うま》れ玉《たま》いて、蒲生郡《がもうぐん》の奇日《くしひ》の大宮《おおみや》に育《そだ》ち給《たま》う。馬見岡神社《うまみおかじんじゃ》これなり。

蒲生郡《がもうぐん》の彦根《ひこね》の産屋《とや》、（伊勢千種越《いせちぐさごえ》の傍《そば》なり）に生《うま》れ給《たま》いし人《ひと》を、天津彦根命《あまつひこねのみこと》と称《まを》す也《なり》。此神《このかみ》は彦根《ひこね》の産屋《とや》に生《うま》れ玉《たま》いて、犬上郡《いぬがみぐん》の彦根《ひこね》の錦亀山《かみやま》（＝金亀山《こんきんざん》、彦根城、通称金亀城《こんきんじょう》）に育《そだ》ち給《たま》う。井伊直政《いいなおまさ》が城《しろ》を築《きず》く時《とき》に兵穢《へいえ》を恐《おそ》れて芹川《せりがわ》の田中《たなか》に移《うつ》す。芹橋《せりばし》の下《した》なる田中神社《たなかじんじゃ》（＝現・彦根神社）これなり。

蒲生郡脇兒《がもうぐんわきご》の郷《さと》、吾勝山《あがやま》に生《うま》れ玉《たま》いし人《ひと》を、正哉吾勝勝速火天之忍穂耳命《まさかあかつかちはやひあめのおしほみみのみこと》と称《まを》し奉《まつ》るなり。この神《かみ》は吾勝山《あがやま》、今《いま》は阿賀山《あがやま》というに生《うま》れ賜《たま》いて、伊香具郡《いかごぐん》の巌兒《いかご》の下《した》の宮《みや》に育《そだ》ち賜《たま》うなり。今伊香具郡大音村《いまいかごぐんおおとむら》（＝長浜市木ノ本町大字大音）、伊香具神《いかごじん》社《じゃ》これなり。

ここ阿賀山《あがやま》は長峰《ながみね》の腹《はら》に孕《はら》まれ烈々《れつれつ》たる神山《かみやま》なり。巌《いわ》の筋《すぢ》々《め》に松樫《まつかし》等の木《き》茂《しげ》りて神《かみ》さびたるなり。その七分目程《ぶんめほど》の所《ところ》に百尺余《しゃくあま》りの石《いし》が、東西《とうざい》に渡《わた》りて竪《たて》に開《ひら》け、三尺《じゃく》ばかり割目《われめ》を顕《あらわ》しいるなり。今《いま》はその割目《われめ》を道路《どうろ》と平均《へいきん》に埋《う》めて、敷石《しきいし》をさえ敷《し》きて、只管参詣《ひたすらさんけい》の使《つか》いのみを計《はか》り、そこえ欄場《らんば》を造《つく》りて眺望《ちょうぼう》をよくするなり。

伊吹山《いぶきやま》は艮《うしとら》（＝北東）にあり、三神山《みかみやま》は西《にし》にあり、共《とも》に欄場《らんば》よりは見《み》えず。その見《み》えるところ奇日山《くしひのやま》は辰《たつ》（＝東南東）の方《ほう》にあり、奥石《おくいし》の石兒山《いしこやま》はその西《にし》の尾麓《おろく》にあり、熊野村《くまのむら》は奇兒山《くしこやま》の南《みなみ》の麓《ふもと》なり。日雲山《ひくもやま》は巳《み》（＝南南東）の方《ほう》にあり、油日《あぶらひ》山《やま》（＝甲賀市油日岳）はその南《みなみ》なり。南《みなみ》の方《ほう》に水口《みなくち》の城山《しろやま》（＝水口城趾）見《み》ゆ。城《しろ》山《やま》の南《みなみ》はるかに杉谷《すぎたに》の巌《いわ》あり。この杉谷山《すぎたにやま》の西《にし》に連絡《れんらく》せる山上山《やまかみやま》の飯道山《はんどうざん》（＝湖南市）あり。坤《ひつじさる》（＝西南）の方《ほう》はるかにそびゆる山《やま》は棚神山《たなかみやま》なり。

この割石《われいし》の割目《われめ》は、なお地《ち》の下《した》、底《そこ》の方幾尺《ほういくしやく》あるか測量《そくりょう》する日《ひ》を待《ま》って知《し》るべし。ここ割目《われめ》の中《なか》に御胎孕《みこもり》の御諭徴《みしるし》はあるべきなり。蒲生郡《がもうぐん》の桜谷《さくらだに》の奥石《おくいし》の石兒山《いしこやま》の子《こ》守石《もりいし》を御胞《みえな》として生《うま》れ出給《いでたま》いし人《ひと》を活津彦根命《いくつひこねのみこと》と称《まを》す。この人《ひと》は石子山《いしごやま》に生《うま》れ賜《たま》いて、犬上郡《いぬがみぐん》の彦根《ひこね》に育《そだ》ち賜《たま》う。今《いま》は彦根《ひこね》の観音堂《かんのんどう》の天神社《てんじんしや》これなり。相殿《あいどの》に天満宮《てんまんぐう》を祭《まつ》りたるが、世《よ》の人却《ひとかえ》って天満宮《てんまんぐう》のみを知《し》りて主神《ぬしがみ》を相殿《あいどの》の如《ごと》く思《おも》い誤《あや》まりいるなり。

その熊野村《くまのむら》の割《わ》れ谷《たに》の割《わ》れ石《いし》を御胞《みえな》として生《うま》れ賜《たま》いし熊野楠日命《くまのくすびのみこと》は、ここに生《うま》れ賜《たま》いて甲賀郡《こうかぐん》の新宮《しんぐう》に祭《まつ》られ給《たま》う。甲賀郡深川《こうかぐんふかわ》より伊賀《いが》の玉滝村《たまたきむら》に至《いた》る、街《かい》道《どう》の辺《あたり》の新宮村《しんぐうむら》にある神社《じんじや》なり。古《いにしえ》は産火《むすび》の物忌《ぶつき》を仕《つか》える産所《さんじょ》ありしが、今《いま》は算所《さんしょ》と云《い》って落人《おちうど》、浪士《ろうし》の在所《ざいしょ》となれり。また立野《たちの》あり。またこの儀式《ぎしき》をもって天照大御神《あまてらすおおみかみ》は太陽《たいよう》を機關《せをひもの》とし玉《たま》い、須佐之男命《すさのをのみこと》は、太陰《たいいん》を機關《せをひもの》とし玉《たま》いつつ、国々《くにぐに》所々《しょしょ》に人種《ひとだね》を造醸《かも》し玉《たま》うなり。されば四海《しかい》の裏《うち》悉《ことごと》くみな兄弟《きょうだい》なり。至大至真《しだいししん》の産《むす》霊《び》によりて各々《おのおの》至祖《しそ》の體《たい》が既《すで》に成《な》りたるにより、以来《いらい》は

（九）血統永続の根源

子《こ》より孫《まご》、孫《まご》より曾孫《ひまご》（ひひこ）、曾孫《ひまご》より玄孫《ひひご》（げんそん・やしゃご）、来孫《ひひひこ》、昆孫《みはこ》、仍孫《やしこ》、雲孫《ややしこ》、脈孫《やややしこ》、系孫《すさこ》、紀孫《すささご》、遠孫《すさささご》、裔孫《やすさご》、胤孫《やすささご》、種孫《ややすさご》、仁孫《ややすささご》、素《やややす》孫《ささご》（ルビは『天祥地瑞』七五巻一八五頁参照）、と連綿《れんめん》と同一條脈《どういつじょうみゃく》の内《うち》において、その父《ちち》の神精《しんせい》を母胎《ぼたい》に収《おさ》め、以《も》って発育《はついく》するに随《したが》い、その脈統天命《みゃくとうてんめい》にある所《ところ》の神霊《しんれい》微細識等《びさいしきとう》が来《きた》り旺《おう》して、成長《せいちょう》し、現存《げんそん》し行《ゆ》くものなり。かくの如《ごと》く終始同一物《しゅうしどういつぶつ》にし

て、大至祖《だいしそ》、至始元《ししげん》の造成《ぞうせい》と、現今父母所生《げんこんふぼしょせい》の胎成《たいせい》と大小《だいしょう》の差《さ》ある事《こと》は別《べつ》に精《くわ》しき説《せつ》あり。嗚呼《ああ》尊哉《とうときかな》。

この身《み》の念《ねん》は大感謝《かんしゃ》の念《ねん》を促《うなが》し来《きた》り、絶大感謝《ぜつだいかんしゃ》の念《ねん》はついに報恩《ほうおん》の念《ねん》を惹起《じゃっき》すなり。絶大報恩《ぜつだいほうおん》の念《ねん》は更《さら》に変《へん》じて一切万有《さいばんゆう》に対《たい》する至大《しだい》の同情《どうじょう》となり、大神慮《だいしんりょ》の宣伝《せんでん》者《しゃ》となり、絶大《ぜつだい》の慰安《いあん》と絶大使命《ぜつだいしめい》の念《ねん》とは、その人《ひと》に深《ふか》く宿《やど》って去《さ》らざるに到《いた》るべし。これを神使《しんし》という也《なり》。

（一〇）種姓の厳立

かく此身《このみ》は各自《かくじ》その至祖《しそ》より歴々遺伝《れきれきいでん》し来《き》たる者《もの》にして、未《いま》だかつて一片時《かたとき》も中絶《ちゅうぜつ》したる者《もの》にあらず。体温《たいおん》なお然《しか》り、況《いはん》や霊魂《れいこん》、神霊《しんれい》、性質《せいしつ》、姓胤をや。姦婦《かんぷ》が異姓《いせい》の子《こ》を孕《はら》まざる限《かぎ》りは敢《あ》えて変乱《へんらん》なきものなり。故《ゆえ》に今日《こんにち》の我身《わがみ》は至祖《しそ》なり、至宗《ししゅう》なりの霊魂脈《れいこんみやく》を受《う》け継《つ》ぎ、歴々《れきれき》として遺伝《いでん》し来《きた》りたるものなり。（ここに大綱《たいこう》、小紀《しょうき》、嫡庶等《ちゃくしょとう》の分別《ぶんべつ》あるは別《べつ》に詳説《しょうせつ》ある也《なり》）かくて子々孫々《ししそんそん》窮《きわま》りなく遺伝《いでん》し行《ゆ》きて、終始現存唯一代《しゅうしげんそんただいちだい》の如《ごと》く、唯一年《ただいちねん》の如《ごと》くに若返《わかがへ》りつつ若返《わかがへ》りいるもの也《なり》。

（一一）日本国体の厳立

故《ゆえ》に万機《ばんき》の職掌《しょくしょう》も、また皆《みな》その真統の血脈《けつみやく》に具備《ぐび》するなり。敢《あ》えて混乱《こんらん》すべからざる大儀式《だいぎしき》なり。若《も》し一点《いってん》もこれを乱《みだ》す時《とき》は大変《たいへん》随《したがい》て起《おこ》るなり。誠《まこと》に慎《つつし》むべき大儀《たいぎ》なり。皇国《こうこく》の人々《ひとびと》は真《まこと》に敬神愛国《けいしんあいこく》の根本義《こんぽんぎ》を確実《かくじつ》に体認《たいにん》し、天理人道《てんりじんどう》の極典《ごくてん》を実際《じつさい》に識得《しきとく》し、一系連綿《いっけいれんめん》世界《せかい》無比《むひ》の皇上《こうじょう》を奉戴《ほうたい》し、万世無窮不易《ばんせいむきゅうふえき》の天津《あまつ》日嗣《ひつぎ》の朝旨《ちょうし》を遵守《じゅんしゅ》し奉《まつ》り、世界万国《せかいばんこく》に冠《かん》たるの美風《びふう》を振《ふ》り興《おこ》すべき者《もの》なり。

（一二）人道の根本義

故《か》れ夙《つと》に志操《しそう》、篤実《とくじつ》、品行《ひんこう》、方正《ほうせい》にして敢《あ》えて他《た》を犯《おか》さず、慈善心《じぜんしん》、至誠心《しせいしん》ある時《とき》は、この全備脈《ぜんびみやく》を毀損障害《きそんしようがい》する事《こと》無《な》きが故《ゆえ》に、全《まつた》くこれを保《たも》ちて一身《いつしん》を発育《はついく》する也《なり》。従《したが》って智恵照明《ちえしようめい》にして且《か》つ鋭敏也《えいびんなり》。宿世《すくせ》の志操品行《しそうひんこう》の完全《かんぜん》なる者《もの》は温良《をんりやう》、恭謙譲、長命福徳也《ちようめいふくとくなり》。

若《も》し私利《しり》私欲《しよく》のために隣脈《りんみやく》を妨害《ぼうがい》し、悪纏《わるもつ》れして混乱紊結《こんらんびんけつ》する時《とき》は……種々《しゆじゆ》の禍殃《かおう》、忽《たちま》ちその身《み》にせまり、その人或《ひとある》いは愚痴《ぐち》、或《ある》いは貧苦《ひんく》、餓鬼魂情《がきこんじよう》を有《ゆう》し、或《あるい》は奸佞《かんねい》、或《ある》い邪悪《じやあく》、或《あるい》は狐疑《こぎ》、或《あるい》は賊才《ぞくさい》、或《あるい》は瞋恚《しんい》、或《あるい》は貪欲《どんよく》、………、種々《しゆじゆ》の災禍《さいか》、その身《み》に逼《せま》りて、苦界地獄《くかいじごく》に陥《おち》いりて、一寸《いつすん》さきは暗黒《あんこく》となり、日月《じつげつ》と共《とも》にこの世《よ》を楽《たの》しむ事《こと》を知《し》らず。仮令《たとえ》世才《よさい》あり、また出藍《しゆつらん》の能《のう》ありとも、道理《どうり》の根源《こんげん》を推《お》し究《きわ》むる根機《こんき》なく、区々《くく》豪々《ごうごう》として唯流行《ただりゆうこう》を追《お》い、時風《じふう》にこれ従《したが》うのみなり。

この元《もと》因を去《さ》らざる限《かぎ》りは、永世《えいせい》に苦界《くかい》に沈淪《ちんりん》して、種々無量《しゆじゆむりよう》の苦悩《くのう》を受《う》くるべきや必《ひつ》せり。

（一三）地徳を受けし人々の御出生

ここに地徳《ちとく》を備《そな》わりて民《たみ》と成《な》りたる人々《ひとびと》は、その銘々《めいめい》の玉《たま》の緒《を》の株《かぶ》の所《ところ》に魄精《はくせい》の神液《すね》が浮《うか》み来《きた》りて凹《へこ》み溜《たま》りて、凝々《こころこころ》としてその上面《じようめん》に幕《まく》を張《は》りておるところへ、彼《か》の気形《きけい》の人象《にんしよう》が更《さら》に魂精《たま》神を受《う》け持《も》ち来《きた》らしめられて、その神液《すね》の中《なか》に浴《つか》りつつ、かつ食《く》いかつ塗《ぬ》りつつ、その神液《すね》の密中《みつちゆう》に睡《ねむ》る時《とき》は、大気《たいき》は厚《あつ》く降《くだ》り来《きた》りてその上《うえ》を覆《おお》い、伏霊《ほどろぎ》て仁土《はにつち》と成《な》る也《なり》。その内《うち》に孕《はら》まれて多々《たた》の年度《ねんど》を経過《けいか》すれども終《つい》に石《いし》と成《な》らず、仁土《はにつち》の内《うち》に孕《はら》まれてこの霊身《み》を成就《じようじゆ》する事《こと》を得《え》たるもの也《なり》。故《ゆえ》にその生《うま》れ出《い》でたるときは、恰《あたか》も蟬《せみ》が土中《どちゅう》より出《いで》たるが如《ごと》く、井《あな》を穿《うが》ちて生《うま》れ出《いで》ける也《なり》。

大和国吉野郡井戸村《やまとのくによしのごおりいどむら》にある人生井《ひとあな》は、井光《いびか》が生《うま》れ出《で》たる所《ところ》にしてその一つ也《なり》。

（『古事記《こじき》』中巻《ちゅうかん》の始《はじ》めを見《み》るべし。）

その土中《どちゅう》より出《いで》たる初《はじ》めは（春《う》―虫《ご》）爾《うご》として（人《う》―龍《ご》人《う》―同《ご》）たり、漸々《ぜんぜん》に（元《す》―亀）鰐（去《く》―亀）蛟《も》龍の類《たぐい》と成《な》り多々《たた》の年度《ねんど》を経《へ》て後《のち》に皆《みな》その殻《から》を脱《ぬ》ぎて人《ひと》と成《な》る也《なり》。

○

かの巖《いわ》より出《い》でたる五彦御子《ひこみこ》の如《ごと》きは霊気結晶《れいきけつしょう》して成《な》り玉《たま》いし極身《おほみ》なるが故《ゆえ》に烈々《れつれつ》たる相好《ありさま》は神威凜乎《しんいりんこ》として雷声《らいせい》よりも鋭《するど》く満膚《はだへ》は金鱗《きんりん》よりも厳《いか》しく骨格《こつかく》、爪牙《そうが》、稜威《みいづ》を放《はな》ち毛髪奮然《もうはつふんぜん》として神興《しんこう》すれば天《てん》を射《い》る也《なり》。かく声音《せいおん》の霊府《れいふ》を（水《あら》―奥《く》）りて（飛《つ》風《む》＝風＝風《じ》）雲雨《うんう》を起《おこ》し常《つね》に気勢《つまご》白雲《はくうん》に乗《じょう》じて天中《てんちゅう》を進退《しんたい》すること自由自在《じゆうじざい》にして到《いた》らざる。その到《いた》る所《ところ》は忽《たちま》ち中府《みやこ》と成《な》りて大天焉《だいてんこれ》を護衛《ごえい》し気類悉《きるいことごと》くこれに朝《ちょう》す、実《じつ》に龍飛《りゅうと》び鳥翔《とりかけ》るが如《ごと》き者《もの》にはあらざる也《なり》。

故《ゆえ》にこの石中《せきちゅう》より生《うま》れ出玉《いでたま》いたる極身《おほみ》を称《しょう》して（龍《か》＝土）神《み》ともうし奉《たてまつ》り、その女《ひめ》を称《もう》して「魚《わ》＝王《に》」ともうし奉《まつ》るその大臣等《おみら》の身《み》を（霊《か》＝鬼《た》）神《かみ》という。またその小臣等《をみら》の身《み》を（父《ひと》＝龍《ごの》）神《かみ》という也《なり》。その威徳《いとく》一切《さい》（霊《か》＝鬼《た》）に亞《つ》ぎて神霊《しんれい》なる也《なり》。故《か》れ上《つまご》に説《と》ける（龍《か》＝土）神大王《みだいおう》が気勢白雲《つまごはくうん》に御《ぎょ》して至大天球之中《たかあまはら》を悉《ことごと》く親臨《しんりん》して照覧《みそなわ》し玉《たま》う時《とき》はこの（霊《か》＝鬼《た》）神（父《ひと》＝龍《ごの》）神等皆陪従《かみらみなべいじゅう》し奉《まつ》りて常《つね》に守護《しゅご》し奉《まつ》りける也《なり》。

（一四）天中の御測量

かくて天中《てんちゅう》の測量《そくりょう》を了《おわ》り玉《たま》うや、海陸《かいりく》に降《くだ》りて一人《ひとり》地球《ちきゅう》を親臨《しんりん》し玉《たま》いつつ、海陸《かいりく》の一切《さい》を落《おつ》る隈《くま》なく測量《そくりよう》し了《おわ》り玉《たま》う時《とき》は、天球《てんきゆう》及《およ》び地球《ちきゆう》は橘《たちばな》の如《ごと》きものなりと見《み》定《さだ》め玉《たま》い、これに年度《ねんど》の往来《おうらい》する事《こと》は、桜花《おうか》の咲《さ》き散《ち》りつつ、幾億兆万々年《いくおくちようまんまんねん》も果《はて》し無《な》きやと見定《みさだ》め玉《たま》えり。これが後《のち》に朝廷《ちようてい》に橘桜《たちばなさくら》を植《う》え玉《たま》う因《いん》と成《な》りたり。

その海陸《かいりく》を親臨《しんりん》し玉《たま》う時《とき》は、その姓《かばね》の拿《つかさ》に因《より》て、其《そ》の儘海中《ままかいちゆう》に止《とど》まりて海神《わだつみ》と成《な》りたる者《もの》あり。また本土《ほんど》に止《とど》まりて、山津見神《やまつみのかみ》と成《な》りたる者《もの》もあり、概《おほむ》ね御供《おとも》に事《こと》へ奉《まつ》りて更《さら》に大気《たいき》の上《うえ》に騰《のぼ》り、天照大御神《あまてらすおおみかみ》に奏《そう》して、葦原《あしはら》の中津国《なかつくに》はいたくさやぎて有りけりど、宣《の》り玉《たま》う時《とき》に、一切親査《いつさいしんさ》、測量済《そくりようずみ》と成《な》り、至天球之中《たかあまはら》の物事《ものごと》を明《あき》らかに御腹《みはら》の内《うち》に知覚《ちかく》し、「声《こえ》の形《かたち》と、天地《てんち》の形《かたち》と等《ひと》しきなり。声《こえ》の産霊《むすび》と天地《あめつち》の産《むす》霊《び》と等《ひと》しきなり」と見定《みさだ》め玉《たま》いける故《ゆえ》に、世界《せかい》一切《さい》の事《こと》を御腹《みはら》の中《なか》なる声《こえ》の局《つぼ》に収《おさ》め極《き》り玉《たま》いて以来《いらい》は、

（一五）声の本質、宇宙の実相

声《こえ》を以《も》っていながら至天球之中《たかあまはら》を知《し》ろしめす事《こと》を定《さだ》め玉《たま》いて、さしも烈《はげ》しく厳《いか》しく鋭《するど》き剱膚《たちはだ》は必要《ひつよう》を了《おわ》りたるを以《も》って、漸次《ぜんじ》にその剱膚《たちはだ》を解脱《ぬが》し玉《たま》いける故《ゆえ》に、漸々《ぜんぜん》頭小胴大《とうしょうどうだい》と成《な》り、食物《しょくもつ》に気《き》を喰《く》う事少《ことすく》なく、味《あじ》を喰《く》う事多《ことおお》く成《な》り玉《たま》う。

然《しか》れども未《いま》だ火食《かしょく》せず、骨格《こっかく》の稜威《みいづ》も、毛髪《もうはつ》も神興《しんこう》も、爪牙《そうが》の構《かまえ》も、次第《しだい》に温和《おんわ》に成《な》りゆき玉《たま》い、声《こえ》を以《も》って神勅《のりと》を宣《の》り玉《たま》い、声《こえ》を以《も》って世《よ》を聞《き》こしめし玉《たま》う。故《か》れ世《よ》を経綸《まつりごと》し給《たま》う事《こと》、万声《よろづこえ》を以《も》って千々《ちぢ》に八千々《やちぢ》に織《お》る機《はた》の梭《ひ》なみに依《よ》りて胎《たい》に因《よ》らずして、化生《けしょう》して相好《みからち》を改《あらた》め、天中《てんちゅう》の事《こと》も、皆悉《みなことごと》く賑《にぎ》わしく御腹《みはら》の内《うち》なる声《こえ》の局《つぼ》に収《おさ》め、覚《おぼ》え保《たも》ち玉《たま》うに依《よ》りて、御名《みな》も改《あらた》まり、

（一六）瓊々杵命の御化生

天饒《あめにぎ》し国饒《くににぎ》し天津《あまつ》日《ほ》高彦《だかひこ》日《ほの》瓊《に》々《に》杵尊《ぎのみこと》と称《しょう》し奉《まつ》るなり。更《さら》に日嗣《ひつぎ》の御子《みこ》として、諸《もろ》の臣等《おみら》を連《つ》れ玉《たま》いて、日向国高千穂《ひゅうがのくにたかちほ》の峰《みね》に降《くだ》り玉《たま》い、大山津見神《おおやまつみのかみ》の嬢《むすめ》木《こ》の花咲哉《はなさくやひ》姫命《めのみこと》を入れて彦日日出見尊《ひこほほでみのみこと》を胎生給《たいしょうたま》う。この彦日日出見尊《ひこほほでみのみこと》は此東北方面《これとうほくほうめん》なる日本《にほん》国《こく》の海山《かいざん》の万機《ばんき》を親臨《しんりん》し玉《たま》いつつ、真実此天地《しんじつこのてんち》に有《あ》る所《ところ》と声《こえ》の局《つぼ》に在《あ》る所《ところ》と正《ただ》しく、符号《ふごう》を合《あわ》するや否《いなや》を、明細《めいさい》に試験《しけん》し玉《たま》いたるに、皆悉《みなことごと》く合格《ごうかく》一致《ち》する事《こと》を見極《みきわ》め玉《たま》えり、轍ち至天球之《たかあまはら》中に実相組織《じつそうそしき》する所《ところ》の真《まこと》は即《すなわ》ち声《こえ》なり、またこの国備《くにそなわ》りて此体《まさみ》を顕《あらわ》し示《しめ》しいる所《ところ》の真《まこと》も即《すなわ》ち声《こえ》なり、人《ひと》の身《み》に備《そな》わりて、天地《てんち》に伸《の》び、神《かみ》に通《かよ》い物《もの》に徹《とお》り、奇妙霊妙《くしびにくずしき》の行《おこな》いを極《きわ》め、自由自在《じゆうじざい》の事《こと》をする所《ところ》の真《まこと》も、即《すなわ》ち声《こえ》なりと知《し》ろしめ極《きわ》め玉《たま》いて、また海神《わだつみ》の宮《みや》に至《いた》り玉《たま》い、

（一七）竜宮の豊玉姫

綿津見《わだつみ》の神《かみ》の姫王仁《むすめわに》豊玉姫命《とよたまひめのみこと》を入《い》れて孕《はら》め玉《たま》いて大海《たいかい》を統御《とうぎょ》する真璽《まに》（即《すなわ》ち塩《しお》満玉《みつのたま》、塩干玉《しおひるのたま》、四個《こ》なり）（『この真璽《まに》いま猶《な》お歴々《れきれき》として保存《ほぞん》しあるなり』）を四個得玉《こえたま》いて綿津見《わだつみ》の真《まこと》も即《すなわ》ち声也《こえなり》と覚《さと》り、極《きわ》めて陸《おか》に帰《かえ》り玉《たま》い、思召玉《おぼしめしたま》わく。天津《あまつ》大神《おおかみ》の大勅《のりと》使なる七十五声《せい》をもって、ここ秋津大御国《あきつおおみくに》（世界《せかい》）を統御《とうぎょ》し玉《たま》わば、元《もと》より声《こえ》の総《す》ぶるところなる、天地《あめつち》の底樋《そこひ》の浦《うら》も玉《たま》の身《み》の内外《うちと》も、世《よ》の物事皆悉《ものごとみなことごと》く大御心《おおみこころ》の随々《まにまにおきま》理り平《たいら》ぎて、常磐《ときわ》に世《よ》は治《おさ》まりなむと弥々《いよいよ》見極《みきわ》め賜《たま》うに因《よ》りて、声《こえ》の真《まこと》が至大天球之中《たかあまはら》に透《す》き徹《とお》り、照《て》り通《とお》りて大御身誠《おおみまこと》に和《やわ》らぎ、優《やさ》しく成《な》り賜《たま》いて、天《あま》の羽衣《はごろも》は悉《ことごと》く脱《ぬ》ぎ捨賜《すてたま》う時《とき》に豊玉姫《とよたまひめ》の命《みこと》はその御子《みこ》を産《う》む時《とき》に当《あた》りて、此陸《このおか》に出来《いできた》り賜《たま》いて奏《そう》し賜《たま》う。ここにおいて浜辺《はまべ》の渚《なぎさ》に産屋《うぶや》を作《つく》り、そこに脱《ぬ》ぎ捨賜《すてたま》いし所《ところ》の鵜《う》の羽《はね》をもってその産屋《うぶや》の屋根《やね》を葺《ふ》かし玉《たま》う。その産屋《うぶや》未《いま》だ葺《ふ》きあへぬにその産屋《うぶや》に入《い》りて御子《みこ》を産《う》み給《たま》う。

この時《とき》に尊《みこと》は既《すで》に天《あま》の羽衣《はごろも》を脱《ぬ》ぎ捨《す》て、屋根《やね》の葺草《ふきぐさ》にし給《たま》いつるに、命《みこと》は未《いま》だ全《まつた》く脱《ぬ》ぎ給《たま》わず、元《もと》の鰐《わに》に成《な》りて産《う》み給《たま》えるを見《み》られ給《たま》いて、心恥《うらはず》かしく思召《おぼしめし》て、恨《うら》みつつも海陸《かいりく》の通路《つうろ》を絶《た》ちて綿津海《わたつみ》の宮《みや》に帰《かえ》り入《い》り玉《たま》う。よってその妹玉依姫《いもうとたまよりひめ》の命《みこと》を陸《りく》に登《のぼ》らせて御歌《みうた》を奉《たてまつ》りてその御子《みこ》を養《ひた》し奉《まつ》らしめ玉《たま》う。この御子《みこ》を

（一八）（第一烏）葺草不命の御出生

烏葺草不合尊《うがやふきあへずのみこと》と称《まを》し奉《たてまつ》るなり。この烏葺草不合命《うがやふきあへずのみこと》は上件段々《じょうけんだんだん》の秩序《てつづき》を理《う》め、天《あま》の羽衣《はごろも》を屋根《やね》の葺草《ふきぐさ》とし給《たま》いたる宮《みや》に産《うま》れ賜《たま》いけるが故《ゆえ》に、厳装麗宮《いかめしきみや》を造《つく》りてもって荒膚《あらはだ》と定《さだ》め給《たま》い、その宮《みや》に住《す》み給《たま》いて、供手而世《たむだきちよ》を知《し》ろしめし賜《たま》うに思召給《おぼしめしたま》わく。

（一九）人體のご熟成

この至大天球之中《たかあまはら》に実相組織《じつそうそしき》している所《ところ》の真霊妙精《かみ》、即《すなわ》ち声《こえ》がそのまま写《うつ》りて此大《このおお》御腹《みはら》に収《おさ》まり、鎮《しず》まりたる故《ゆえ》に、この身《み》の地球《からだ》なる胴《からだ》が至大天球之中《たかあまはら》と同体《どうたい》と成《な》り、膨満融福《ぼうまんゆうふく》にして、大御腹《おおみはら》の名《な》をさえ保《たも》ちて、七十五声《せい》の局《つぼ》を備《そな》えたるなり。即《すなわ》ち背《せ》の方《ほう》に収機局を蔵《ぞう》して、御門《みかど》を耳《みみ》に開《ひら》きて世《よ》の声《こえ》を聞《き》き入《い》れ玉《たま》い、腹《はら》の方《ほう》に発機局を蔵《ぞう》して、御門《みかど》を口《くち》に開《ひら》きて七十五声《せい》を明朗《ほがらか》に吹《ふ》き出《だ》し、大御心《おおみこころ》をそのまま現実《げんじつ》に顕《あらわ》し給《たま》うなり。

人誠《ひとまこと》に謹慎《きんしん》して声言《せいげん》を正朗《せいろう》にし、鮮明《せんめい》にし、真実《しんじつ》にする時《とき》は、天授《てんじゅ》の心経《しんぎょう》栄旺《さか》えて、智恵《ちえ》照《て》り徹《とお》り、福徳《ふくとく》自然《しぜん》に備《そな》わり、億兆《おくちょう》ここに帰《かえ》し、高寿《こうじゅ》備《そな》わり極安楽《ごくあんらく》を成就《じょうじゅ》するなり。この比々《ひひ》憐々《れんれん》として実相充実《じつそうじゅうじつ》するところの声言《せいげん》を理《すぢ》・法《のり》・礼《いや》・道《みち》

（＝道《どう》・法《ほう》・礼《れい》・節《せつ》）に叶《かな》えしめ照《て》らしまつり修《おさ》め養《やしな》うときは、万機《ばんき》心《こころ》の思《おも》うところを仕遂《しと》げて、子孫《しそん》をも栄《さか》え昌《さか》えしめ、またまたその血筋《ちすじ》に若返《わかがへ》り生《うま》れ来《きた》りて、残《のこり》の楽《たの》しみを楽《たの》しみ奉《まつ》る事《こと》を得《う》るなり。

（二〇）心経錯乱

然《しか》るを心迷《こころまよ》いて我《わ》が心経《しんぎょう》を紊乱《びんらん》せしめ、我心《わがこころ》を愛子《いとしご》の身《み》の内《うち》に鋳込《いこみ》て、可愛《いとしい》、惜《おし》しいと引掛《ひっか》け、また男女《だんぢょ》に引掛《ひっか》けて恋《こい》し、懐《なつ》かし、妬《ねた》ましい、羨《うらや》ましい、欲《ほっ》しい、厭《いと》はしいと入込《いりこみ》、また悪《に》くい、怨《うら》めしい、瞋恚《ねたま》しい、頑愚《かたくな》しい、また物《もの》を見聞《みき》きて、恐《おそ》ろしい、夥《おびただ》しい、行《ゆき》たし、見《み》たし、食《く》ひたし、謂《い》いたし、嗅《か》きたし、謂《い》わしたし、着《き》せたし等《とう》と心経《しんぎょう》を横《よこ》に引渡《ひきわた》し、他《ほか》におよぼし掛《か》くる時《とき》は、その心経《しんぎょう》の錯乱《さくらん》は死《し》しての後《のち》も尚止《なおと》まらず、縺《もつ》れもつれて佗《ほか》の愚物《ぐぶつ》と絡《から》み合《あ》い、永劫暗黒《えいごうあんこく》にいて、人《ひと》の身《み》を稟《う》け生《うま》れ出《い》でむ事難《ことむずか》しい、これ己《ここ》に前《まえ》に説《と》く所《ところ》の如《ごと》し。

またこの身《み》の天球《てんきゅう》なる頭《あたま》は地球《ちきゅう》と同体《どうたい》と成《な》り、緊精《よくしましたる》の形《かたち》を備《そな》わり、目《め》を以《も》って天中《てんちゅう》に注《そそ》ぎ、耳《みみ》を以《も》って天声言音《てんせいげんおん》を入《い》れ、口《くち》を以《も》って天声《てんせい》を発《はっ》し鼻《はな》を以《も》って天真《てんしん》を呼吸《こきゅう》し、髄脳《ずいのう》を以《も》って天霊《てんれい》を収《おさ》め、口《くち》を以《も》って天食《てんしょく》を入《い》れつつ、涵《ひた》りおる所《ところ》の至天球を自由自在《じゆうじざい》に目耳鼻口髄脳《めみみはなくちずいのう》に資《し》りつつ、また自由自在《じゆうじざい》に反射《はんしゃ》して、天地《てんち》の大造化《だいぞうか》を全《まつた》く茲《ここ》に領《あずか》り玉《たま》う。奇妙霊妙《くずしくくづやか》の真実《しんじつ》を産霊《むすび》修《おさ》めて、全《まつた》く今《いま》の世《よ》の人《ひと》の形《かたち》と成《な》り給《たま》い。御親等《みおやら》が解《と》き脱《ぬ》ぎ捨玉《すてたま》いし荒膚《あらはだ》の諸《もろ》を寫《うつ》し代《か》えて大宮《おおみや》を造営《ぞうえい》して荒膚《あらはだ》と為《な》し玉《たま》い、御衣《みそ》を以《も》って、

（二一）和膚と火食

和膚《にぎはだ》と為《な》し給《たま》い、ここに火食《かしょく》を創《はじめ》て、諸《もろ》の大臣《おおみ》、小臣《をみ》、民等《たみら》をも悉《ことごと》くこの儀《ぎ》を擬《あやか》

らしめ賜《たま》いて、剱膚《たちはだ》を脱《ぬ》ぎて殿家を作《つく》りて住《す》ましめ、火食《かしよく》に就《つ》かしめ賜《たま》う。故《ゆえ》にこれよりして至大天球《たかあまはら》中に実相《じつそう》瀰綸する所《ところ》の、極微点《こごこ》の連珠絲《さねき》を人《ひと》の腹《はら》の内《うち》に収《おさ》め給《たま》うが故《ゆえ》に人《ひと》の結婚《むすび》が即《すなわ》ち天地《てんち》の産霊《むすび》と成《な》りて、胎《たい》を以《も》って御子《みこ》を産《う》み給《たま》う事《こと》と成《な》れり。蓋《けだ》し天性《てんせい》は直立《ちよくりつ》し在《あ》る也《なり》。地質《ちしつ》は平臥《へいが》し在《あ》るなり。故《ゆえ》に天中《てんちゆう》に居《お》る火《ひ》は直騰《ちよくとう》する也《なり》。地中《ちちゆう》に居《お》る水《みず》は平降《へいこう》する也《なり》。この火水《かすい》の象《しやう》を以《も》って天《てん》は直性也《ちよくせいなり》、地《ち》は平質《へいしつ》なりという所以《ゆえん》を推証《すいしよう》すべし。

人《ひと》はこの天地《てんち》の真《まこと》を全《まつた》く禀《う》け得《え》たる神霊躰《しんれいたい》なるが故《ゆえ》に、立《た》つ時《とき》は一直立《まつすぐた》つ也《なり》。臥《ふ》す時《とき》は一正伸也《まつたいらなり》。産霊《むすび》て坐《すわ》する時《とき》は腰以上《こしいじよう》は天也《てんなり》、直也《すぐなり》。腰以下《こしいか》は地也《ちなり》、正也《せいなり》。実《じつ》に火水《かすい》、直正《しんしよう》の象《しやう》と同律也《どうりつなり》。この形《かた》は鳥《とり》、獣《けもの》、魚《さかな》、虫《むし》、輩《やから》の敢《あ》えて疑似《まね》る事能《ことあた》わざる所也《ところなり》。また都《かつ》て物事《ものごと》相《あ》い産霊時《むすびとき》は反対《うらうら》の象《しやう》を顕《あらわ》す也《なり》。

（二二）　産霊の真儀

これ即《すなわ》ち神約《しんやく》の著《いちじる》しき所也《ところなり》。誠《まこと》に造化《ぞうか》の常也《つねなり》、循環《じゅんかん》の門也《もんなり》、秩序也《ちつじょなり》。誠《まこと》に人《ひと》に対面《たいめん》して見《み》よ。渠《かれ》の左《ひだり》は我右也《わがみぎなり》、我左《わがひだり》は渠《かれ》の右也《みぎなり》、草木《くさき》は地《ち》に根《ねざ》し、天《てん》に幹《みき》し居《お》る也《なり》。然《しか》るにその結《むす》びて成就《じょうじゅ》したる果実《かじつ》の仁中《じんちゅう》の精《せい》は皆悉《みなことごと》く天《てん》に根《ねざ》し、地《ち》に幹《みき》して居《お》る也《なり》。結《むす》びの妙體《みょうたい》神約《しんやく》の有《あ》る所《ところ》、一つに皆《みな》如此也《これなり》。故《ゆえ》に人《ひと》の身《み》も相産霊《あいむすび》てこの個々《ここ》の小天地《しょうてんち》を造醸《かも》し賜《たま》いける也《なり》。故《ゆえ》に天球《あたま》の擬《あやかり》なる頭《あたま》は至大《しだい》なるべきに、却《かえ》って緊小《きんしょう》の玉《たま》と成《な》り、地球《ちきゅう》の擬《あやかり》なる胴《からだ》は膨大融福《ぼうだいゆうふく》の玉《たま》と成《な》り、その用《よう》も、頭《あたま》は地球《ちきゅう》が天中《てんちゅう》に涵《ひた》り居《お》る通《とお》りの用《よう》を為《な》し、胴《からだ》は天球《あたま》が一切《さい》を胎蔵《たいぞう》し居《お》る通《とお》りの用《よう》を為《な》し居《お》る也《なり》。（併《ただ》し女《おんな》は頭《あたま》は地球也《ちきゅうなり》、胴《からだ》が天球也《あたまなり》）故《か》れ烏草葺不合尊《うがやふきあえずのみこと》はこの一切《さい》の真《まこと》を産霊《むすび》収《おさ》め、この一切《さい》の謂《いわ》れを皆悉《みなことごと》く知《し》り給《たま》いて御一身《みいっしん》に保《たも》ち給《たま》い、諸《もろ》の大臣《おみ》、小臣《をみ》、民《たみ》をも悉《ことごと》く治《おさ》め給《たま》いけるを、玉依姫《たまよりひめ》の命《みこと》は聞《き》こしめし玉《たま》い、見《み》し明《あき》らめ玉《たま》い、この諸《もろ》の謂《いう》を「即《すなわ》ち天地《てんち》開闢《かいびやく》の時《とき》より今日《こんにち》に至《いた》る、幾億兆万々《いくおくちようまんまん》の造化《ぞうか》の次第《しだい》を明《あきらか》に保《たも》ち居《お》る謂《いわ》れ也《なり》」、明《あきらか》に大御腹《おおみはら》の内《うち》に呑《の》み込《こ》み知《し》り収《おさ》め賜《たま》いて大国母《だいこくも》の位《くらい》を踏《ふ》み賜《たま》うに依《よ》りて、正《ただ》しく今《いま》の世《よ》の后《きさき》と同體《どうたい》に和《やわら》ぎ賜《たま》いける時《とき》は、幸《さち》を受《う》け賜《たま》いて、

（二三）神倭伊波礼彦命の御出生

神倭伊波礼彦尊《かむやまといはれひこのみこと》を生《あ》れまし賜《たま》いける也《なり》。また頭《あたま》の精《せい》が顕《あら》われ出《い》で心《こころ》の活用《かつよう》を全《まつた》くする。空躰《くうたい》なる手《て》は一平正《たいらか》に備《そな》わり、また胴《どう》の精《せい》が顕《あら》われ出《い》で、躰《たい》の活動《かつどう》を全《まつた》くする足《あし》は、一直立《ちよくりつ》に備《そな》わり有《あ》るをもって能《よ》く克《か》く考《かんが》え見《み》るべし。

（二四）天地と人體との根本関係

地水平《ちすいたいら》の象《しやう》を頭《あたま》と手《て》とに備《そな》わり、天火直《てんかちよく》の象《しやう》を胴《どう》と足《あし》とに具《そな》わり居《お》る也《なり》。天中《てんちゆう》に就りたる草木《くさき》の果実《かじつ》が天《てん》に根《ねざ》し、地《ち》に幹《みき》し居《お》る神約《しんやく》を以《も》って見《み》るも、天《てん》に根《ねざ》し地《ち》に幹《みき》し居《お》る天中《てんちゆう》の玉《たま》の身《み》なる事《こと》を知《し》るべし。

また胎《たい》（=児《じ》）を生《うま》れ出《いず》る時《とき》は頭《あたま》を先《さき》にして降臨《こうりん》の形也《かたちなり》。依《よ》って呼吸《こきゆう》を主《しゆ》とする鼻《はな》の形《かたち》は直也《ちよくなり》。食味《しよくみ》を主《しゆ》とする口《くち》の形《かたち》は正也《せいなり》。また声音《せいおん》を出《だ》す口《くち》の形《かたち》は円満也《えんまんなり》。その声音《せいおん》を入《はい》るゝ耳《みみ》の形《かたち》は直也《ちよくなり》。色相《しきそう》を容《い》るる眼《め》の形《かたち》は正也《せいなり》。都《かつ》て天地《てんち》の真精《しんせい》をその儘擬《ままあやか》りたる神霊《くすやか》なる身体《しんたい》なるが故《ゆえ》に、都《かつ》て正直《しようじき》ならざる所莫《ところなかれ》し。故《ゆえ》にその産霊《むすび》を以《も》って心機《しんき》を顕《あらわ》し、身《み》を以《も》って礼操《れいそう》を顕《あらわ》す時《とき》は、事《こと》として謂《い》わざる事無《ことな》く、為《な》さざる事《こと》なし矣《なり》。

第二十四節　神倭伊波礼彦天皇《すめらぎ》の本義

神倭伊波礼彦尊《かむやまといはれひこのみこと》と称《まを》し奉《まつ》る御名《みな》の義《こころ》は、神《かみ》そのまま大和《やまと》の国《くに》に豊御食《とよみけ》を聞《き》こし食《め》す。主《しゅ》として上件説《じょうけんと》く所《ところ》の、天津御祖神《あまつみおやがみ》の諸《もろ》の謂《いわ》れを、真具《まつぶさ》に聞得賜《ききえたま》いつつ、天津日《あまつひ》嗣《つぎ》に継《つ》ぎ渡《わた》らせ賜《たま》いて、幾々億兆万々却代《いくいくおくちょうまんまんごうだい》を唯一代《ただいちだい》の如《ごと》くに神《かみ》を祭《まつ》り、世《よ》を政《まつ》り賜《たま》う、天津誠《あまつまこと》の謂《いわ》れを、若返《わかがへ》り若返《わかがへ》りつつ知《し》ろしめし賜《たま》う彦御子《ひこみこ》と称《まを》す義也《こころなり》。故《か》れこの謂《いは》れ彦《ひこ》の尊《みこと》を称《まを》し奉《まつ》る御名《みな》の中《なか》には、幾々《いくいく》、億兆万々《おくちょうまんまん》、却代《ごうだい》の大御代《おおみよ》が厳張極籠《いばれこも》り賜《たま》いて、複幾々《まだいくいく》、億兆《おくちょう》、万々劫々《まんまんごうごう》の後《のち》の御代御代《みよみよ》を、醸《かも》し賜《たま》う一切《さい》の謂《いわ》れを保《たも》ち賜《たま》う也《なり》。また若御食主尊《わかみけぬのみこと》と称《まを》し奉《まつ》る御名《みな》の義《こころ》は若返《わかがへ》り若返《わかがへ》りつつ大御食《おほみけ》を聞《き》こしめす大主《あるじ》と成《な》りつつ、億兆万々代渡《おくちょうばんばんだいわた》らせ玉《たま》う義也《こころなり》。また豊御食主尊《とよみけぬのみこと》と称《まを》し奉《まつ》る御名《みな》は、その幾々億兆《いくいくおくちょう》、万々劫々代《まんまんごうごうだい》を若返《わかがへ》り若返《わかがへ》りつつ知《し》ろしめしし、御代御代《みよみよ》を豊《とよ》めて御一代《ごいちだい》の如《ごと》くに御食《みけ》を聞《き》こしめす、御主《おんしゅ》に渡《わた》らせ賜《たま》う義也《こころなり》。

一　日本建国《にほんけんこく》の由来《ゆらい》、実《じつ》にこの如《ごと》く夫《こ》れ淵遠也《えんえんなり》、尊厳也《そんげんなり》、深厚也《しんこうなり》、神倭伊波礼彦命《かむやまといはれひこのみこと》に

——神武天皇《じんむてんのう》と申《もう》す漢字名《からぎまのみな》を奉《まつ》り、御一代《ごいちだい》の如《ごと》くに解《かい》し誤《あやま》り、我邦《がほう》の紀元《きげん》は二千五百幾《いく》年《とし》なりなぞと称《まを》し居《お》るは、皇国《こうこく》の歴史《れきし》を解《かい》し得《え》ざる愚輩也《ぐはいなり》。

（二）大和御征討

◉神倭伊波礼彦天皇《かむやまといはれひこのすめらぎ》の大和御征討《やまとごせいとう》は、天上《てんじよう》の霊理《すじ》に対《たい》する大御威徳《おおみいとく》の発揮也《はつきなり》。地上《ちじよう》の罪悪《ざいあく》に対《たい》する大膺懲也《だいようちようなり》。人身《じんしん》に於《お》ける根本《こんぽん》の穢《けが》れを去《さ》り賜《たま》う也《なり》。「人生《じんせい》は百三十七才《さい》までは必《かなら》ず生存力《せいぞんりよく》ある者《もの》との決定《けつてい》を与《あた》え給《たま》う」故《ゆえ》に征討《せいとう》の事終《ことおわ》るや、鳥見山《とみやま》に霊《れい》（田＝寺）を建《た》てて遙《はるか》に大孝《たいこう》の本義《ほんぎ》を行《おこな》い給《たま》う。神倭伊波礼彦天皇《かむやまといはれひこのすめらぎ》は即《すなわ》ち高祖高宗《こうそこうそう》の御霊《ごしん》徳《とく》を実践窮行《じつせんきゆうこう》し賜《たま》いて後世千載《こうせいせんさい》の為《ため》に一切《さい》の範《はん》を垂《た》れさせ賜《たま》う也《なり》。

神日本伊波礼彦命《かむやまといはれひこのみこと》の御武勇《ごぶゆう》なりしは皆人《みなひと》の知《し》る所《ところ》なれば史実《しじつ》に譲《ゆず》りてこれを謂《い》わず。——蓋《けだ》し勇《ゆう》は御剣《みつるぎ》の御徳也《みとくなり》。御武勇《ごぶゆう》の御発作《ごほつさ》は宇宙静平《うちゆうせいへい》の御志《みこころ》に出《い》でたる也《なり》。「葦《あし》原中国者《はらのなかつくには》、伊多玖佐夜藝帝阿理計理《いたくさやぎてありけり》、との御逆鱗《ごぎゃくりん》に発《はつ》せし也《なり》。平聞看天下《あめのしたのまつりごとをはたひらけく》二政《きこしめさむ》」の大御慈悲《だいごじひ》に発《はつ》せし也《なり》。

その御武勇《ごぶゆう》は即《すなわ》ち天上御祖神《てんじょうみおやがみ》の稜威御発揚《みいづごはつよう》の外《ほか》に何物《なにもの》もなかりし也《なり》。天上御経綸《てんじょうごけいりん》の実《じつ》を地上《ちじょう》に示《しめ》さむの御志《みこころ》にましませし也《なり》。その御武勇《ごぶゆう》の己《おのれ》に出《い》でずして天《てん》に出《い》で、その御征討《ごせいとう》の地上整理《ちじょうせいり》と共《とも》に、天上霊則《てんじょうれいそく》の真釣《まつ》りに出《い》でしが為《ため》に、神勇神武一身《しんゆうしんぶいっしん》に集《あつ》めて、天軍神兵《てんぐんしんぺい》の向《むか》う所真《ところまさ》に光気《こうき》の八荒《はっこう》に渡《わた》るが如《ごと》きものありし也《なり》。陛下《へいか》の御武勇《ごぶゆう》は後世《こうせい》の列聖皆《れっせいみな》これに範《はん》を撮《と》り賜《たま》いし也《なり》。日《ひ》に向《む》かって闘《たたか》いしを悔《く》い賜《たま》う如《ごと》き、何《なん》ぞそれ敬天《けいてん》の御聖慮《ごせいりょ》の深《ふか》かりしや。

（二）神勇神武の大根源

一　天地《てんち》の大経綸《だいけいりん》を阻害《そがい》する行為《こうい》を憤《おこ》りて、絶大《ぜつだい》の精神《せいしん》を傾注《けいちゅう》しこれを排去《はいきょ》せんとするが大武勇《だいぶゆう》の根本《こんぽん》たるなり。畏《おそ》れ多《おお》き事《こと》なれども爰《ここ》に、天祖《てんそ》か○○にて昇天《しょうてん》する須《す》佐之男命《さのをのみこと》を待《ま》ち向《むか》えさせ賜《たま》う時《とき》の御武勇《ごぶゆう》の御有様《おんありさま》を記《しる》し置《お》くべし。

「即《すなはち》、解御髪《みかみをとき》、纒御美豆羅而《みみづらにまかして》、乃於左右御美豆羅《ひだりみぎりのみみづらにも》、亦於御《みかづらに》（髟○―曼）、亦於左右御手《ひだりみぎりのみてにも》、各纒持八尺勾総之五百津之美須麻流之珠者《みなやさかのまがたまのいほつのみすまるのたまをまきもたして》、曾毘良邇者《そびらには》、負千人之靭《ちのものゆぎをおひ》、附五百入之靭《いほいりのゆぎをつけて》、亦所取佩伊都之竹鞆而《またいづのたけともをとりをはして》、弓腹振立而《ゆはらふりたてを》、堅庭者《かたにはには》、於向股踏那豆美《むかももにふみなつみ》、如沫雪蹶散而《あはゆきなすくあはちうかして》、伊都之男建踏建而《いづのおたけびふみたけび》、待問云々《まちとひたまはく》」

何《なん》ぞそれ御勇武《ごゆうぶ》なるや。

（三）『古事記』は一大兵法書也

『古事記《こじき》』全巻悉《ぜんかんことごと》く、神軍《しんぐん》の大兵法《だいへいほう》を伝《つた》えたるものと見《み》る事《こと》を得《う》べし。兵法《へいほう》の奥《おく》義《ぎ》は伊邪那岐命《いざなぎのみこと》を黄泉国《よもつくに》に追《お》います一條《じょう》に秘《ひ》められ、後《のち》に建御雷男神《たけみかづちをのかみ》が天孫御降《てんそんごこう》臨《りん》の先駆《さきがけ》を為《な》し賜《たま》う時《とき》も、この兵法《へいほう》の秘事《ひじ》を行《おこな》い賜《たま》えり。神武天皇《じんむてんのう》の巻《かん》に八咫烏《やあたがらす》を遣《つか》わすという一條《じょう》の兵法《へいほう》は正《ただ》しく同様《どうよう》の奥義《おくぎ》にして、尚《な》お神功后皇《じんぐうこうごう》の三韓征討《さんかんせいとう》の一條《じょう》に、真木灰納《まきのはいをひきごにいれ》（爪―夸）云々《うんぬん》とある一條《じょう》が神軍《しんぐん》の大兵法《だいへいほう》たる也《なり》。兵法《へいほう》の奥義《おくぎ》とは別義《べつぎ》にあらず、産霊《むすび》の維織《せんい》を正《ただ》しく解《と》き別《わ》けて、大経綸《だいけいりん》の支障《ししょう》を去《さ》る事也《ことなり》。支障《ししょう》が去《さ》れば即《すなわ》ち光気《こうき》は八荒《はっこう》に燦々《さんさん》として照《て》り渡《わた》り行《ゆ》く也《なり》。

（四）十六菊の御紋章

彼《か》の十六菊章《きくしょう》と申《もう》すは、大御経綸《だいごけいりん》の糸筋《いとすじ》の八荒《はっこう》に輝《かがや》き照《て》り渡《わた》る御模様《ごもよう》を顕《あらわ》したる御紋章《ごもんしょう》にて、十六菊章《きくしょう》と日章旗《にっしょうき》とは同様《どうよう》の御意義《ごいぎ》たる也《なり》。十六菊章《きくしょう》は賢侍間の御褥《しとね》の御紋章《ごもんしょう》にして、只今《ただいま》の菊章《きくしょう》は外《ほか》の輪郭《りんかく》だけを存《そん》して、内容《ないよう》の一切《さい》は秘《ひ》せられたる也《なり》。この菊章《きくしょう》の中《なか》へ一ぱいに天津金木《あまつかなぎ》を内実《うち》せしめなば、天国《てんごく》の荘厳《そうごん》は眼前《がんぜん》に拝《はい》一観《かん》せられ、天津御神《あまつみかみ》の御深慮《ごしんりょ》は明《あきらか》に窺《うかが》い奉《まつり》あらるべき也《なり》。

◉大日本国《だいにほんこく》の神道《しんどう》は忠孝是也《ちゅうこうこれなり》。忠孝即《ちゅうこうすなわ》ち御祖神《みおやがみ》の御名《みな》を顕《あらわ》し、御祖神《みおやがみ》の御心《みこころ》のまに、まに（惟神《かむながら》）実践躬行《じっせんきゅうこう》する事也《ことなり》。絶対的信仰《ぜったいてきしんこう》を忠孝《ちゅうこう》といい、不信《ふしん》を不忠孝《ふちゅうこう》という。故《ゆえ》に不忠不孝《ふちゅうふこう》は大罪悪《だいざいあく》にして、不忠不孝《ふちゅうふこう》の外《ほか》に根本《こんぽん》の罪《つみ》は無《な》き也《なり》。征討《せいとう》の業終《わざおわ》るや神日《かむやま》本《と》伊《い》波《は》礼《れ》彦命《ひこのみこと》には、乃《すなわ》ち霊《れい》（田―寺）を鳥見山《とみやま》に建《た》てて、大孝《たいこう》の本義《ほんぎ》を顕《あらわ》し給《たま》いし也《なり》。

朕惟《ちんおも》フニ皇祖皇宗国《こうそこうそうくに》ヲ肇《はじ》ムルコト宏遠《こうえん》ニ徳《とく》ヲ樹《た》ツルコト深厚《しんこう》ナリ我《わ》ガ臣民克《しんみんか》ク忠《ちゅう》ニ克《か》ク孝《こう》ニ億兆心《おくちょうこころ》ヲ一《いつ》ニシテ世々《よよ》厥《そ》ノ美《び》ヲ済《すま》セルハ是《こ》レ我《わ》カ国體《こくたい》ノ精華《せいか》ニシテ教育《きょういく》ノ淵源亦実《えんげんまたじつ》ニ之《ここ》ニ存《そん》ス

の教育勅語《きょういくちょくご》の御本旨篤《ごほんしあつし》と拝載《はいさい》すべき也《なり》。

忠孝《ちゅうこう》の志《こころざし》の厚《あつ》き者《もの》は勇気必《ゆうきかなら》ず内《うち》に満《み》つ。勇気《ゆうき》なければ忠孝《ちゅうこう》の道《みち》は尽《つ》くし難《がた》し。人々克《ひとびとか》く忠孝《ちゅうこう》を尽《つく》さむと欲《ほっ》せば勇気《ゆうき》を養《やしな》うべし。勇気《ゆうき》は献身的《けんしんてき》なる精神《せいしん》より来《きた》る矣《なり》。

献身《けんしん》は天則《てんそく》を守《まも》るより出《いづ》るなり。常《つね》に絶対的信仰《ぜったいてきしんこう》の状態《じょうたい》に在《あ》って、これを離《はな》れざるを我《わ》が国語《こくご》にて麻柱《あなない》と謂《い》う也《なり》。（麻柱《あなない》の文字《もじ》は和名抄《わみょうしょう》に依《よ》る）麻柱《あなない》という道《みち》が大日《だいに》本国《ほんこく》の唯一《ゆいい》の道也《みちなり》。

（五）麻柱の大道

麻柱《あなない》というは至誠《しせい》の全力《ぜんりょく》を悉《ことごと》く君《きみ》に捧《ささ》げて、我《わ》が功《こう》あるを直《ただち》に君《きみ》の功《こう》とし、我《わ》が一切《さい》の所行《しょぎょう》を悉《ことごと》く君御一人《きみおひとり》の御所行《ごしょぎょう》なりとなし更《さら》に我《われ》を誇《ほこ》らず。天下《てんか》に君一人《きみひとり》をのみ、光々《こうこう》と照臨《しょうりん》し玉《たま》うべく祷《いの》り奉《まつ》るを申《もう》すなり。大臣《おみ》も、小臣《をみ》も、民《たみ》も、皆《みな》悉《ことごと》く御皇室《ごこうしつ》の分身《ぶんしん》として、君御一人《きみおひとり》ご皇室御一家《こうしつごいつか》を照《て》り顕《あらわ》し奉《たてまつ》り、君《きみ》も、大臣《おみ》も、小臣《をみ》も、民《たみ》も皆全一大御至尊《みなすべていちだいごしそん》に麻柱奉《あなないまつ》るのが、大日本国《だいにほんこく》の神道《しんどう》の本義《ほんぎ》たるなり。且《か》つ全体《ぜんたい》たるなり。斯《か》かる大儀《たいぎ》は我《わ》が日本国《にほんこく》の如《ごと》く宿種一系《しゆくしゆいつけい》の御血統《ごけつとう》を継《つ》がせ玉《たま》う、万世不易《ばんせふえき》の国柄《くにがら》にあらずば了解出来難《りようかいできがた》きが如《ごと》く、天下《てんか》の大荘厳国《だいそうごんこく》は日本国《にほんこく》を通《つう》じ見《み》なければ、これを正観《せいかん》する事能《ことあた》わざるなり。

麻柱《あななない》の道《みち》を守《まも》る者《もの》の心《こころ》の中《なか》には報恩《ほうおん》の念《ねん》のみ盛《さかり》にして、報恩《ほうおん》の一念《いちねん》の外《ほか》には何等《なんら》の存念《ぞんねん》も、希望《きぼう》も皆無《かいむ》たるなり。報恩謝徳《ほうおんしやとく》の念《ねん》を忘却《ぼうきやく》する時《とき》、我慢《がまん》、邪慢《じやまん》、増上慢《ぞうじようまん》とづくる我執《がしゆう》が出《で》てくるなり。この慢魔《まんま》が自由妙果《じゆうみようか》の霊身《れいしん》を堕落《だらく》せしめて全《まつた》く罪悪《ざいあく》の奴僕《ぬぼく》と身《み》を下《くだ》し了《おわ》るなり。

若《も》し清浄《せいじよう》の身《み》を持《じ》し、麻柱《あななない》の中《なか》に安住《あんじゆう》するを得《え》ば、これ神《かみ》の宮殿《きゆうでん》の中《なか》に住《す》み、神《かみ》の御衣《みころも》を服《ふく》とし、神《かみ》の室《しつ》に坐《ざ》するなり。天地《てんち》の万物《ばんぶつ》皆身《みなみ》に応《おう》じて来《く》るべし。爰《ここ》に於《おい》て一切《さい》の物事《ものごと》を吾《わ》が産《う》みの子《こ》なり、吾《わ》が縁児《えんじ》なりと視成《しせい》して秩序正《ちつじよただ》しく至善《しぜん》に育《そだ》てあぐるならば、これ真実《しんじつ》の世《よ》の親《おや》なり、宝《たから》なり。誠《まこと》の忠臣《ちゆうしん》なり。孝子《こうし》たるなり。此《か》くする者《もの》は子孫富《しそんと》み栄《さか》え、幸長《さちなが》く常《つね》しなえにその家《いえ》に集《あつ》まり来《き》て、日《ひ》の臣《おみ》、道《みち》の臣《おみ》、斎主《いわいぬし》の司《つかさ》を保《たも》ち、天地《てんち》も位《くらい》を避《さ》け、日月《じつげつ》も光《ひかり》を譲《ゆず》り、鬼神《きしん》もまつろい従《したが》い奉《たてまつ》り、動植《どうしょく》一切《さい》は悉《ことごと》く御心《みこころ》の儘《まま》に仕《つかえ》るなり。

若《も》し少《すこ》しにても己仕《おのがつかえ》たり顔《かお》に、我儘心《わがままこころ》を出《だ》すならば、忽《たちま》ちその徳《おさ》まり在《あ》る所《ところ》の位《くらい》は消《き》え失《う》せて、世《よ》の罪屋《ざいや》と成《な》り、心《こころ》くらみて人《ひと》に見捨《みす》てらるるに到《いた》るべし。真《まこと》に慎《つつし》み慎《つつし》むべき事《こと》なり。神《かみ》の御光《みひかり》が玉《たま》の如《ごと》く、鏡《かがみ》の如《ごと》く、剣《つるぎ》の如《ごと》く照《て》りますが如《ごと》く、道《みち》に住《じゅう》する人《ひと》の身《み》よりは、この三徳《とく》が白光《はっこう》を発《はな》ち備《そな》わるなり。一切《さい》の者《もの》を子視《しし》して大親御心《みこころ》となれば、これ一切《さい》の御親《みおや》にして、霊体《れいたい》の光自《ひかりみず》から身《み》に添《そ》うべし。一切《さい》の罪悪《ざいあく》を裁《さば》く程《ほど》の大将軍《だいしょうぐん》となれば、神軍《しんぐん》の兵法《へいほう》、その身《み》に備《そな》わりて、宝剣《ほうけん》の御光《ごこう》その身《み》を照《て》らすべし。一切《さい》のものの師《し》となって一切《さい》を弟視《ていし》し、ここに智量《てりょう》を恵《めぐ》み与《あた》えなば、これ世《よ》の大導師《だいどうし》たるなる。必光《ひっこう》その身《み》に添《そ》うべし。この三徳《とく》を一身《いっしん》に集《あつ》めて眷々服膺《けんけんふくよう》するものは、大祖神《だいそしん》の一切《さい》の御徳《みとく》の光《ひかり》を得《え》て、至忠至孝《しちゅうしこう》の人《ひと》と成《な》るなり。

仮令《たとえ》いかなる霊光《れいこう》その身《み》に輝《かがや》くとも、これ神力《しんりき》の応現《おうげん》にして、己身《おのがみ》に一分《いちぶ》の力《ちから》もなき事《こと》を決《けつ》して忘《わす》るべきにあらざるなり矣《なり》。

（六）美曾岐祓の事

道《みち》を守《まも》る第《だい》一の修行《しゅぎょう》は罪《つみ》を祓《はら》うに在《あ》り。伊邪那岐命《いざなぎのみこと》が黄泉《よもつ》より還《かえ》りまして、吾者《あは》到於伊那志許米岐穢国而在《いなしこめしこめききたなきくににいたりてありけり》（示《か》=邑《れ》）理故吾者為御身之禊而到坐築紫日向之橘小門《かれあはおほみまのはらひせなとのりたまひてつくしのひむかのをどのあ》之阿波岐原者禊祓也《はぎはらにいたりましてみそびはらひたまふなり》を始《はじめ》とし、我邦《がほう》の古例《これい》に於《おいて》は禊祓《みそぎはらい》を持《も》って大儀式《だいぎしき》となし賜《たま》い、六月《がつ》、十二月《がつ》両度《りょうど》の大祓《おおはらい》あり。朝廷行年《ちょうていぎょうねん》の重要事《じゅうようごと》となし賜《たま》う矣《なり》。罪《つみ》とは人《じん》類《るい》を初《はじ》め一般生類《ぱんしょうるい》、並《なら》びに宇宙《うちゅう》、森羅《しんら》の一切諸法《さいしょほう》を以《も》って、直《ただ》ちに至大始祖《しだいしそ》が一念《いちねん》の境界《きょうかい》なりと知《し》らず、及《およ》び無視無終《むしむしゅう》の原因結果《げんいんけつか》を、大御親神《おおみかみ》に帰《かえ》し奉《まつ》らざる時《とき》に於《おい》て、方《はじ》めて根本《こんぽん》の悪罪《あくざい》は成立《せいりつ》する也《なり》。身勝《みが》ちの心《こころ》が、罪《つみ》に入《い》る門戸《もんこ》たる也《なり》。眼《め》に私《し》欲《よく》の惑《まどい》あらば眼《め》を祓《はら》い清《きよ》め、耳《みみ》に私欲《しよく》あらば耳《みみ》を、鼻《はな》に罪《つみ》あらば鼻《はな》を、口《くち》に罪《つみ》あらば口《くち》を、意《こころ》に罪《つみ》あらば意《こころ》を悉《ことごと》く六根《ろつこん》を祓《はら》い清《きよ》めて、大御親神《おおみかみ》の御意志《ごいし》に打《う》ち任《まか》せ奉《まつ》り、大孝道《たいこうどう》の本義《ほんぎ》を照《て》り顕《あら》わすべき也《なり》。この身《み》は今《いま》も猶《な》お御親《みおや》の胎内《たいない》に玉《たま》の緒《お》によりて息《いき》し活《い》き居《お》る者《もの》たるを忘《わす》るべからず。

（七）慚恥清浄（心扁に鬼の字なき故《ゆえ》に恥の字を用ゆ）

慚耻《さんぎ》また慚耻《さんぎ》、これ修行《しゆぎよう》の最要也《さいようなり》。慚耻《さんぎ》とは我執《がしゆう》の妖魔《ようま》を切《き》り掃《はら》う勇《ゆう》なきを慚耻《さんぎ》する也《なり》。慚耻《さんぎ》には省《かえりみる》、耻《はじる》、悔《くいる》、畏《おそる》、覚《さとる》の五情《ごじよう》これ神道《しんどう》の戒律也《かいりつなり》。他《ほか》に戒律《かいりつ》はなき也《なり》。

勇気《ゆうき》は剱《つるぎ》の徳也《とくなり》。この剱《つるぎ》はくざくざの妖魔《ようま》を薙《な》ぎ退治《たいじ》せる剣《つるぎ》たる也《なり》。勇《ゆう》は即《すなわ》ち活《かつ》動《どう》の方面《ほうめん》、修行《しゆぎよう》の方面《ほうめん》、裁断《さいだん》の方面也《ほうめんなり》。大日本国教《だいにほんこつきよう》の修行《しゆぎよう》は絶対勇《ぜつたいゆう》にして、憶病即《おくびようそく》不信《ふしん》となる也《なり》。不信《ふしん》とは勇《ゆう》なき意也《こころなり》。勇《ゆう》なきは活動《かつどう》のなき也《なり》。活動《かつどう》なきは死也《しなり》。死《し》は永遠《えいえん》の闇黒也《あんこくなり》。

大日本国《だいにほんこく》の教《おしえ》は孤児《こじ》に親《おや》を逢《あ》わしめ、臣《しん》に君《くん》を遭《あ》わしめ、痴児《ちじ》に師《し》を獲《え》せしむる也《なり》。誰《たれ》か幾年《いくとせ》遭《あ》わざりし親《おや》に接《せっ》して泣《な》かざる者《もの》ある。誰《たれ》か幾年《いくとせ》失《う》せし君《きみ》に遭《あ》って泣《な》かざる者《もの》ある。誰《たれ》か良師《りょうし》を獲《え》て感喜雀躍《かんきじゃくやく》せざる者《もの》やある。この君《きみ》こそ実《じつ》に無始無終《むしむしゅう》なるが故《ゆえ》に、臣《しん》もまた無始無終《むしむしゅう》、永遠《えいえん》の臣《しん》となる也《なり》。この親《おや》こそ永遠無窮《えいえんむきゅう》の親《おや》なるが故《ゆえ》に、子《こ》も同《おな》じく永遠無窮《えいえんむきゅう》の生命《いのち》に入《い》り、子《こ》たる慈愛《じあい》を受《う》くる也《なり》。

医術《いじゅつ》の上《うえ》に自然療能《しぜんりょうのう》という事《こと》あり、この自然療能《しぜんりょうのう》という作用《さよう》は実《じつ》に天賦《てんぷ》の不可思議《ふかしぎ》能力《のうりょく》たる也《なり》。(天癒《てんゆ》と命名《めいめい》して居《お》る人《ひと》もある) その天賦《てんぷ》の療能《りょうのう》が、何処《どこ》より来《き》たるものたるかは頗《すこぶ》る学者《がくしゃ》の惑《とまど》う所《ところ》なり。日本神道《にほんしんどう》の意義《いぎ》よりしては頗《すこぶ》る明瞭《めいりょう》なる譯柄《わけがら》にして、神誓神力《しんせいしんりき》は全一大御體《ぜんいちだいからたま》の中《なか》に遍満充実《へんまんじゅうじつ》して、玉體《ぎょくたい》常《つね》に平安寂定《へいあんじゃくてい》たる也《なり》。

万有《ばんゆう》には必《かなら》ず常《つね》に天賦《てんぷ》の構成力《こうせいりよく》が付与《ふよ》せらるる也《なり》。若《も》し宇内《うだい》が全一《ぜんいつ》の大御體《だいからたま》にてなかりせば、万物《ばんぶつ》この霊能《れいのう》は存在《そんざい》せざるべし。この天癒《てんゆ》の能力《のうりよく》あるは會々《かいかい》もって宇《う》内《だい》一君《くん》の御存在《ごそんざい》を立証《りつしよう》し奉《まつ》る種《たね》ともなるべし。勿論《もちろん》この構成力《こうせいりよく》が必然《ひつぜん》の破壊力《はかいりよく》となりて、万物《ばんぶつ》は悉《ことごと》く破滅《はめつ》を免《まぬが》れず、人《ひと》は生《うま》れて而《しか》して自《みず》から老《お》い、また自《みずか》ら死《し》するなるが、この破壊《はかい》と構成《こうせい》との大能《だいのう》を一手《いって》に掌握《しようあく》して、不可思議《ふかしぎ》の御神業《ごしんぎよう》を怖《おそ》れ尊《とうと》み奉《たてまつ》り、大御親《おおみおや》にましますの神《かみ》の神霊威力《しんれいいりよく》を拝察《はいさつ》し讃《たた》えまつるべき也《なり》。

○

吾人《ごじん》は天祖《てんそ》の大御心《おおみこころ》を常《つね》に服膺《ふくよう》して、御遺風顕彰《ごいふうけんしよう》に全幅《ぜんぷく》の精神《せいしん》を傾注《けいちゆう》すべき也《なり》。学《がく》を修《おさ》むるも業《わざ》を習《なら》うも、生活《せいかつ》の業《わざ》に従事《じゆうじ》し、恭倹精励事《きようけんせいれいこと》に当《あた》るも、その根本《こんぽん》を常《つね》に忘却《ぼうきやく》すべからざるべし矣《なり》。

○

◉天上《てんじょう》に行《おこな》わるる事《こと》は地上《ちじょう》に行《おこな》われ、地上《ちじょう》に行《おこな》わるる一切《さい》は人身《じんしん》に行《おこな》わる。故《ゆえ》に天上《てんじょう》の真実《しんじつ》を身《み》に體《たい》する者《もの》は地上《ちじょう》に在《あ》って即《すなわ》ち天国《てんごく》の人《ひと》たり。日本神道《にほんしんどう》は一切《さい》が事実也《じじつなり》。天地地上顕幽生死《てんちちじょうけんゆうせいし》を貫通《かんつう》して常《つね》に永遠史乗中《えいえんしじょうちゅう》の存在也《そんざいなり》。この永遠全貫《えいえんぜんかん》の大歴史《だいれきし》は、『古事記《こじき》』に於《おいて》創《はじめ》てこれを見《み》、日本国《にほんこく》に於《おい》て創《はじめ》てこれを証《しる》すべし。故《ゆえ》に我邦《わがほう》に於《おい》ては歴史《れきし》以外《いがい》に宗教《しゅうきょう》なく、史乗《しじょう》悉《ことごと》く是《こ》れ天地人道《てんちじんどう》を具象《ぐしょう》的《てき》に顕示照明《けんじしょうめい》する所《ところ》の神典《しんてん》たる也《なり》。

○

我等《われら》は歴史《れきし》を重《かさ》むする事《こと》、生命《いのち》よりも大切《たいせつ》にせざるべからず。我邦《がほう》の神典《しんてん》は生《いき》たる実在《じつざい》にして、眼前《がんぜん》の事理《じり》に接迫《せっぱく》す信賞必罰《しんしょうひつばつ》の厳《げん》なる、慈悲《じひ》の無尽《むじん》なる、事理《じり》の明《めい》昭《しょう》なる、日月相並《じつげつあいなら》んで照《て》らし賜《たま》うとの証明《しょうめい》あるに、少《すこ》しも違《たが》はさる也《なり》。

我等《われら》の生命《いのち》は歴史也《れきしなり》。………。永遠《えいえん》の歴史《れきし》の中《なか》に人《ひと》と為《な》るは、現在《げんざい》の歴史《れきし》に尽《つ》くすの一事《いちじ》より他《ほか》に途《みち》なし。日本人《にほんじん》の覚悟《かくご》はこの一つ也《なり》。外国《とつくに》の如《ごと》く教義《きょうぎ》と歴史《れきし》と縁《えん》遠《とお》く、宗教《しゅうきょう》と国政《こくせい》とが縁遠《えんとお》きとは大《おおい》に異《こと》なる所也《ところなり》。宇宙開闢《うちゅうかいびゃく》よりの神《かみ》の御仕事《おんしごと》が即《すなわ》ち歴史《れきし》であり、且《か》つ其儘《そのまま》の神典《しんてん》たるは豈《あ》に貴《とうと》き限《かぎ》りならずや。

（八）日本神道大意

◉夫《そ》れ、唯《ゆい》一御精霊体《ごせいれいたい》は、三世常住《かきはときは》の⊙《す》なるが故《ゆえ》に、神代《かみよ》即《すなわ》ち現在也《げんざいなり》。現在即《げんざいすなわ》ち神世《かみよ》たるなり。茲《ここ》を以《も》って永遠《えいえん》の歴史《れきし》を通《つう》じて、神《かみ》は常《つね》にこの世《よ》の経綸《けいりん》にぞ当《あた》らせ給《たま》うなる。微小《びしょう》なるもの必《かならず》しも微小《びしょう》ならず。幽冥《ゆうめい》なるもの必《かならず》しも隠闇《おんあん》ならず。未《み》然《ぜん》は目睫《もくしょう》の裡《り》に存《そん》し、遙遠己《ようえんおのれ》に察瞭《さつりょう》の中《なか》に在《あ》るなり。故《ゆえ》に寸秒《すんびょう》の中《なか》に無始無終《むしむしゅう》の大劫《たいごう》を蔵《おさ》め、方寸《ほうすん》の間《あいだ》に天地《てんち》の万有《ばんゆう》悉《ことごと》く秘《ひ》めらる。迷妄《めいもう》の徒《やから》、この理《ことわり》を知《し》らずして、未来《みらい》に天国浄土《てんごくじょうど》を冀《せお》って、目前《めさき》に偉大霊能《いだいれいのう》の神業《しんぎょう》あるを知《し》らず、豈《あ》に嘆《なげか》ずべき限《かぎ》りにあらずや。眼《め》を開《ひら》けば乃《すなわ》ち荘厳《そうごん》の霊界《れいかい》身《み》の周辺《しゅうへん》に逼迫《ひっぱく》するあり耳《みみ》を傾《かたむ》くれば乃《すなわ》ちリウ喨《りょう》たる天籟《てんらい》の身《み》の周辺《しゅうへん》に逼迫《ひっぱく》するを感《かん》ぜざる能《あた》わざるべきに、徒《いたずら》に毒（将＝水）の酔《よい》に浸《ひた》りて森厳《しんげん》の浄界《じょうかい》に遊《あそ》び、御祖神《みおやがみ》の膝下《しっか》に参《さん》ぜざるの哀《あわ》れさよ。

須佐之男命《すさのをのみこと》が放逐《やらわ》れて出雲《いずも》の国《くに》に至《いた》り賜《たま》う際《さい》に、娘《むすめ》を中《なか》に措《お》いて、老翁老媼《おきなおうな》の泣《な》き居《お》るに遭《あ》い賜《たま》う。翁《おきな》が名《な》は足名椎《あしなづち》、媼《おうな》が名《な》は手名椎《てなづち》、娘《むすめ》が名《な》は櫛名田姫《くしなだひめ》と謂《い》いけり。足名椎《あしなづち》、手名椎《てなづち》とは即《すなわ》ち手足《てあし》を勤労《きんろう》する所《ところ》の農民《のうみん》を指《さ》して謂《い》う也《なり》。現在《げんざい》の世《よ》には手足《てあし》を勤労《きんろう》する所《ところ》の農民《のうみん》はその数《かず》甚《はなは》だ多《おお》し。これ足名椎手名椎《あしなづちてなづち》の御在世《ございせ》にはあらずや。

（九）八岐大蛇の物語

八岐大蛇《やまたのおろち》とは山田《やまた》の颪《おろし》なり。秋風《あきかぜ》一たび山野《さんや》の草木《くさき》を見舞《みま》わんか、落葉枯凋《らくようこちょう》は終《つい》に免《まぬが》るべからざる運命《うんめい》とはなるなり。稲田《いなだ》に生《は》うる奇稲田姫《くしなだひめ》も、年毎《としごと》にぞ大蛇《おろち》に見《み》舞《ま》われては取喰《とりく》わるるなり。

須佐之男大神《すさのをのおおかみ》、大蛇《おろち》の来《きた》るべきを予知《よち》し賜《たま》い、稲田《いなだ》の熟稲《じゆくほ》を刈《か》りてこれを桟敷《さじき》に修《おさ》め、八塩折《やしほおり》の酒《さけ》を醸《か》みて颪《おろし》の来《く》るに乗《じょう》じて、これを醸造《じょうぞう》せしめ給《たま》う。大蛇来《おろちきた》らずば稲田《いなだ》の穂《ほ》は稔《みの》るの期《き》なし。年《とし》ごとに来《きたら》ずば蒼生《そうせい》に与《あた》うべき醸酒《じょうしゅ》は得《え》られざるなり。今《いま》も尚《な》お大蛇《おろち》は年毎《としごと》に稲田《いなだ》を見舞《みま》いて、万民《ばんみん》は之《これ》が為《ため》に甘《あま》き酒《さけ》をぞ恵《めぐ》まるるなる。神代誰《かみよだれ》か遼遠《りようえん》なりと謂《い》うや。大蛇《おろち》の来《く》るや来《く》るべくして来《く》るなり。この天則《てんそく》を切《き》り分《わ》け、切《き》り分《わ》け詮議《せんぎ》しなば、結尾《けつび》に到《いた》りて何《なん》ぞ安危《あんき》、閑争《かんとう》、治乱《ちらん》、興廃《こうはい》、得失《とくしつ》、存《そん》亡《ぼう》、動止《どうし》、進退《しんたい》の神則《しんそく》を得《え》ざるべきや。大蛇《おろち》の尾《お》より草薙《くさなぎ》の剣《つるぎ》は出《い》でけるなり。このの天則神剣《てんそくしんけん》は決《けつ》して個人《こじん》の私《わたくし》すべきにあらざるなり。天《てん》に納《おさ》めて公《こう》の器《うつわ》となすべしとて、天照大御神《あまてらすおおみかみ》に奉《たてまつ》れるは、真《まこと》に至当《しとう》の義《こころ》とや申《もう》すべき。

（一〇）四季循環の神事

顕界之大王《すさのをのかみ》の御身《おんみ》は大地球《だいちきゅう》に遍満《へんまん》し給《たま》いて、千古《せんこ》の神事《しんじ》を現時《げんじ》の事証《じしょう》に顕《あら》わし給《たま》う也《なり》。即《すなわ》ち冬間地中《とうかんちちゅう》に籠《こも》る温気《おんき》は、春《はる》に至《いた》って漸次天《ぜんじてん》に冲《ちゅう》せんとして、先《ま》ず地気《ちき》を中天《ちゅうてん》に登《のぼ》らしむ。これ春《はる》の空《そら》の霞《かす》み霞《かす》みて靉靆《あいたい》たる所以也《ゆえんなり》。地気《ちき》の上登《しょうとう》するや、天気《てんき》これに応《おう》じて地中《ちちゅう》に入《い》らんとして、茲《ここ》に黄（地）青（天）相交《あいまじ》って、地上《ちじょう》の万《ばん》艸《そう》、一望《ぼう》悉《ことごと》く麴塵《こうじん》の色《いろ》を呈《てい》し、樹木《じゅもく》一時《じ》に緑芽《りょくが》を着《つ》け、また紅紫爛漫《こうしらんまん》の花《はな》を綴《つづ》る。この時万有《ときばんゆう》の情交偏《じょうこうかた》に密《みつ》にして、駘蕩《たいとう》として春《はる》の光《ひかり》にぞ酔《よ》うなる。『古事記《こじき》』に記《しる》して須佐之男命《すさのをのみこと》が、天照大御神《あまてらすおおみかみ》に謁《えつ》せんが為《ため》に、天上《てんじょう》に登《のぼ》ると在《あ》るはこの事也《ことなり》。

春花花収《しゅんかはなおさ》まって次《つぎ》に果実《かじつ》を結《むす》ぶ。果実《かじつ》の中《なか》、己《おのれ》に未来《みらい》の種子《しゅし》を宿《やど》して、霊体一実《れいたいいちじつ》、吾人《ごじん》をして転《うた》た天理自然《てんりしぜん》の妙用《みょうよう》に喫驚《きつきょう》せしむ。天《あめ》のまないの御神事《ごしんじ》は、年毎《としごと》に無情《むじょう》の草木《そうもく》にすら宿《やど》り来《き》って、この行事《ぎょうじ》を取《と》り営《いとな》まさせ給《たま》う也《なり》。誰《だれ》か神代《かみよ》を遼遠《りょうえん》の過去《かこ》たりと謂《い》うや。

夏季《かき》に入《はい》って地上《ちじょう》に妖気《ようき》多《おお》し。妖気《ようき》は即《すなわ》ち須佐之男《すさのを》の御《おん》すさび也《なり》。妖気《ようき》単《たん》に妖気《ようき》にあらず。必然《ひつぜん》のすさびを必然《ひつぜん》にすさび給《たま》うが須佐《すさ》びの神《かみ》の神業《しんぎょう》たる也《なり》。

天神《てんしん》の怒《いか》って天岩戸《あまのいわと》に隠《かく》れさせ給《たま》うは、即《すなわ》ち温気《おんき》地下《ちか》に入《はい》って、寒天凄殺《かんてんせいさつ》として木枯《こがらし》吹《ふ》きすさび、風雪空《ふうせつくう》に荒《あら》るる也《なり》。蛇蛙等《へびかえるなど》この時《とき》に当《あた》って深《ふか》く地中《ちちゅう》に潜《ひそ》みて、地下熱《ちかねつ》の慈恵《じけい》にぞ褥暖《しとねあたたか》く眠《ねむ》るなる。天岩戸《あまのいわと》の御隠《おんかく》れまた貴《とうと》き御神事《ごしんじ》にあらずや。寒風《かんぷう》のすさむが為《ため》に、土壌為《どじょうため》に分解《ぶんかい》せられて草木《くさき》深《ふか》く根《ね》を下《くだ》す也《なり》。厳寒《げんかん》なかりせば春暖《しゅんだん》の好季《こうき》は来《きた》らざる也《なり》。

貴《とうと》きかな二神《にしん》の御神事《ごしんじ》や。吁々《ああ》己《ここ》に無情《むじょう》の草木《そうもく》にすら、神代《かみよ》の儘《まま》の御行事《おんぎょうじ》は営《いとな》まれて微小《びしょう》の者《もの》と雖《いえ》ども、一として神《かみ》の恩恵《おんけい》に漏《も》るる者《もの》なし。

（一一）人體の尊貴

特《とく》に恩寵《おんこ》（＝顧）深《ふか》き人間《にんげん》の身《み》の上《うえ》に神代神事《じんだいしんじ》の一切《さい》を宿《やど》して、大精霊體《だいせいれいたい》をそのままの縮写《しゅくしゃ》たるに外《ほか》ならざるこそ尊《とうと》き限《かぎ》りなれ。また宇内全一《うだいぜんいつ》の霊體《れいたい》を玉《ぎょく》に宿《やど》して神宝《しんぽう》に写《うつ》し、宇内統理《うだいとうり》の君主《くんしゅ》に授《さず》け玉《たま》い、また宇内全一《うだいぜんいつ》の御霊體《みすがた》の内容《ないよう》を顕示《けんじ》し、整然《せいぜん》として森厳崇高《しんげんすうこう》の天国《てんごく》を鏡《かがみ》に宿《やど》し給《たま》い、これ即《すなわ》ち天上至尊《てんじょうしそん》の御容《みすがた》也《なり》。これは是《これ》即《すなわ》ち、朕《ちん》を見《み》る也《なり》との給《たま》い、更《さら》に荘厳崇高《そうごんすうこう》の御配坐《ごはいざ》の中《なか》に凛乎《りんこ》として犯《おか》すべからざる神則《しんそく》あるあり。治乱興廃《ちらんこうはい》の事自《ことみずか》ら掌中《しょうちゅう》に在《あ》り、草薙《くさなぎ》の宝剣《ほうけん》は天地《てんち》の極則《ごくそく》なり。この極則神法《ごくそくしんぽう》ありて、世《よ》に創《はじめ》て律《りつ》あり、則《のり》あり、万有茲《ばんゆうここ》に活《い》き森羅茲《しんらここ》に動《うご》く。宇内《うだい》の大法《たいほう》を国土《こくど》に移《うつ》して、極身《ごくしん》、大身《たいしん》、小身《しょうしん》、手身《ちょうしん》の四大身《だいしん》の経営《けいえい》となり、宇内《うだい》の大《たい》法《ほう》を人身《じんしん》に移《うつ》して、四大生理《だいせいり》の極則《きょくそく》を見《み》る也《なり》。大日本国《だいにほんこく》の神道《しんどう》は必到《ひっち》にして唯一也《ゆいつなり》。

至尊《しそん》即《すなわ》ち祖神《そしん》、祖神《そしん》即《すなわ》ち尊師《そんし》、主師親《しゅししん》三體《たい》の全象《ぜんしょう》茲《ここ》に国土《こくど》を実現《じつげん》して、天則《てんそく》即《すなわ》ち地上《ちじょう》を律《りつ》し、国法《こくほう》即《すなわ》ち人身《じんしん》に府合《ふごう》す。切《き》れども離《はな》れず、離《はな》さむと欲《ほっ》して寸余微隙《すんよびげき》なし。人性生命《じんせいいのち》あり、茲《ここ》に国土《こくど》を存在《そんざい》し、天壌無窮矣《てんじょうむきゅうなり》、乃《すなわ》ち茲《ここ》に国土存在《こくどそんざい》の無窮《むきゅう》を証《しょう》せり。神理一貫《しんりいっかん》して、天と国と人と永遠に終始結縁す。貴き哉この道、畏き哉斯国、楽しき哉斯身、噫々この機微の妙用何の辞を以てかこれを述べん。

（二）ヒトの二声

ヒトの二声《せい》は天地万有《てんちばんゆう》を一身《いっしん》に受止《うけと》むるの言霊《ことたまなり》也。小宇宙必《せううちゆうかなら》ずしも小《しょう》ならず、大《だい》宇宙必《うちゆうかなら》ずしも大《だい》ならず。ヒトと名《な》の付《つ》く者《もの》は忽《たちま》ちに覚醒《かくせい》して、大御精霊體《おほみせいれいたい》に同化一《どうかいち》如《にょ》するの大自奮力《だいじふんりょく》を起《おこ》さずして可《か》ならむや。

『古事記《こじき》』全巻《ぜんかん》の神代神業《じんだいしんぎょう》は人一人《ひとひとり》の身《み》の中《うち》に蔵《おさ》まれり。人一人《ひとひとり》の身《み》の上《うえ》に千古《せんこ》万古《ばんこ》の御神業《ごしんぎょう》は宿《やど》り、生命一貫《せいめいいっかん》の神世《かみよ》は秘《ひ》められたるなり。爾《なんじ》の内臓器官《ないぞうきかん》、神経系統《しんけいけいとう》、血脈系統等《けつみゃくけいとうとう》を験《ため》せよ。皆 悉《みなことごと》く天上《そうらる》の系統《しすてむ》連行に相合致《あいがっち》して分秒《ふんびょう》の差《さ》もなき事《こと》を発見《はっけん》せん。（詳細《しょうさい》は複雑《ふくざつ》なれば略《りゃく》す、専修《せんしゅう》を要《よう》す）

特《とく》に人類《じんるい》に限《かぎ》って付与《ふよ》せられたる言詔音声《げんしょうおんせい》は、天恵中《てんけいちゅう》の最大特典《さいだいとくてん》にして、八咫《やあた》鏡《かがみ》の御威徳《ごいとく》より出《い》でたるなり。「大要義有《たいようぎあ》り」音声《おんせい》の中《なか》に神《かみ》は宿《やど》り在《ま》すなり。言語《げんご》音声《おんせい》の産霊《むすび》する者《もの》これ天地万有也《てんちばんゆうなり》。天爾《てんじ》の言語音声《げんごおんせい》を悉《ことごと》く身《み》に蔵《おさ》めたるをヒト、、というなり。天地《てんち》のあらゆる音声《おんせい》は七十五声《せい》に納《おさ》まり、七十五声《せい》はアオウエイの五声《せい》に納《おさ》まり、五声《せい》は☉《す》の一声《せい》に納《おさ》まる。これを詳細《しょうさい》に解《と》けば宇宙《うちゅう》の万有一《ばんゆういつ》として解《と》かせざる事《こと》なきなり。生命維持《せいめいいじ》の上《うえ》に要《よう》する諸力《しょりき》もまた皆 悉《みなことごと》く五伴緒《いつとものを》の緒力《しょりき》たるを忘《わす》るべからず、誰《たれ》か心霊《しんれい》を卑《いやし》みて我所有《わがしょゆう》なりというや、誰《たれ》か己身《おのがみ》を私領《しりょう》して檀《ほしいまま》に心《しん》身《しん》の経綸《けいりん》を蹂躙《じゅうりん》するぞ。身《み》を愛《あい》するは国《くに》を愛《あい》する所以《ゆえん》なり。国《くに》を愛《あい》するは神《かみ》に遵《したが》う所以《ゆえん》なり。神命厳乎《しんめいげんこ》として尊厳限《そんげんかぎ》りなし。道《みち》は真《まさ》に邇《ちか》きに在《あ》り、道《みち》は真《まさ》に離《はな》るべからず。吾人大日本国《ごじんだいにほんこく》の至道《しどう》に於《お》いて根底《ねそこ》の厚《あつ》き事地《ことち》も及《およ》ばず、意義《いぎ》の高遠《こうえん》なる事《こと》、天《てん》も及《およ》ばざる者《もの》ある事《こと》を観得《かんえ》たり。吾人《ごじん》の天《てん》に命《めい》を負《お》う所何《ところなん》ぞ夫《そ》れ重《おも》きや。慎《つつし》まずむばあるべからざるなり。身体髪膚《しんたいはっぷ》を直接《ちょくせつ》に受《う》け得《え》たるは父母《ふぼ》よりなり。親子一體《おやこいったい》の大生命界《だいせいめいかい》に入《はい》れば、永遠《えいえん》の御祖神《みおやがみ》あるのみなり。御祖神《みおやがみ》と父母《ふぼ》との中間《ちゅうかん》に在《あ》りて大《たい》権《けん》を掌握《しょうあく》して、真《ま》釣《つ》りの本義《ほんぎ》を執《と》り行《おこな》わせ給《たま》うは、陛下《へいか》なり。忠孝《ちゅうこう》は一如《いちにょ》なり。敬《けい》神忠孝《しんちゅうこう》二義《ぎ》に在《あ》らず。孝道《こうどう》の本義《ほんぎ》は敬神《けいしん》に在《あ》り。忠道《ちゅうどう》の本義《ほんぎ》もまた敬神《けいしん》に生《しょう》ず。敬神《けいしん》を外《よそ》にしての忠道孝道《ちゅうどうこうどう》は邪道《じゃどう》たるなり。敬神《けいしん》の大道義《だいどうぎ》より忠君孝親《ちゅうくんこうしん》の階段的《かいだんてき》道義出《どうぎいで》たり。この大義名分《たいぎめいぶん》は厳乎《げんこ》として毫《ごう》も犯《おか》す事能《ことあた》わず。誰《たれ》か忠孝《ちゅうこう》の理義《りぎ》に踏《ふ》み迷《まよ》うものぞ。誰《だれ》か進退極《しんたいきわ》まるの歎語《たんご》を発《はっ》する者《もの》ぞ。男女《だんぢょ》も元《もと》と一體《たい》、魂《こん》の前《まえ》に応《おう》ずると、魄《はく》の前《まえ》に応《おう》ずるとの差《さ》あるのみ。霊《れい》を體《たい》の纏《まつ》う者《もの》は男《おとこ》なり。體《たい》を霊《れい》の纏《まつ》う者《もの》は女《おんな》なり。「この理《ことわり》天《てん》のまないの御《おん》うけひに因《よ》りて明《あき》らかなり」然《しか》り而《しこ》して不肖婦《ふしょうふ》和《わ》を天則《てんそく》とは為《な》すなり。男女《だんぢょ》、雌雄《めすおす》も猶《なお》は天地初発《てんちしょはつ》の義《こころ》を存して、霊系體系《れいけいたいけい》の本旨《ほんし》を體《たい》するぞ。畏《かしこ》き極《きわ》みにあらずや。夫婦相和《ふうふあいわ》すは人倫《じんりん》の基《もとい》なり。四海兄弟《しかいきょうだい》、一大《だい》玉體界《ぎょくたいかい》に住《じゅう》して、至楽《しらく》の裡《うら》に在《あ》り、土壌《どじょう》に甘《かん》（将＝水）湧《わ》き、天空《てんくう》に美彩を飾《かざ》る、至宝界中《しほうかいちゅう》に至宝《しほう》の身《み》を受《う》け、至威界《しいかい》に天剣《てんけん》の実《じつ》を體《たい》に宿《やど》し、至智界《しちかい》の朗《ほがら》かなるを自《じ》在《ざい》に発《はっ》す。皇天《こうてん》の目《め》、皇天《こうてん》の鼻《はな》、皇天《こうてん》の耳《みみ》、皇天《こうてん》の口《くち》、皇天《こうてん》の膚《はだ》、皇天《こうてん》の意《こころ》、さながら集《つど》い来《きた》って、現土《げんど》に動《うご》き、現身《うつそみ》に活《い》く、誰《だれ》か一日《いちにち》として感謝報恩《かんしゃほうおん》の念《ねん》を忘《わす》るるものぞ。歓喜雀躍《かんきじゃくやく》、人生《じんせい》の至楽《しらく》を味《あじ》わざる者《もの》ぞ。

融和《ゆうわ》は天《てん》の道《みち》なり。人《ひと》に疾病《しっぺい》あるは融和《ゆうわ》の気《き》に障害《しょうがい》を生《しょう》じたるが因《もと》なり。故《ゆえ》に人《ひと》疾病《しっぺい》に罹《かか》らば、宜《よろ》しく大融和界《だいゆうわかい》の大実義《だいじつぎ》を心《こころ》に念《ねん》じ、身《み》をその神界中《しんかいちゅう》に投《とう》じて、一毫《ごう》も私意《しい》を挟《はさ》む事無《ことな》ければ自然《しぜん》に全癒《ぜんゆ》すべき者《もの》たるなり。自然《しぜん》の療能《りょうのう》は人體中《じんたいちゅう》に自《し》然《ぜん》に行《おこな》わるる天恵《てんけい》なり。抗素《こうそ》の不識《ふしき》の間《あいだ》に働《はたら》く事《こと》を知《し》り得《え》む人《ひと》、神業《しんぎょう》の偉徳《いとく》に誰《たれ》か感泣《かんるい》せざらむや。

「八雲立《やくもた》つの御歌《みうた》の徳《とく》」が自然療能《しぜんりょうのう》の根元《こんげん》なり。疾病《しっぺい》は道《みち》なり。天《てん》の疾病《しっぺい》を回《かい》復《ふく》せんがために、不識《ふしき》の間《あいだ》に活《い》きます大御能力《おほみのうりょく》の難有《なんあり》くもまた有難《ありがた》きかな。この自然療能《しぜんりょうのう》の原因《げんいん》を推《お》し広《ひろ》めて考《かんが》える時《とき》、人《ひと》は必《かなら》ず神《かみ》の御徳《みとく》の曙光《しょこう》にや接《せつ》すべからむ。この曙光《しょこう》を熱心誠実《ねつしんせいじつ》に辿《たど》る人《ひと》は必《かなら》ず至大《しだい》の光華《こうか》に接《せつ》し、永遠《えいえん》の生命《いのち》にぞ導《みちび》かるるなるべし。

第二十五節

◉神代《かみよ》即《すなわ》ち今日《きょう》、今日《きょう》即《すなわ》ち神代《かみよ》の理《ことわり》を達観《たつかん》する人《ひと》を大人《うし》というなり。大人《うし》の心《こころ》の中《なか》には天地《てんち》の万機《ばんき》一身《いっしん》に納《おさ》まり、神霊《しんれい》、神魂《れいこん》自在《じざい》に使令《しれい》し得《う》べし。神魂《しんこん》を使令《しれい》せば天地《てんち》も為《ため》に感動《かんどう》し、火水《かすい》を自在《じざい》にして万事意《ばんじい》の如《ごと》くならずという事《こと》なし。爾《しか》も常《つね》に麻柱《あなない》の道《みち》を守《まも》って、君臣父子《くんしんふし》の常道《じょうどう》を破《やぶ》らざるは、真《まこと》の現神《うつしかみ》とや申《もう》すべからむ。忠臣《ちゅうしん》の霊《れい》を神社《じんじゃ》に祀《まつ》るはこの理《ことわり》に基《もとづ》くなり。吾人幸《ごじんこう》に生《うま》れて盛世《せいせい》に遭《あ》い、惟神《かむながら》の聖明《せいめい》に浴《よく》する事《こと》を得《え》、惟神《かむながら》の道《みち》を此《こ》の土《ど》に聴《き》きて、惟神《かむながら》の御神業《ごしんぎょう》に従事《じゅうじ》する事《こと》を得《え》たり。何等《なんら》の幸福《こうふく》かこれに過《す》ぐる者《もの》あらむや。

謹《つつし》んで惟《おもく》みれば今上陛下《きんじょうへいか》御即位《ごそくい》あらせられたる初《はじめ》、天地神明《てんちしんめい》に告《つ》げて、五箇條《ごかじょう》の誓文《せいもん》を宣《の》らせ玉《たま》い、且《か》つは御宸翰《ごしんかん》もて、天下億兆《てんかおくちょう》に示《しめ》して

列祖《れっそ》の御偉業《ごいぎょう》を継述《けいじゅつ》し、一身《いっしん》の艱難辛苦《かんなんしんく》を問《と》わず、親《みづか》ら四方《しほう》を経営《けいえい》し、幾億兆《いくおくちょう》を安撫《あんぶ》し、遂《つい》に万里《ばんり》の波涛《はとう》を拓開《たくかい》し、国威《こくい》を四方《よも》に宣布《せんぷ》し、天下《てんか》を富獄《ふごく》の安《やす》きに置《お》かんことを欲《ほっ》す。

と仰《おう》せ下《くだ》されしよりこのかた、万乗《ばんじょう》の尊《とうとび》を以《も》って艱難躬《かんなんみずか》ら当《あた》らせ給《たま》い大御心《おおみこころ》を国政《こくせい》

の発展《はってん》に留《とど》めさせられ、遂《つい》に明治《めいじ》二十二年《ねん》憲法《けんぽう》を宣布《せんぷ》ましまし、衆庶《しゅうしょ》に国家《こっか》の責任《せきにん》を頒《わか》たせ玉《たま》うや。

惟《おも》フニ我《わ》カ祖《そ》我《わ》カ宗《しゅう》ハ臣民《しんみん》祖先《そせん》ノ協力《きょうりょく》輔翼《ほよく》ニ寄《よ》リ我《わ》カ帝国《ていこく》ヲ肇造《ちょうぞう》シ以《もっ》テ無窮《むきゅう》ニ垂《た》レタリ此《こ》レ我《わ》カ神聖《しんせい》ナル祖宗《そしゅう》ノ威徳《いとく》ト並《ならび》ニ臣民《しんみん》ノ忠実勇武《ちゅうじつゆうぶ》ニシテ国《くに》ヲ愛《あい》シ公《おおやけ》ニ殉《したが》ヒ以《もっ》テ此《こ》ノ光輝《こうき》アリ国史《こくし》ノ成跡《せいせき》ヲ貽《たい》シタルナリ、朕《ちん》我《わ》カ臣民《しんみん》ハ即《すなわ》チ祖宗《そしゅう》の忠良《ちゅうりょう》ナル臣民《しんみん》ノ子孫《しそん》ナルヲ回想《かいそう》シ其《そ》ノ朕《ちん》カ意《い》ヲ奉體《ほうたい》シ朕《ちん》カ事《こと》ヲ奨順《しょうじゅん》シ相与《そうよ》ニ和衷協同《わちゅうきょうどう》シ益々《ますます》我《わ》カ帝国《ていこく》ノ光栄《こうえい》ヲ中外《ちゅうがい》ニ宣揚《せんよう》シ祖宗《そしゅう》ノ遺業《いぎょう》ヲ永久《えいきゅう》ニ強鞏《きょうこ》ナラシムルノ希望《きぼう》ヲ同《おな》ジクシ此《こ》ノ負擔《ふたん》ヲ分《わか》ツニ堪《たえ》フルコトヲ疑《うたが》ハサルナリ

との詔《ちょく》を下《くだ》したまい、また重《かさ》ねて

朕《ちん》か親愛《しんあい》する所《ところ》の臣民《しんみん》は、即《すなわ》ち朕《ちん》が祖宗《そしゅう》の恵撫慈養《けいぶちよう》したまいし所《ところ》の臣民《しんみん》の子孫《しそん》なるを念《おも》い其康福《そのこうふく》を増進《ぞうしん》しその（薹＝恣）徳良能《とくりょうのう》を発達《はったつ》せしむことを願《ねが》い、またその

一翼賛《よくさん》に依《よ》り與《ここ》に倶《とも》に国家《こっか》の進軍《しんぐん》を芙持《ふじ》せむことを望《のぞ》み云々《うんぬん》、と仰《おう》せられき。

我等《われら》は、陛下《へいか》の忠良《ちゅうりょう》なる臣民《しんみん》として何《なに》を以《もっ》てか、陛下《へいか》の御聖旨《ごせいし》に答《こた》えまつらんや。奮励努力《ふんれいどりょく》、一意尽忠《いちいじんちゅう》の真心《まごころ》より外《ほか》に他《ほか》あるべからざるなり。また明治《めいじ》二十三年《ねん》十月三十日《にち》には、畏《かしこ》くも、教育《きょういく》に関《かん》する勅語《ちょくご》を下《くだ》し玉《たま》いて、万民《ばんみん》の因《より》て修《おさ》むる所《ところ》を明《あきらか》にし玉《たま》い

斯《この》ノ道《みち》ハ実《じつ》ニ我《わ》カ皇祖皇宗《こうそこうそう》ニ遺訓《いくん》ニシテ子孫臣民《しそんしんみん》ノ倶《とも》ニ遵守《じゅんしゅ》スヘキ所之《ところこれ》ヲ古今《ここん》ニ通《つう》シテ謬《あやま》ラス之《これ》ヲ中外《ちゅうがい》ニ施《ほどこ》シテ悖《もと》ラス、朕爾臣民《ちんなんじしんみん》ト倶《とも》ニ拳々服膺《けんけんふくよう》シテ咸《みな》具《その》ノ徳《とく》ヲ一ニセンコトヲ庶幾《こひねが》ふ

と仰《おお》せられき。大御祖神《おほみおやかみ》の御精霊体《ごせいれいたい》を受《う》け継《つ》ぎ玉《たま》いて、万乗《ばんじょう》の至尊《しそん》と崇《あが》めます君《きみ》こそ、即《すなわ》ち、現身《うつそみ》の大御祖神《おほみおやかみ》にぞましますなる、現神《あらひとがみ》の大御至尊《おおみしそん》にぞましますなる、現《あらひと》

神《がみ》の大御祖尊師《おおみおやそんし》にぞましますなる、永遠無窮《えいえんむきゅう》の歴史《れきし》を通《つう》じて、神業発作《しんぎょうほっさ》の大理想《だいりそう》を現《げん》実《じつ》の上《うえ》に顕《あら》わさんとせば、即《すなわ》ち極《きわ》めて簡略《かんりやく》なる数語《すうご》の中《なか》に納《おさ》むる事《こと》を得《う》べきを知《し》るべし。我等《われら》の尽《つ》くすべきは現在《げんざい》なり。我等《われら》の尽《つ》くすべきは現土《げんど》なり。我等《われら》は現在現土《げんざいげんど》を永遠《えいえん》の史上全体《しじょうぜんたい》なりと信《しん》じ、秒々《びょうびょう》の日影《ひかげ》を無窮《むきゅう》に遂《と》うの普遍《ふへん》の臣子《しんし》たるべきなり。これ即《すなわ》ち惟神《かむながら》の本義《ほんぎ》にして皇典《こうてん》の最大綱要《さいだいこうりょう》なり。本皇典《ほんこうてん》はこれを解《と》けば即《すなわ》ち天地《てんち》に遍《あまね》く、これを巻《ま》けば芥子《からし》も容《い》るる事莫《ことな》し。而《しこう》して千條万綱《せんじょうばんこう》、綿々縷々《めんめんるいるい》として複雑無限《ふくざつむげん》の義理《ぎり》を保《たも》てり。無上至極《むじょうしごく》の、宝典《ほうてん》こそ奇《く》しくもまた霊《く》しき哉《かな》。（**『皇典釈義』終り**）

（大正七年八月十五日・大日本修斎会発行）

第二篇　古代の日本は文明国

（一）神国と太古の文明

我国《わがくに》には太初《たいしょ》より教《おしえ》なくして教《おしえ》あり、道《みち》なくして道《みち》あり、而《しか》して道《みち》の大本《たいほん》は天地《てんち》の神明《しんめい》に出《い》ず。天地神明《てんちしんめい》の慶福《けいふく》を無窮《むきゅう》に伝《つた》える所以《ゆえん》のものは、必《かなら》ず皇道《こうどう》の大本《たいほん》に由《よ》らざるは無《な》いのである。

曰《いわ》く、万世一系天壌無窮《ばんせいいっけいてんじょうむきゅう》の国体《こくたい》やよし、天地未剖陰陽未分《てんちみぼういんようみぶん》の際《さい》より樹《た》ちし国《くに》にして古《ふる》きは古《ふる》し。然《さ》れど、我国《わがくに》の上世文明《じょうせいぶんめい》は悉《ことごと》くこれを支那《しな》にとるは何《なん》ぞやと。あゝ斯《か》くの如《ごと》き言《げん》をなすもの、天下滔々《てんかとうとう》として粟《あわ》の如《ごと》しである。

また曰《いわ》く、今日《こんにち》の文明《ぶんめい》はこれを泰西《たいせい》にとる、我国《わがくに》はこれをもって国利民福《こくりみんぷく》を享《う》く、単《たん》に国《くに》の古《ふる》きのみをもって世界《せかい》に誇《ほこ》るを得《え》んやと。実《じつ》に外尊内卑《がいそんないひ》の世迷《よま》い言《ごと》と云《い》うべきのみ。

人生《じんせい》に必需《ひつじゅ》なるものは、宮殿家屋《きゅうでんかおく》より大《だい》なるはなく、衣服《いふく》より急《きゅう》なるはなく、穀食《こくしょく》より善《よ》きはなく、刀剣《とうけん》より要《よう》なるはなく、火工《かこう》より便《べん》なるはなく、而《しか》して我国《わがくに》は神代《かみよ》の遠《とお》きにおいて既《すで》に悉《ことごと》く具備《ぐび》されてあったのである。

○

然《しか》るに太古《たいこ》の日本人《にっぽんじん》は土穴《どけつ》に住《す》み原野《げんや》に遊牧《ゆうぼく》せしごとく解《かい》する者《もの》がある。伊邪那岐命《いざなぎのみこと》の御世《みよ》にも八尋殿《やひろどの》の巍々《ぎぎ》乎《こ》として天空《てんくう》に聳《そび》えるありしを知《し》れ。古《いにしえ》の日本人《にっぽんじん》は毛物《けもの》を喰《く》らい、血《ち》を飲《の》みしならんと云《い》う者《もの》がある。

見《み》よ、天照大御神《あまてらすおおみかみ》の御世《みよ》に、狭田長田《さだながた》の千五百秋《ちいほあき》の豊穣《みのり》の事跡《じせき》あることを。太古《たいこ》の日本《にっぽん》の民《たみ》、これを裸体《らたい》なりしと云《い》う者《もの》がいる。神代《かみよ》は既《すで》に栲幡千々姫命《たくはたちぢひめのみこと》が綾羅錦繍《りょうらきんしゅう》を織《お》り給《たま》いしことの実蹟《じっせき》あるを知《し》らずして、これを曚昧《もうまい》なりと云《い》うか。刀剣戈矛《とうけんかほこ》を鍛《きた》えて、もって護国《ごこく》の具《ぐ》に供《きょう》したる我古代《わがこだい》、これを称《しょう》して無知《むち》というか。天岩之戸《あまのいわと》の大変事《だいへんじ》に際《さい》して天之《あまの》香具山《かぐやま》の鋼鉄《こうてつ》を採掘《さいくつ》して鏡《かがみ》を製造《せいぞう》するなど、総《すべ》て火工《かこう》の発明《はつめい》は今日《こんにち》の文明《ぶんめい》に何等《なんら》変《か》わることはないのである。

○

太古《たいこ》より祭祀《さいし》の礼《れい》を行《おこな》い、以《も》って報本反始《ほうほんはんし》の道《みち》、明《あき》らかに行《おこな》われ、改過遷善《かいかせんぜん》の行事《ぎょうじ》として太祓《おおはらい》の儀式有《ぎしきあ》り。且《か》つ衣食大《いしょくおお》いに足《た》り、兵器完備《へいきかんび》し、天地《てんち》の大道明《だいどうあき》らかなり。

ここにおいてか、皇化《こうか》を海外《かいがい》に布《し》き給《たま》い、素盞鳴尊《すさのをのみこと》は朝鮮《ちょうせん》に、少彦名命《すくなひこなのみこと》は常夜国《とこよのくに》（南《なん》米《べい》）にゆき給《たま》いて教化《きょうか》の跡《あと》を垂《た》れ、内《うち》には万世一系《ばんせいいっけい》の天嗣《てんし》を立《た》て、天下経綸《てんかけいりん》の大業《たいぎょう》を制《せい》し、国造《くにつこ》、縣主《あがたぬし》、稲置直別等《いなきあたへわけとう》の職掌《しょくしょう》あり。碁布星羅《ごふせいら》してもって国《くに》を建《た》て給《たま》いし大体《だいたい》である。

我国《わがくに》は斯《か》くの如《ごと》くにして万事整頓《ばんじせいとん》し、数万歳《すうまんざい》の太古《たいこ》に於《お》て既《すで》に既《すで》に一大文明《だいぶんめい》の隆盛《りゅうせい》を極《きわ》めているのである。何《なん》ぞ外国《がいこく》の文明《ぶんめい》を借《か》りて、もって國家《こっか》に資《し》するの要《よう》あらんやである。

支那《しな》には皇天上帝有《こうてんじょうていあ》り、印度《いんど》には梵天帝釈天有《ぼんてんたいしやくてんあ》り、西洋《せいよう》にはエホバの説有《せつあ》りといえども、何《いず》れも皆我古典《みなわがこてん》にその大本《たいほん》を発《はっ》せざるは無《な》いのである。

然《しか》るに天下《てんか》の人々《ひとびと》その根元《こんげん》を忘《わす》れ枝葉《しよう》に走《はし》り、彼等《かれら》の教法《きょうほう》を借《か》り、もって愛国愛人《あいこくあいじん》の道《みち》を説《と》かんと欲《ほっ》す。その誤《あやま》れるや実《じつ》に甚《はなは》だしと云《い》うべきである。

（『惟神の道』「神国と太古の文明」七〇頁）

（二）神秘・荘厳の国

神典《しんてん》や宗教《しゅうきょう》や言霊学《ことたまがく》の方面《ほうめん》から考《かん》えて見《み》ると、古代日本《こだいにほん》の思想《しそう》や文化《ぶんか》の程度《ていど》は、その時代時代《じだいじだい》における世界《せかい》の文化《ぶんか》より非常《ひじょう》に進んでいたものである。

そしてまた種々《しゅじゅ》の思想《しそう》や宗教《しゅうきょう》や文化《ぶんか》が移入《いにゅう》されているが、世界《せかい》の宗主国《そうしゅこく》といわれるだけあって、凡《すべ》ての物《もの》を抱擁《ほうよう》してこれをよく消化《しょうか》し、攻伐征戦《こうばつせいせん》の厄《やく》を見《み》ずして行《おこな》われた事《こと》は人類史上未《じんるいしじょういま》だかつて類例《るいれい》のない事実《じじつ》である。

しかも外来《がいらい》の思想《しそう》や宗教《しゅうきょう》や文化《ぶんか》が全然淘汰訂正《ぜんぜんとうたていせい》されて日本思想《にほんしそう》となり、日本文化《にほんぶんか》となって完全《かんぜん》に発達《はったつ》を遂《と》げ、今《いま》やその粋《すい》は世界思想《せかいしそう》を指導《しどう》せんとする人類愛善運動《じんるいあいぜんうんどう》となって現《あら》われたのである。それればかりでなく、美術《びじゅつ》や文芸史《ぶんげいし》の語《かた》る所《ところ》に於《お》いても、更《さら》に近代文明思《きんだいぶんめいし》想《そう》の根基《こんき》となっている科学思想《かがくしそう》をたどっても、古代《こだい》の日本《にほん》には既《すで》に西欧文明《せいおうぶんめい》を凌駕《りょうが》するところの科学《かがく》をもっていた事《こと》は、神典《しんてん》『古事記《こじき》』の明文《めいぶん》において明《あき》らかな事実《じじつ》である。

神代《かみよ》の日本文明国《にっぽんぶんめいこく》の進歩《しんぽ》に比《ひ》し数万年《すうまんねん》の昔《むかし》において既《すで》に超越《ちょうえつ》していた。これを立証《りっしょう》する我国《わがくに》の史実《しじつ》は余《あま》りに多《おお》きに苦《くる》しむ程《ほど》である。

（『惟神の道』「神秘荘厳の国」一五八頁）

(三) 神の経綸

神《かみ》は全大宇宙《ぜんだいうちゅう》を創造《そうぞう》し、宇宙《うちゅう》一切《さい》の花《はな》とし実《み》として人間《にんげん》を造《つく》った。人間《にんげん》は神《かみ》の精霊《せいれい》を宿《やど》し、神《かみ》に代《か》わって地上《ちじょう》の世界《せかい》は云《い》うも更《さら》なり、宇宙《うちゅう》一切霊界《さいれいかい》までも支配《しはい》せしむる事《こと》としたのである。

〇

しかるに人間現界《にんげんげんかい》に生《う》まるる刹那《せつな》の苦《くる》しみによって一切《さい》の使命《しめい》を忘却《ぼうきゃく》し、ただ地上《ちじょう》のみの経綸者《けいりんしゃ》として生《う》まれてきたもののように思《おも》って居《い》るくらいは上等《じょうとう》の部分《ぶぶん》である。現代《げんだい》の科学《かがく》に心酔《しんすい》して居《い》るいわゆる立派《りっぱ》な人間《にんげん》は、人《ひと》はいずこより来《き》たり、いずこへ去《さ》ると云《い》う点《てん》さえも明《あき》らかに分《わ》かっていない。

太極《たいきょく》といい、自然《しぜん》といい、大自然《だいしぜん》といい、上帝《じょうてい》又《また》は天帝《てんてい》といい、阿弥陀《あみだ》ととなえ、ゴッドと云《い》うも、みな、無始無終《むしむしゅう》、無限絶対《むげんぜったい》の普遍《ふへん》の霊力体《れいりょくたい》を指《さ》したものである。

ゆえに神《かみ》とか、大自然《だいしぜん》とか云《い》うものは、宗教家《しゅうきょうか》の云《い》うごとく絶対的《ぜったいてき》の、全智全能者《ぜんちぜんのうしゃ》でない。地上《ちじょう》の花《はな》たる人間《にんげん》を疎外《そがい》しては、神《かみ》の全智全能《ぜんちぜんのう》もあったものではない。けれども、神《かみ》は全智全能《ぜんちぜんのう》なるがゆえに人間《にんげん》を地上《ちじょう》に下《くだ》して、天地経綸《てんちけいりん》の用《よう》をなさしめて居《い》る。神《かみ》と人《ひと》と相俟《あいま》って初《はじ》めて全智全能《ぜんちぜんのう》の威力《いりょく》が発揚《はつよう》されるのである。

○

数《すう》百万年《ねん》の太古《たいこ》より、因蘊化醇《いんうんかじゅん》されたる今日《こんにち》の宇宙《うちゅう》も、人間《にんげん》と云《い》うものを地上《ちじょう》に下《くだ》し、これに霊《れい》と力《ちから》を与《あた》えておのおのその任《にん》を全《まっと》うせしめたから、今日《こんにち》のやや完全《かんぜん》なる宇宙《うちゅう》が構成《こうせい》されたのである。神《かみ》は山川草木《さんせんそうもく》をある力《ちから》によりて造《つく》り出《だ》したが、しかしながら人間《にんげん》の活動《かつどう》が加《く》わらなかったならば、依然《いぜん》として山川草木《さんせんそうもく》は太初《はじめ》のままで、すこしも進歩発達《しんぽはったつ》はしていないのである。自然《しぜん》に生《は》えた山野《さんや》の草木《くさき》、果実《かじつ》はきわめて小《ちい》さく、きわめて味《あじ》が悪《わる》い。

瑞穂《みづほ》の国《くに》の稲穂《いなほ》と雖《いへど》も、太初《はじめ》地上《ちじよう》に発生《はつせい》したものはわずかに三粒《つぶ》か十粒《つぶ》の籾《もみ》を頂《いただ》いていたのに過《す》ぎない。それを人間《にんげん》がいろいろ工夫《くふう》して、今日《こんにち》の如《ごと》き立派《りつぱ》な稲穂《いなほ》を造《つく》り出《だ》すようになったのである。そのほか一切万事《さいばんじ》みな人間《にんげん》の力《ちから》の加《く》わっていない物《もの》はない。しかしながら、人間《にんげん》は独力《どくりよく》では働《はたら》きはできない、いずれも神《かみ》の分霊分魂《ぶんれいぶんこん》が、体内《たいない》に宿《やど》って、地上《ちじよう》の世界《せかい》を今日《こんにち》の現状《げんじよう》まで開発《かいはつ》させたのである。

○

人間《にんげん》は神《かみ》とともに働《はたら》いて、天国《てんごく》を造《つく》り、浄土《じようど》も造《つく》り、文明《ぶんめい》の世《よ》も造《つく》るのである。この原《げん》理《り》を忘《わす》れて、ただ神仏《しんぶつ》さえ信仰《しんこう》すれば全智全能《ぜんちぜんのう》だから、信心《しんじん》さえ届《とど》けばどんな事《こと》でも神《かみ》が聞《き》いてくれるようにおもうのは迷信《めいしん》、妄信《もうしん》のはなはだしきものといわなければならぬ。又《また》神《かみ》の造《つく》った宇宙《うちゆう》には一つの不思議《ふしぎ》なる意志《いし》がある。その意志《いし》によって人間《にんげん》は人間《にんげん》を統《とう》一し、魚族《ぎよぞく》は魚族《ぎよぞく》を統《とう》一し、鳥類《ちようるい》、虫《むし》にいたるまで、いちいち指導者《しどうしや》がこしらえてある。

しかしながら釈迦《しやか》のいったように、地上《ちじよう》にミロクが出現《しゆつげん》するまで、この天地間《てんちかん》は未完成《みかんせい》時代《じだい》であって、蜂《はち》に王《おう》があるがごとく、蟻《あり》に親玉《おやだま》があるがごとく、まことの人間界《にんげんかい》の統《とう》一者指導者《しゃしどうしゃ》が無《な》かったのである。要《よう》するに宇宙《うちゅう》が未《ま》だそこまで進《すす》んでいなかったからである。

この無限絶対《むげんぜったい》なる宇宙《うちゅう》の完成《かんせい》は今日《こんにち》まで五十六億《おく》七千万年《ねん》を要《よう》して居《い》る。

○

ゆえにこれからの世《よ》の中《なか》は永遠無窮《えいえんむきゅう》であって、いつまでつづくか、計算《けいさん》のできないほどのものである。天文学者《てんもんがくしゃ》なぞが、何億年《なんおくねん》すれば太陽《たいよう》の熱《ねつ》がなくなるとか、月《つき》がどうとか、星《ほし》がどうとかいって居《い》る論説《ろんせつ》なぞは、とるにたらざる迷論《めいろん》である。

いよいよ天地人《てんちじん》三才《さい》の完成《かんせい》する間際《まぎわ》であり、今《いま》や新時代《しんじだい》が生《う》まれんとする生《せい》の苦悶時代《くもんじだい》である。今日《こんにち》までいろいろの大宗教家《だいしゅうきょうか》や、聖人《せいじん》や学者《がくしゃ》などが現《あら》われて宗教《しゅうきょう》を説《と》いたり、宇《う》宙《ちゅう》の真理《しんり》を説《と》いて居《い》るが、いずれも暗中模索的《あんちゅうもさくてき》の議論《ぎろん》であって、一つとしてその真相《しんそう》をつかんだものはない。

○

ゆえに今日《こんにち》まで、真《しん》の宗教《しゅうきょう》もなく、真《しん》の哲学《てつがく》もなく、真《しん》の政治《せいじ》も行《おこ》なわれていない。いよいよ宇宙《うちゅう》一切《さい》の完成《かんせい》の時期《じき》になったのであるから、その過渡時代《かどじだい》に住《じゅう》する人間《にんげん》の目《め》からは、地上《ちじょう》一切《さい》のものが破壊《はかい》され、滅亡《めつぼう》するように見《み》えるのである。

（『水鏡』「神の経綸」一五六頁）

言霊の威力（余白歌）

天地《あめつち》は一切万事《さいばんじ》言霊《ことたま》の水火《いき》に即《そく》して生《い》くるものなり
天界《てんかい》は言霊《ことたま》の水火《いき》にもとづける意志想念《いしさうねん》の世界《せかい》なりけり
森羅万象《よろづのもの》 悉《ことごと》く皆言霊《みなことたま》の助《たす》けによりて生《うま》れたるなり

主《す》の神《かみ》の生言霊《いくことたま》の大原理《だいげんり》知《し》らずば天地《てんち》の成立解《なりたちわか》らず

来《きた》るべき世《よ》の変遷《へんせん》も言霊《ことたま》の力《ちから》によりて明白《めいはく》となるなり

言霊《ことたま》の幸《さちは》ひ助《たす》けなかりせば地《ち》上《じやう》一切《さい》のものは育《そだ》たじ

時《とき》じくに鳴《な》り鳴《な》り鳴《な》りてとめどなき主《す》の言霊《ことたま》に地《ち》上《じやう》は生《い》くるも

言霊《ことたま》の光《ひかり》に一切万有《さいばんゆう》はいや永遠《とこしへ》の生命《いのち》を保《たも》つも

言霊《ことたま》の正《ただ》しき人《ひと》は久方《ひさかた》の天《あめ》の恵《めぐ》みを満《み》たせる神《かみ》なり

肝向《きもむか》ふ心《こころ》に誠《まこと》あるときは知《し》らず識《し》らずに言霊《ことたま》澄《す》むなり

（『言華』下巻三六六頁・『神の国』昭和九年五月号）

第三篇　琵琶湖《あめのまない》の誓約《うけい》

一、御霊のことわけ

伊邪那岐尊《いざなのぎみこと》、かつて筑紫《つくし》の日向《ひむか》の橘《たちばな》の小戸《おど》の青木《あはぎ》が原《はら》に御禊祓《みそぎはらい》したまう時《とき》、十四柱《はしら》の神《かみ》を生《う》み成《な》されて、あとの十二柱目《はしらめ》に生《う》み成《な》された神《かみ》が天照大御神様《あまてらすおおみかみさま》で、その次《つ》ぎ十三番目《ばんめ》に生《う》み成《な》された神様《かみさま》が月読《つきよみ》の命《みこと》で、その次《つ》ぎすなわち十四柱目《はしらめ》に生《う》み成《な》された神様《かみさま》は速素盞嗚尊《はやすさのをのみこと》である。その時《とき》に伊邪那岐尊《いざなぎのみこと》は、いたく喜《よろこ》びあそばして、我《われ》は今《いま》まで数多《あまた》の子《こ》を生《う》んだが、今度《こんど》は別《べつ》して美《うる》わしい尊《とうと》い子《こ》が、終《おわ》りに三柱《みはしら》出来《でき》たり。この三柱《みはしら》の神《かみ》さえあれば、何事《なにごと》も成就《じょうじゅ》すべしとお喜《よろこ》びになって、御頸《みくび》に掛《か》けたる曲玉《まがたま》を取《と》り外《はず》してそれを神《かみ》の霊魂《たましい》として、天照大御神《あまてらすおおみかみ》に授《さず》けたまうて、汝《いまし》は高天原《たかあまはら》の日《ひ》の御国《みくに》を治《おさ》めるがよいぞとの詔《みことのり》が下《さが》ったので、日《ひ》の御国《みくに》を治《おさ》めなさることになったのである。また次《つぎ》に生《うま》れ成《な》さった月読《つきよみ》の尊《みこと》には、夜《よ》の食国《おすくに》を治《おさ》めるがよいぞよとの詔《みことのり》が下《さが》ったので、月《つき》の御国《みくに》を治《おさ》め成《な》さることになったのである。

その次《つぎ》に生《う》み成《な》された速素盞嗚尊《はやすさのをのみこと》には海原《うなばら》を治《おさ》めよとの詔《みことのり》であった。すなわちこの大地《だいち》のあるだけを構《かま》うべしとの仰《おお》せである。『古事記《ふることぶみ》』に海原《うなばら》とあるはこの大地《だいち》のことである。この大地《だいち》は水《みず》が七分《ぶ》ありて陸地《あげ》が三分《ぶ》よりないから海原《うなばら》というのである。

昔《むかし》から日本《にほん》の国《くに》を四《よ》つの海《うみ》と称《とな》うるもこの道理《どうり》である。そうして天照大御神《あまてらすおおみかみ》は厳《いづ》の霊《みたま》にして、速素盞嗚尊《はやすさのをのみこと》は瑞《みづ》の霊《みたま》である。これからその因縁《いんねん》の概略《がいりゃく》を書《か》き記《しる》すべし。

○

そもそも速素盞嗚尊《はやすさのをのみこと》は、御父伊邪那岐尊《おんちちいざなのぎみこと》の詔《みことのり》を堅《かた》く守《まも》りてこの大地《だいち》をお構《かま》いなさるについて八百万《やおよろず》の神《かみ》が、日之大御神様《ひのおおみかみさま》が美《うる》わしき天《てん》の高《たか》きにましますのを見《み》て、残《のこ》らず心《こころ》を天《てん》へ寄《よ》せてしまい、肝腎《かんじん》のこの大地《だいち》の主《あるじ》たる速素盞嗚尊《はやすさのをのみこと》の命令《いいつけ》は、一として用《もち》いないのであった。いずれの神々《かみがみ》もみな取違《とりちが》いをしてしまうて、この大地《だいち》は汚《けが》れているから、高天原《たかあまはら》の日《ひ》の御国《みくに》に登《のぼ》ることばかりを考《かんが》えて、速素盞嗚尊《はやすさのをのみこと》の命令《めいれい》を一つも用《もち》いなさらぬのである。

しかしその美《うる》わしき高天原《たかあまはら》へ上《のぼ》るには、この大地《だいち》にてあらゆる罪穢《つみけがれ》を洗《あら》い清《きよ》めてから、速素盞嗚尊《はやすさのをのみこと》の御取次《おとりつぎ》をしてもらわねば、高天原《たかあまはら》へは上《のぼ》られぬのであれども、八百万《やおよろず》の国《くに》津神《つかみ》は思違《おもいちがい》をしておられたので、速素盞嗚尊《はやすさのをのみこと》がこの世《よ》の主《あるじ》にして救主《すくいぬし》たることを知《し》らずして軽蔑《ないがしろ》にされるので、速素盞嗚尊《はやすさのをのみこと》は、独《ひと》り御心《みこころ》を悩《なや》ませられ、どうぞして八百万《やおよろず》の国津神《くにつかみ》を悔《く》い改《あらた》めさせて、神《かみ》の御国《みくに》なる高天原《たかあまはら》へ、救《すく》いやらんと思召《おぼしめ》して、蔭《かげ》で血《ち》を吐《は》く杜鵑《ほととぎす》、日夜《にちや》泣《な》き悲《かな》しみたまいて、もっぱらに救《すく》いの道《みち》にのみ御心《みこころ》を砕《くだ》かれたのである。御顔《おんかお》の髯《ひげ》は胸先《むなさき》まで伸《の》びるをも忘《わす》れて、御心《みこころ》を痛《いた》めたまい、ついには涙《なみだ》も泣《な》き枯《か》れ果《は》てて、御声《みこえ》さえも挙《あ》げたまわぬように疲《つか》れ果《は》てたまうたのである。

八百万《やおよろず》の国津神《くにつかみ》とは、われわれの先祖《せんぞ》のことである。われわれの先祖《せんぞ》のために、それほどまでに御心《みこころ》を配《くば》りたまいしは、誠《まこと》に畏《おそ》れ多《おお》きことである。ゆえにわれわれの先祖《せんぞ》はこの救主《すくいぬし》に敵対《てきと》うたる罪人《つみびと》であるにもかかわらず、ついには許々多久《こゝたく》の罪《つみ》を御身《おんみ》一人《ひとり》に引受《ひきう》けて御涙《おんなみだ》や血潮《ちしお》をもって贖《あがな》い下《くだ》されたのである。実《じつ》に勿体《もったい》なき次第《しだい》ではあるまいか。

○

さて八百万《やおよろず》の国津神達《くにつかみたち》が、貪《むさぼ》りのみに迷《まよ》うて、速素盞嗚尊《はやすさのをのみこと》の御教《みおしえ》を、ただの一度《ど》も用《もち》いられなんだけれども、速素盞嗚尊《はやすさのをのみこと》は、憐《あわ》れみの深き御方《おんかた》であるから、耐《た》え忍《しの》びてどこまでも世界《せかい》のため、神々《かみがみ》のためとて力限《ちからかぎ》り敵対《てきと》うものばかりの中《なか》に立《た》ちて、お守《まも》りなされて御座《ござ》ったので、まだ曲津神《まがつかみ》どもが恐《おそ》れて、その割《わり》に悪《あ》しきことや災禍《わざわい》をようせなんだけれども、今《いま》やこの国《くに》の主《あるじ》たる速素盞嗚尊《はやすさのをのみこと》が泣《な》き倒《たお》れたまい、御声《おんこえ》さえも嗄《から》したまえるを見《み》て、あまたの曲津神《まがつかみ》どもが、得《え》たりかしこしと五月蠅《さばえ》のごとく群《むら》がり起《おこ》りて、この世《よ》に怖《こわ》いものなしで、荒《あ》れまわすので、悪魔《あくま》が栄《さか》えるばかりで、青《あお》い山《やま》もみな枯木《かれき》ばかりになり、海河《うみかわ》もさっぱり泣《な》きほしになったのである。そのはずでもあろうか、肝腎《かんじん》のこの世《よ》の頭《かしら》が倒《たお》れてお寝《やす》みになったのであるから恐《こわ》い者《もの》がないので、強《つよ》い者勝《ものが》ちになりて、山《やま》に住《す》むものも、川《かわ》に住《す》むものも、里《さと》に住《す》むものも、海《うみ》に住《す》むものも、みな苦《くる》しみ悶《もだ》えるばかりになったのである。

○

この速素盞嗚尊《はやすさのをのみこと》が喜《よろこ》び勇《いさ》みたまう時《とき》には、世界中山《せかいじゅうやま》も河《かわ》も陸《りく》も海《うみ》も、生物《せいぶつ》みな喜《よろこ》び勇《いさ》むなり、また悲《かな》しみ悶《もだ》えたまう時《とき》には、世界中《せかいじゅう》の者《もの》が苦《くる》しみ悶《もだ》えるようになるのである。この速素盞嗚尊《はやすさのをのみこと》は、配下《はいか》の神々《かみがみ》のために、千々《ちぢ》に心《こころ》を砕《くだ》きたまうて、御力《みちから》尽《つ》き果《は》てたれば、すでにこの国《くに》を見限《みかぎ》りて、母《はは》の在《ま》します夜見《よみ》の国《くに》へ行《ゆ》かんと思召《おぼしめ》し、十握《とつか》の剣《つるぎ》もて御腹《みはら》掻《か》き切《き》り国替《くにがえ》なさんとしたまう処《ところ》へ、父《ちち》なる伊邪那岐尊《いざなぎのみこと》現《あら》われたまい、汝《なんじ》は何《なに》ゆえにこの世界《せかい》を守《まも》らずして女々《めめ》しくも泣《な》き倒《たお》れつるかと御尋《おたず》ねなされたのであった。

そこで速素盞嗚尊《はやすさのをのみこと》は答《こた》えたまうよう、私《わたくし》はこの世界《せかい》の主《あるじ》とまで、父《ちち》の仰《おお》せを蒙《こうむ》りましたなれども、八百万《やおよろず》の国津神等《くにつかみら》誇《ほこ》り驕《たか》ぶりて、我命令《わがめいれい》に服《まつろ》わず、いかにもして悔《く》い改《あらた》めさせんと思《おも》いますれど、あまり曇《くも》り切《き》りている世《よ》の中《なか》の事《こと》ゆえ、誰一人《だれひとり》として悔《く》い改《あらた》むるものなきゆえ、ぜひなくこの世《よ》のことを我身《わがみ》一つに引受《ひきう》けて千々《ちぢ》に心《こころ》を砕《くだ》き、今《いま》まではようやく治《おさ》めて参《まい》りましたが、もはや私《わたくし》の力《ちから》も耐《た》え忍《しの》びも尽《つ》き果《は》てました。こんな悪道《あくどう》な政《せい》治《じ》は、とても私《わたくし》の手《て》にあいませぬから、父上《ちちうえ》にお還《かえ》し申上《もうしあ》げて、私《わたくし》は母《はは》の国《くに》へ参《まい》りたいと思《おも》うのであります。

さて私《わたくし》が父上《ちちうえ》にこの国《くに》をお還《かえ》し申《もう》したなれば、後《あと》は誰《だれ》が治《おさ》むるであろうか、私《わたくし》さえも力尽《ちからつ》きたるこの国《くに》を、まして後《あと》の世《よ》を継《つ》ぐ人《ひと》の苦労《くろう》は一層辛《そうつら》からん、また国民《こくみん》はさぞ苦《くる》しまん、また私《わたくし》がこの世《よ》を構《かま》わんとせば配下《はいか》の神々《かみがみ》が悪神《あくがみ》に誑《たぶ》らかされ貪欲《どんよく》に迷《まよ》いて我《わが》命令《めいれい》を少《すこ》しも用《もち》いず、この広《ひろ》き世界《せかい》を唯一人《ただひとり》にて如何《いかん》ともする由《よし》なく、最早力尽《もはやちからつ》き果《は》てたれば女々敷《めめしき》ようなれども、思《おも》い切《き》って今《いま》や神去《かむさ》らんとなしつつあるところなりと、涙《なみだ》ながらにことの次第《しだい》を御物語《おんものがたり》になったのである。

ここに伊邪那岐尊《いざなぎのみこと》は、痛《いた》く怒《いか》らせたまいて、しからば汝《なんじ》が心《こころ》のままにせよ。母《はは》のまします根《ね》の堅洲国《かたすくに》に行《ゆ》け、かつこの国《くに》には住《す》むなかれと仰《おお》せられて、神退《かむやら》いに退《やら》いたまうたのである。

さても速素盞嗚尊《はやすさのをのみこと》の御心《みこころ》の中《なか》には、父伊邪那岐尊《ちちいざなぎのみこと》より八百万《やおよろず》の国津神《くにつかみ》に向《むか》いて、速素《はやす》素盞鳴尊《さのをのみこと》の仰《おお》せを守《まも》るべく御諭《みさと》しあるべしと思召《おぼしめ》したまいけるに、かえって父《ちち》より追払《おいはら》われんとしたまい、また誰一人《だれひとり》として素盞鳴尊《すさのをのみこと》の大御心《おおみこころ》を酌《く》み取《と》りまつるものはないのであった。実《じつ》に道《みち》の分《わか》らぬ世《よ》の中《なか》となりていたのである。かかる世《よ》の中《なか》を開《ひら》きたまう尊《みこと》の御心《みこころ》と御苦労《ごくろう》を推《おし》はかりて、その高恩《こうおん》を忘《わす》るべからざるなり。

また伊邪那岐尊《いざなぎのみこと》も、速素盞鳴尊《はやすさのをのみこと》の御心《みこころ》はよく御存《ごぞん》じであれど、我子《わがこ》を善《よ》しとしたまうこともならず、また人《ひと》の子《こ》に悪《あく》ありとて悪《あ》しきとして傷《きず》を付《つ》けられずとの深《ふか》き思召《おぼしめ》しより、いとしき我子《わがこ》の速素盞鳴尊《はやすさのをのみこと》を悪《あ》しきと審判《さば》き遊《あそ》ばして、根《ね》の国《くに》へ追《お》いやらんとなし給《たま》うのである。

○

さても其《そ》の時《とき》の伊邪那岐尊《いざなぎのみこと》の大御心《おおみこころ》は、剣《つるぎ》を呑《の》むよりも辛《つら》くお在《わ》しましけんに、八百万《やおよろず》の国津神《くにつかみ》は只《ただ》一方《かた》も大御心《おおみこころ》を酌取《くみと》る者《もの》はなかったのである。また素盞鳴尊《すさのをのみこと》は、父《ちち》の御審判《みさばき》に依估贔屓《えこひいき》ありて、我《われ》の善《よ》きを善《よ》きとなし給《たま》わず、かえって穢《けが》れたる八百万《やおよろず》の国《くに》津神《つかみ》の穢《けが》れまで、我罪穢《わがつみけがれ》となしたまうかと痛《いた》く父《ちち》を恨《うら》みたまいしなり。ここに速素盞鳴尊《はやすさのをのみこと》は海原《うなばら》を守《まも》ることを止《よ》したまいて、情深《なさけぶか》き母《はは》のましますの根《ね》の堅洲国《かたすくに》へ至《いた》らんと堅《かた》く決心《けっしん》せられたのである。

この決心《けっしん》なされたについては、実《じつ》に御胸《みむね》の中《なか》には熱湯《ねっとう》を沸《たぎ》らすばかり思《おぼし》たまいしならんに、一人《ひとり》として、酌取《くみと》り参《まい》らする神《かみ》なかりしなり。母《はは》の国《くに》へ行《ゆ》きたまうについて、一度《ど》は高天原《たかあまはら》なる日《ひ》の御国《みくに》にましますの姉君天照大御神《あねぎみあまてらすおおみかみ》に御面会《ごめんかい》の上《うえ》にていろいろと詳《くわ》しき物語《ものがた》りをなし、母《はは》の国《くに》へ参《まい》る暇乞《いとまご》いをなさんと思召《おぼしめ》し、高天原《たかあまはら》へ参上《まいのぼ》ります時《とき》に山河皆動《やまかわみなうご》き、国土《こくど》みな揺《ゆ》り出《だ》したのであった。

四海《しかい》の主《あるじ》が、この国《くに》を捨《す》てて高天原《たかあまはら》へお上《のぼ》りになるのであるから、山《やま》も川《かわ》も世界《せかい》が動《うご》くのは、無理《むり》なきことである。つまり大騒《おおさわ》ぎが起《おこ》ったことなのである。今《いま》でも日本《にほん》の天子様《てんしさま》が、何処《どこ》かへお出《いで》になるとか、お隠《かく》れになったとか云《い》えばそれこそ山川所《やまかわどころ》か上《うえ》も下《した》も大騒《おおさわ》ぎである。

○

ここに天照大御神《あまてらすおおみかみ》は、下津国《したつくに》の有様《ありさま》をお聞《き》き遊《あそ》ばして痛《いた》く驚《おどろ》きなされた。高天原《たかあまはら》まで揺《ゆ》り動《うご》き出《だ》したので天照大御神《あまてらすおおみかみ》は我那勢《あがなせ》の尊《みこと》今《いま》かく猛《たけ》き勢《いきおい》をもって、この高天原《たかあまはら》へ上《のぼ》り来《き》ますそのゆえは必《かなら》ず美《うる》わしき心《こころ》で来《き》たのでは無《な》かろう。我国高天原《わがくにたかあまはら》を奪《と》ろうと思《おも》い、悪《あ》しき企《たく》みありて来《き》たのであろうと仰《おお》せられて、そこでにわかに髪《かみ》を解《ほど》いて御気色《ごけしき》荒《あら》くその髪《かみ》を美々面《みみづら》にくるくると巻《まき》なされて、左《ひだり》と右《みぎ》との美々面《みみづら》も髪面《かみづら》にも、左右《さゆう》の御手《おんて》にも、八坂《やさか》の曲玉《まがたま》の五百津《いほつ》の御統丸《みすまる》の球《たま》を巻持《まきも》ちたまいて背《そびら》には弓筒《ゆづつ》を負《お》い、戦道具《いくさどうぐ》を整《ととの》えて、弓《ゆみ》の腹《はら》をふくらせ矢《や》を番《つが》えて庭先《にわさき》まで出《い》で、土踏《つちふ》み鳴《な》らし、地団太踏《じだんだふ》んでお怒《いか》り遊《あそ》ばして、そこらのものなど足《あし》もて蹴《け》り散《ち》らかし、雄健《おたけ》びに建《たけ》びて、八百万《やおよろず》の天津国軍《あまつくにいくさ》を引連《ひきつ》れて、四股踏鳴《こふみな》らし、荒《あら》き御気色《ごけしき》にならせられ宣《の》たまわく、なにゆえありて我那勢《あがなせ》の尊《みこと》は我《あ》が国《くに》へきたりませるぞ、必《かなら》ずこの国《くに》を掠《かす》め奪《と》らん目的《もくてき》ありて上《のぼ》り来《き》ませるならんと、太《ふと》き御声《みこえ》を張《は》り上《あ》げて問《と》いたまえるなり。

速素盞嗚尊《はやすさのをのみこと》は、言葉《ことば》静《しず》かに慎《つつし》みて答《こた》え申《もう》したまわく、我《われ》はこの国《くに》を掠《かす》め奪《と》らんなど、さる見苦《みぐる》しき心《こころ》は、毛筋《けすじ》ほども更《さら》になし、あまり下津国《したつくに》が見苦《みぐる》しくて、何事《なにごと》も思《おも》いにまかせぬゆえに、母《はは》の国《くに》に至《いた》らんと思《おも》うがゆえに、このことを一度《ど》姉上《あねうえ》に申上《もうしあ》げ参《まい》らせんために参上《まいのぼ》り来《き》つるとぞ申《もう》されたり。

○

ここにおいて天照大御神《あまてらすおおみかみ》は果《はた》して那勢《なせ》の尊《みこと》に汚《けが》れたる御心《みこころ》なくばその清《きよ》き明《あきら》け霊魂《たましい》を我前《わがまえ》にて、いかにしてなりとも示《しめ》すべしと仰《おお》せられたり。

速素盞嗚尊《はやすさのをのみこと》答《こた》えたまわく、おのおのの心《こころ》を証《あかし》するために、たがいの霊《みたま》をもて御子《みこ》生《う》みて、正《ただ》しき心《こころ》の証《あか》しをなし申《もう》さんと、相《あい》ともに約《やく》したまいて、自《おの》も自《おの》も天《あま》の安《やす》の河原《かわら》を中《なか》におきて誓約《うけい》たまう時《とき》に、天照大御神《あまてらすおおみかみ》は先《ま》ず、建速素盞嗚尊《たけはやすさのをのみこと》の御佩《みはか》したまえる十束《とつか》の剣《つるぎ》を請《こ》い受《う》けたまいて三段《だん》にぼきぼき折《お》りたまいて、三つながら天《あめ》の真名井《まない》の清水《しみず》にふりすすぎたまい、さ噛《がみ》に噛《か》みて息吹《いぶき》の狭霧《さぎり》に吹《ふ》き捨《す》つる中《なか》より生《うま》れ出《い》でませる神《かみ》の御名《みな》は、

田紀理姫命《たきりひめのみこと》と申《もう》し、またの御名《みな》は奥津嶋姫命《おきつしまひめのみこと》と申《もう》す。（＝尚武勇健《しようぶゆうけん》の神《かみ》）

つぎに

市杵島姫命《いちきしまひめのみこと》を生《う》み給《たま》い、またの御名《みな》は狭依姫命《さよりひめのみこと》と申《もう》しまつる。（稜威直進《りよういちよくしん》、正義純《せいぎじゆん》直《ちよく》の神《かみ》）

つぎに

多岐津姫命《たきつひめのみこと》（＝突進的勢力迅速《とつしんてきせいりよくじんそく》の神《かみ》）

合《あわ》せて三柱《みはしら》の神生《かみうま》れ出《い》でたまう。いずれもみな姫神《ひめがみ》ばかりなり。

この十握《とつか》の剣《つるぎ》は建速素盞嗚尊《たけはやすさのをのみこと》の御霊種子《みたまだね》なれば、素盞嗚尊《すさのをのみこと》の御霊《みたま》は見掛《みか》けにもよらずして、優《やさ》しき美《うる》わしき御心《みこころ》なることの現《あら》われしものなり。

速素盞嗚尊《はやすさのをのみこと》は表面《うわべ》から拝《おが》みまつる時《とき》は、誠《まこと》に猛々《たけだけ》しく荒々《あらあら》しく見《み》えたまえども、その御心《みこころ》の中《なか》こそ、温順《おとな》しく、優《やさ》しく女《おんな》のごとくましませるなり。つねに苦《くる》しみに耐《た》え忍《しの》びかねて泣《な》き叫《さけ》びたまえることを伺《うかが》いまつりても、女《おんな》の御霊《みたま》にましませることを知《し》り得《え》らるべし。日《ひ》の本《もと》の神《かみ》の道《みち》の言葉《ことば》で称《とな》うる時《とき》は瑞《みづ》の霊《みたま》といえども、外国《とつくに》の仏道《ぶつどう》の言葉《ことば》もて称《とな》うる時《とき》は、変性女子《へんじょうにょし》の霊性《れいせい》というものなり。

ゆえに成《な》るべくは、変性女子《へんじょうにょし》の霊魂《みたま》などと称《とな》えざるを善《よ》しとするなり。変性女子《へんじょうにょし》ということも、変性男子《へんじょうなんし》ということもみな仏法家《ぶっぽうか》の称《とな》うる詞《ことば》なれば、日本御国《やまとみくに》の神《かみ》の信者《しんじゃ》の称《とな》うべき言《げん》にあらざるなり。

○

それから速素盞嗚尊《はやすさのをのみこと》は天照大御神《あまてらすおおみかみ》の左《ひだり》の美々面《みみづら》に巻《ま》かせたまえる、八尺《やさか》の曲玉《まがたま》の五百《いほ》津御統丸《つみすまる》の珠《たま》をこい渡《わた》して、残《のこ》らず天《あめ》の真名井《まない》に振《ふ》り滌《すす》ぎ、さ嚼《がみ》に嚙《か》みて吹《ふ》きすつる息《いぶき》の狭霧《さぎり》に生《うま》れたまいし神《かみ》は、

正哉吾勝々速日天之忍穂耳命《まさかあかつかつはやひあめのおしほみのみこと》（＝不撓不屈勝利栄光《ふとうふくつしようりえいこう》の神《かみ》）の彦神《ひこがみ》なり。つぎに天之菩《あめのほ》日命《ひのみこと》（＝血染焼尽《ちぞめしょうじん》の神《かみ》）生《うま》れたまい、つぎに天津彦根命《あまつひこねのみこと》（＝破壊屠戮《はかいとりく》の神《かみ》）生《うま》れたまい、つぎに生津彦根命《いくつひこねのみこと》（＝打撃攻撃電撃《だげきこうげきでんげき》の神《かみ》）生《うま》れたまい、つぎに熊野楠日命《くまのくすびのみこと》（＝両刃長剣《もろはちようけん》

の神《かみ》）生《うま》れたまえり。

ここにおいて天照大御神《あまてらすおおみかみ》は、速素盞鳴尊《はやすさのをのみこと》に告げて詔《の》りたまうよう、この後《のち》に生《あ》れませる五柱《いつはしら》の男《おとこ》の御子《みこ》は我《あ》が巻持《まきも》てる曲玉《まがたま》の種子《たね》によりて、すなわち我《あ》が御霊《みたま》の生《うま》れ付《つ》き現《あら》われて生《うま》れたる神《かみ》なれば、みな我《あ》が御子《みこ》なり、また先《さき》に生《あ》れませる三柱《みはしら》の姫御子《ひめみこ》の物種汝《ものだねみまし》のものによりて生《うま》れ出《い》でけるゆえに、彼三柱《かれみはしら》の姫御子《ひめみこ》は汝《みまし》の御子《みこ》なりと、かく宣《の》り判《わ》けたまえるなりき。

ここに速素盞鳴尊《はやすさのをのみこと》は、天照大御神《あまてらすおおみかみ》に申《もう》したまうよう、我《われ》は猛《たけ》く険《けわ》しき相見《そうみ》ゆるゆえ、いずれの神《かみ》も疑《うたが》えども、我《あ》が心魂《こころたましい》はあくまでも、清《きよ》く明《あ》けく真白《しんぱく》なり。ゆえに我御霊《あがみたま》を篭《こ》めし十握《とつか》の剣《つるぎ》より、かかる優《やさ》しき美《うる》わしき手弱女《たおやめ》を得《え》たるなり。これによりて見《み》れば、我心《わがこころ》こそ姉君《あねぎみ》の御心《みこころ》よりも清《きよ》く白《しろ》し。

天照大御神《あまてらすおおみかみ》は表面《うわべ》はこの上《うえ》なく優《やさ》しく美《うる》わしく見《み》えつれども御心《みこころ》の底《そこ》ぞ健《たけ》く険《けわ》しくましますなり。そのゆえは、天照大御神《あまてらすおおみかみ》の左《ひだり》の美々面《みみづら》に巻《ま》かせる八尺《やさか》の曲玉《まがたま》より生《あ》れ出《い》でませる神《かみ》は、天之忍穂耳命《あめのおしほみみのみこと》なり。右《みぎ》の美々面《みみづら》に巻《ま》かせる曲玉《まがたま》を噛《か》みしにより生《な》りませる神《かみ》は天之菩日命《あめのほひのみこと》なり。また首《くび》に巻《ま》かせる曲玉《まがたま》を噛《か》みて生《あ》れ出《い》でませる神《かみ》は、天津彦根命《あまつひこねのみこと》なり。また左《ひだり》の御手《みて》に巻《ま》かせる曲玉《まがたま》を噛《か》みて生《あ》れませる神《かみ》の御名《みな》は活津彦根神《いくつひこねのかみ》なり。つぎに右《みぎ》の御手《みて》に巻《ま》かせる曲玉《まがたま》を噛《か》みて生《あ》れませる神《かみ》は熊野楠日神《くまのくすびのかみ》なり。

この五柱《いつはしら》は皆健《みなたけ》び男《お》なれば、すなわち天照大御神《あまてらすおおみかみ》の御心猛《みこころたけ》しきこと現《あら》われつるものなり。ゆえに姉君《あねぎみ》は御心《みこころ》のうち我《われ》より清《きよ》からず、美《うる》わしからずしてましますなり。おのずから我《わ》れ勝《か》てり。この上《うえ》にもなお我《われ》の心《こころ》を穢《きたな》しとなしたまうやと詰《なじ》りたまえるなり。素盞鳴尊《すさのをのみこと》の御身《おんみ》にならば、さもこそあるべき御事《おんこと》どもなりかし。

すなわち天照大御神《あまてらすおおみかみ》は厳《いづ》の御霊《みたま》にして、仏者《ぶっしゃ》のいわゆる変性男子《へんじょうなんし》の御霊《みたま》なり。肉体《にくたい》こそ女《おんな》なれどもその霊魂《みたま》は健《た》けく雄々《おお》しくましませるなり。女《おんな》の優《やさ》しき肉体《にくたい》を持《も》ちたまいて、男《おとこ》の猛《たけ》き御霊《みたま》を持《も》ちたまうゆえに、その御霊《みたま》の生《うま》れつき現《あら》われて五柱《いつはしら》の男神生《おがみあ》れ出《い》でたまえるなり。

○

ここにおいて速素盞嗚尊《はやすさのをのみこと》は、我《あ》が心清《こころきよ》かりし、姉君《あねぎみ》に優《まさ》れり勝《か》てり。この上《うえ》にもなお吾《わ》が心穢《こころきたな》しと強《し》いたまうかと痛《いた》く怒《いか》らせたまいて、天照大御神《あまてらすおおみかみ》の作《つく》りたまえる田《た》の畔《あぜ》をとり放《はな》ち、溝《みぞ》を埋《う》め、樋《ひ》を抜《ぬ》き放《はな》ち、敷蒔《しきま》き屎戸許々多久《くそへここたく》の罪《つみ》を犯《おか》したまえり。されど天照大御神《あまてらすおおみかみ》、御心深《みこころふか》く敏《さと》き神《かみ》にましますゆえ、速素盞嗚尊《はやすさのをのみこと》の心《こころ》の底《そこ》をよく知《し》りたまいければ、いささかも咎《とが》めずして詔《の》りたまわく、糞《くそ》まき散《ち》らすは我那勢《あがなせ》の尊《みこと》の酒《さけ》に酔《よ》いてなすなり。また田《た》の畔《あぜ》を放《はな》ち、溝《みぞ》を埋《う》むるも、処《ところ》を新《あたら》しく清《きよ》めんために、我《あ》が那勢《なせ》の尊《みこと》かくなすなり。咎《とが》むるにおよばずと詔《の》り直《なお》したまえり。誠《まこと》に広《ひろ》き大御心《おおみこころ》なりというべし。されども素盞嗚尊《すさのをのみこと》の御怒《おんいきどお》り強《つよ》くして、悪戯《いたずら》止《や》まずうたてあり。

天照大御神忌機室《あまてらすおおみかみいみはたや》にましまして、神《かみ》の御衣《みそ》を織《お》らしめたまう時《とき》にその機室《はたや》の棟《むね》を穿《うが》ちて、天《あめ》の斑駒《ふちこま》を逆剥《さかは》ぎに剥《は》ぎて落《おと》し入《い》るる時《とき》に、天《あめ》の御衣織女《みそおりめ》、これを見《み》て驚《おどろ》きて梭《ひ》に秀処《ほと》を突《つ》きて身失《みう》せたりき。ここにおいて天照大御神《あまてらすおおみかみ》はあまりのことに驚《おどろ》きて天《あま》の窟戸《いわやど》に戸《と》を閉《と》じてさし篭《こ》もりたまえり。これを天《あま》の岩戸隠《いわとがく》れと申《もう》すなり。

ここに八百万《やおよろず》の神議《かみはか》りたまいてふたたび天照大御神《あまてらすおおみかみ》を、岩戸《いわと》より出《いだ》しまつり、速素盞鳴尊《はやすさのをみこと》に千座《ちくら》の置座《おきくら》の罪《つみ》を負《お》わせて、足《あし》の生爪《なまづめ》を抜《ぬ》き取《と》り、胸髯《むなひげ》を抜《ぬ》きなど、いろいろの苦《くる》しみを負《お》わせて流《なが》しまつれり。これぞ速素盞鳴尊《はやすさのをのみこと》が、天津罪《あまつつみ》を我身《わがみ》一つに贖《あがな》いたまいて、天津国《あまつくに》の御霊《みたま》を救《すく》われしなり。

実《じつ》にこの神《かみ》は瑞《みづ》の御霊《みたま》にして、天地八百万《てんちやおよろず》の罪《つみ》ある御霊《みたま》の救主《すくいぬし》なりしなり。読《よ》むもの心《こころ》すべし。

○

速素盞鳴尊《はやすさのをのみこと》は、天津罪国津罪《あまつつみくにつつみ》を残《のこ》らず、我《わ》が身《み》に引受《ひきう》けて、世界《せかい》の人《ひと》の罪《つみ》を贖《あがな》いたまう瑞《みづ》の御霊《おんみたま》なれば、天地《あめつち》の有《あ》らん限《かぎ》りの重《おも》き罪科《つみとが》を、吾身《わがみ》に引受《ひきう》けて、涙《なみだ》を流《なが》して足《あし》の爪《つめ》まで抜《ぬ》かれ、血潮《ちしお》を流《なが》し給《たま》いて、世界《せかい》の罪人《つみびと》われわれの遠津御祖《とおつみおや》の罪《つみ》に、代《か》わりたまいし御方《おんかた》なることを忘《わす》るべからず。今《いま》の世《よ》の神道者《しんどうしゃ》は、悟《さと》り浅《あさ》くして、直《ただ》ちに速素盞鳴尊《はやすさのをのみこと》を悪《あ》しくみなすは、誠《まこと》に畏《おそ》れ多《おお》きことどもなり。

かくのごとく天地《てんち》の罪人《つみびと》の救主《すくいぬし》なれば、ふたたびこの天《あめ》が下《した》に降《くだ》りまして、瑞《みづ》の御霊《みたま》なる真如《しんにょ》の身《み》を宮《みや》となして、あまねく世界《せかい》を救《すく》わんとなしたまえるなり。素盞鳴尊《すさのをのみこと》の救《すく》いの御霊《みたま》のふたたび現《あらわ》れたまいしは、天帝《てんてい》の深《ふか》き御心《みこころ》にして、この世《よ》の岩戸開《いわとびらき》のために、万《よろず》のことをまかせて天降《あまくだ》したまえるなり。人民《じんみん》の重《おも》き罪科《つみとが》も速素盞鳴尊《はやすさのをのみこと》の御名《みな》の徳《とく》によりて、天照大御神《あまてらすおおみかみ》より宜《よろ》しきに詔《の》り直《なお》したまうぞ。尊《とうと》きの至《いた》りなり。

かぎりなき栄《さかえ》と生命《いのち》と喜《よろこ》びを得《え》んことを願《ねが》うものは、瑞《みづ》の御霊《みたま》を信仰《しんこう》すべし。

かぎりなき苦《くる》しみ、病《やま》い、憂《うれ》い、曲《まが》ことを救《すく》われんことを願《ねが》わば、瑞《みづ》の御霊《みたま》を篤《あつ》く信仰《しんこう》すべし。

（『道の栞』「御霊のことわけ」一四四頁、『霊界物語』第十二巻・第二十九章「子生の誓」、第十五巻・第十章「神楽舞」参照）

（二）琵《び》琶《わ》の湖《うみ》（大気津姫）

さしもに寒《さむ》き冬《ふゆ》の日《ひ》も　何時《いつ》しか暮《く》れて春《はる》がすみ　靉《たなび》く時《とき》を松代姫《まつよひめ》　神徳薫《しんとくかお》る梅ケ香《うめがか》の姫《ひめ》の命《みこと》の宣伝使《せんでんし》　三人《みたり》の随伴《とも》を引連《ひきつ》れて　魔神《まがみ》の猛《たけ》ぶコーカス(注一)の　山《やま》の神達《かみたち》悉《ことごと》く　神《かみ》の御水火《みいき》に言向《ことむ》けて　三五教《あなないきょう》を開《ひら》かむと　夜《よ》を日《ひ》に継《つ》いで雪《ゆき》の路《みち》　ゆき疲《つか》れたる膝栗毛《ひざくりげ》心《こころ》の駒《こま》もはやりつつ　早《はや》くも(注二)琵琶《びわ》の湖《うみ》の辺《へ》に　月照《つきて》る夜半《よわ》に着《つ》きにけり　明《あ》くれば広《ひろ》き琵琶《びわ》の湖《うみ》　浪《なみ》に漂《ただよ》う汐干丸《しおひまる》　朝日《あさひ》を受《う》けてコーカスの　御山《みやま》を指《さ》して走《はし》り行《ゆ》く　コーカス山《ざん》の山颪《やまおろし》　降《ふ》る雪《ゆき》さえも交《まじ》わりて　歯《は》の根《ね》も合《あ》わぬ寒空《さむぞら》に　神《かみ》の恵《めぐみ》の暖《あたた》かき　救《すく》いの船《ふね》と喜《よろこ》びつ　言霊《ことたま》清《きよ》く琵琶《びわ》の湖《うみ》　浪音《なみおと》立《た》てて進《すす》み行《ゆ》く。

○

琵琶《びわ》の湖《うみ》には(注三)松島《まつしま》、竹島《たけしま》、梅島《うめしま》というかなり大《おお》きな島《しま》がある。松島《まつしま》は全島一面《ぜんとういちめん》に鬱蒼《うつそう》たる松樹繁茂《しょうじゅはんも》し、竹島《たけしま》は斑竹一面《はんちくいちめん》に発生《はっせい》している。そうして梅島《うめしま》には草木《くさき》らしきものは一《ひと》つもなく、殆《ほとん》ど岩石《がんせき》のみ屹立《きつりつ》した島《しま》である。

船《ふね》は漸《よう》やくにして梅島《うめしま》の麓《ふもと》に着《つ》いた。断岸絶壁《だんがんぜつぺき》、紺碧《こんぺき》の湖中《こちゅう》に突出《とつしゅつ》し、見《み》る者《もの》をして壮烈《そうれつ》快絶《かいぜつ》を叫《さけ》ばしむる絶景《ぜつけい》である。この島《しま》には天然《てんねん》の港《みなと》がある。折《お》りしも風波《ふうは》激《はげ》しければ、岩窟《がんくつ》の港《みなと》に船《ふね》を横《よこ》たえて、暫《しば》く此処《ここ》に天候《てんこう》の静穏《せいおん》になる日《ひ》を待つ事《こと》とした。

是《これ》より三日三夜《みつかみよさ》颶風《ぐふう》荐《しき》りに至《いた》り、波高《なみたか》く、已《や》むを得《え》ず三日三夜《みつかみよさ》を岩窟《がんくつ》の港《みなと》に過《す》ごす事《こと》となった。

船客《せんきやく》は百人許《ひやくにんばか》りも乗《の》っている。船《ふね》の無聊《ぶりよう》を慰《なぐさ》める為《ため》に、彼方《あちら》にも此方《こちら》にも歌《うた》を歌《うた》う者《もの》、雑談《ざつだん》に耽《ふけ》る者《もの》が現《あら》われた。船中《せんちゆう》の客《きやく》は七八分《しちはちぶ》まで鑿《のみ》や鉋《かんな》や槌《つち》などの大工道具《だいくどうぐ》を持《も》っている。時公《ときこう》は四五人《しごにん》の男《をとこ》の車座《くるまざ》となって、何事《なにごと》か雑談《ざつだん》に耽《ふけ》っている前《まえ》に胡床《あぐら》をかき、

時公「一寸《ちよつと》お尋《たず》ね致《いた》します。この船《ふね》のお客《きやく》さんは大抵皆大工《たいていみなだいく》さまと見《み》えますが、これ程多《ほどたく》数《さん》の大工《だいく》が何処《どこ》へ行《ゆ》かれるのですか」

甲「俺《おれ》は黒野《くろの》ケ原《がはら》から来《き》た大工《だいく》だが、これからコーカス山《ざん》に引越《ひつこ》すのだ」

時公「コーカス山《ざん》には、それ程沢山《ほどたくさん》の大工《だいく》が行《い》って何《なに》をするのですか」

乙「お前《まえ》さんは、あれ程名高《ほどなだか》いコーカス山《ざん》の御普請《ごふしん》を知《し》らぬのか。ソレハソレハ立派《りっぱ》な御《ご》殿《てん》が、彼方《あちら》にも此方《こちら》にも建《た》っておる。そうして今度新《こんどあたら》しい宮《みや》さまが建《た》つのだ。それでコーカス山《ざん》の(注四)大気津姫《おほげつひめ》とかいう神様《かみさま》が家来《けらい》をそこら中《じゅう》に配置《まくば》って、遠近《おちこち》の大工《だいく》を御引《おひき》寄《よ》せになるのだ。ヤッコスやヒッコスやクスの神《かみ》が毎日日日《まいにちひにち》、コーカス山《ざん》に集《あつ》まって大《おお》きな都《みやこ》が開《ひら》けておるのだよ」

時公「ヤッコス、ヒッコス、クスの神《かみ》とはソラ何《な》ンだ。妙《みょう》な者《もの》だナ」

乙「お前何《まえなん》にも分《わか》らぬ男《おとこ》だな、大《おお》きな図体《ずうたい》をしやがって、それだから独活《うど》の大木《たいぼく》、柄見《がらみ》倒《たお》しというのだ、大男総身《おおおとこそうみ》に智慧《ちえ》が廻《まわ》り兼《か》ねだ。マアわしの言《い》う事《こと》を聞《き》いたが宜《よ》かろう。山椒《さんしょう》は小粒《こつぶ》でもヒリリと辛《から》いという事《こと》がある、俺《おれ》はお前《まえ》に比《くら》ぶれば根付《ねつけ》の様《よう》な小《ちい》さい男《おとこ》だが、世界《せかい》から、あの牛公《うしこう》は牛《うし》の尻《けつ》だ牛《うし》の尻《しり》だと言《い》われておるお方《かた》だぞ。どんな事《こと》でも知《し》らぬ事《こと》はやっぱり知《し》らぬ、知《し》る事《こと》は皆《みんな》知《し》っとる。聴《き》かして欲《ほ》しければ胡床《あぐら》をかいて傲然《ごうぜん》と構《かま》えておらずに、チンと坐《すわ》って、御叮嚀《ごていねい》にお辞儀《じぎ》せぬかい」

時公「ア、仕様《しよう》ないなア。マア辛抱《しんぼう》して聞《き》いてやろうかい」

牛公「開《あ》いた口《くち》が塞《ふさ》がらぬ、牛《うし》の糞《くそ》が天下《てんか》を取《と》ると云《い》う譬《たとえ》を知《し》っとるか。何《なん》でも、三五教《あななひきよう》の小便《しようべん》しいとか大便使《だいべんしい》とかいう奴《やつ》が、こないだ、そんな事云《ことい》ってコーカス山《ざん》へ行《ゆ》きやがって、頭《あたま》から糞《ばば》かけられて、今《いま》ではアババのバアじゃ。アッハヽヽ」

時公「随分前置《ずいぶんまえお》きが長《なが》いなア」

甲「モシモシ貴方《あなた》、そんな奴《やつ》に物《もの》を聞《き》いたって何《なに》が分《わか》りますか。此奴《こいつ》は何時《いつ》も猿《さる》の人真似《ひとまね》で、偉《えら》そうに威張《いば》るのが芸《げい》だ、モウあれ丈《だけ》云《い》ったら後《あと》はないのです。私《わたし》が何《なん》でも知《し》ってますから、分《わか》らぬ事《こと》があれば問《と》うて下《くだ》さい。三五教《あなないきよう》の宣伝使《せんでんし》じゃないが、大《だい》は宇宙《うちゆう》の真《しん》相《そう》から小《しよう》は虱《しらみ》の腸《はらわた》まで能《よ》く御存《ごぞん》じの馬《うま》さまだ。あなたも牛《うし》を馬《うま》に乗替《のりか》えて、牛《もう》の尻《しり》の物知《ものし》らずの牛糞《うしくそ》の言《い》う事《こと》は、テンから取上《とりあ》げぬが宜《よろ》しい。馬《うま》さまがウマく説明《せつめい》して上《あ》げます」

牛公「コラコラ、モウ止《や》めぬか、馬鹿《ばか》な奴《やつ》、コレコレ大《おお》きなお方《かた》、彼奴《あいつ》のウマい話《はなし》に漫然《うつかり》乗《の》ろうものなら、牛々《ぎゅうぎゅう》いう様《よう》な目《め》に遭《あ》わされて馬鹿《ばか》を見《み》ますで……」

馬公「コラ牛公《うしこう》、何《なに》を吐《ぬ》かしゃがるのだ。他人《ひと》の事《こと》に横槍《よこやり》を入《い》れやがって……」

丙「オイオイ、貴様達《きさまたち》は牛飲馬食《ぎゅういんばしょく》と云《い》って、酒計《さけばか》り喰《くら》って飯《めし》は五人前《にんまえ》も十人前《にんまえ》も平気《へいき》で平《たい》らげやがって、腮《あご》ばっかり達者《たっしゃ》な法螺《ほら》吹《ふ》きだ。この鹿《しか》さまはその名《な》の如《ごと》くシッカリとして御座《ござ》る鹿《しか》さまだ」

牛公「鹿公《しかこう》、貴様《きさま》は鼻《はな》ばっかり高《たか》くしやがって、下《くだ》らん事《こと》を能《よ》う囀《さえず》るから、彼奴《あいつ》はハナシカだと云《い》うておるぞ、大工《だいく》のような事《こと》は職過《しょくす》ぎとる。モシモシ大《おお》きな男《おとこ》のお方《かた》、此奴《こいつ》の言《い》う事《こと》は皆《みんな》落《おとし》話《ばなし》で、聞落《ききおと》し、言《い》い落《おと》し、見落《みおと》し、人嚇《ひとおど》し、烏嚇《からすおど》しの様《よう》なものです。聞《き》かぬが宜《よろ》しいで」

鹿公「愚図々々《ぐずぐず》吐《ぬ》かすとシカられるぞ」

牛公「牛《うし》と見《み》し世《よ》ぞ今《いま》は悲《かな》しき、という様《よう》な目《め》に会《あ》わしたろか。鹿《しか》がシカみついてやった。ナンダ蟹《かに》の様《よう》なシカ見面《みづら》をしやがって、牛《うし》の尻《けつ》もあったものかい」

時公「ヤ、モウモウ牛《うし》さまの話《はなし》で馬鹿《ばか》を見《み》ましたワイ。本当《ほんとう》に旅《たび》をすると、馬鹿々々《ばかばか》しい目《め》に会《あ》うものだ。この島《しま》じゃないが、ウメイ話《はなし》はないかい」

丁「ありますともありますとも。コーカス山《ざん》にマア一寸登《ちょっとのぼ》って見《み》なさい、美味《うま》い酒《さけ》は泉《いづみ》の如《ごと》くに湛《たた》えられてある。肉《にく》は沢山《たくさん》に吊下《つりさ》げてある。それはそれは酒池肉林《しゅちにくりん》だ」

馬公「コラ虎公《とらこう》、なんぼウメイ物《もの》があっても、話丈《はなしだけ》では根《ね》っから気《き》が行《い》かぬじゃないか、其奴《そいつ》は皆八王《みんなやつこす》や奇《くす》の神《かみ》が食《く》うのだ。貴様達《きさまたち》は指《ゆび》を銜《くは》えて、朝《あさ》から晩《ばん》までカンカンコンコンとカチワリ大工《だいく》をやって、汗《あせ》をかいて汗《あせ》の脂《あぶら》を舐《ねぶ》っとる位《くらい》が関《せき》の山《やま》だ。ヒッコスはヒッコスで引込《ひきこ》んどれ」

時公「ヤ、其《その》ヤッコスとかヒッコスとか云《い》うのが聞《き》きたいのだ」

虎公「八王《やつこす》というのは、世界中《せかいじゆう》の贅沢《ぜいたく》な奴《やつ》が沢山《たくさん》な金《かね》を持《も》ちやがって、ウラル姫《ひめ》とか常世姫《とこよひめ》とか云《い》う偉《えら》い贅沢《ぜいたく》な神《かみ》が、大《おほ》けな尻《けつ》を振《ふ》りやがって大尻姫《おほげつひめ》などと言《い》ってる。その家来《けらい》が皆家《みんないえ》を持《も》って家《いえ》を建《た》てて方々《ほうぼう》から移転《こ》して来《く》るのだ、それをヤッコスと云《い》うのだ。

昔《むかし》は十二も八王《やつわう》とか、八王《やつこす》とか云《い》った偉《えら》い神《かみ》さんが、天山《てんざん》にも、青雲山《せいうんざん》にも、鬼城山《きじようざん》にも、蛸間山《たこまやま》にも、その外《ほか》にも沢山《たくさん》あったそじゃが、今度《こんど》の八王《やつこす》はそんな気《き》の利《き》いた八王《やつこす》じゃない、利己主義《われよし》の、人泣《ひとな》かせの、財産家連中《ものもちれんちゆう》の楽隠居《らくいんきよ》をするのを、是《こ》れを称《しよう》して即《すなわ》ち八王《やつこす》という。ヘン」

馬公「コラ虎公《とらこう》、何《なに》をヘンなんて空嘯《うそぶ》きやがって、馬鹿《ばか》にするない。ヒッコス奴《め》が」

虎公「貴様《きさま》もヒッコスじゃないか、甲斐性《かいしよう》なし奴《め》が。カチワリ大工《だいく》の其処《そこ》ら中《じゆう》で恥《はじ》を柿《かき》のヘタ大工奴《だいくめ》が使用主《つかいて》がないものだから、刃《は》の欠《か》けた鑿《のみ》を一本持《いつぽんも》ちよって、荒削《あらけづ》りの下《した》役《やく》に行《ゆ》くんじゃないか、アラシコ大工奴《だいくめ》が。斯《こ》う見《み》えても此方《このほう》さまは上《じよう》シコだ。せめて中《ちゆう》シコ位《くらい》にならねば巾《はば》は利《き》かぬぞ。大工《だいく》も上《じよう》シコ鉋《かんな》を使《つか》う様《よう》になれば、占《し》めたものだ」

馬公「貴様《きさま》はシコはシコだが醜神《しこがみ》だ。悪《わる》い事《こと》には一番《いちばん》に四股《しこ》を入《い》れやがって、他人《ひと》の膏《あぶら》をシコタマ搾《しぼ》りやがる醜女《しこめ》だ。チット是《これ》から俺《おれ》が天地《てんち》の道理《どうり》を説《と》いて、貴様《きさま》を仕込《しこ》んでやろうか。仕込杖《しこみづえ》も一本《いつぽん》や二本《にほん》持《も》つておるから、愚図々々吐《ぐずぐずぬ》かすと、貴様《きさま》のドテツ腹《ぱら》へ仕《し》込《こ》むでやるぞ」

時公「オイオイ大工同志《だいくどうし》、喧嘩《けんか》ははづまんじゃないか、酒《さけ》を鑿《のみ》じゃとか、カンナじゃとか、冷酒《ひやざけ》だとか言《い》わずに、ママア心《こころ》を落付《おちつ》けて、カンナガラ霊幸倍坐世《たまちはへませ》を唱《とな》えたらどうじゃ」

馬公「ナントあんたは馬《うま》い事《こと》を云《い》いますね。そら燗《かん》した酒《さけ》の味《あじ》は耐《たま》りませぬ、チットち割《わ》って呉《く》れと仰有《おつしや》るのか。現代《いま》の奴《やつ》は利己主義《われよし》だから中々《なかなか》チワルのチハイマスのと云《い》う様《よう》なお人善《ひとよし》はありませぬデ。酒《さけ》も酒《さけ》も曇《くも》った世《よ》の中《なか》だ。……酒《さけ》に就《つい》て思《おも》い出《だ》したが、ナンでも酒《さけ》の姫《ひめ》とか云《い》う小便使《しょうべんしい》がコーカス山《ざん》へ大尻姫《おほげつひめ》と穴競《あなくら》べとか、尻比《けつくら》べとかに行《い》きよったそうだ。そした所《ところ》がその小便使《しょうべんしい》は穴無《あなな》い教《きょう》だとかで、薩張《さつぱ》り大気津《おほげつ》の神《かみ》に取《と》っ詰《つめ》られて、岩窟《いわや》の中《なか》へ投込《ほりこ》まれたと云《い》う話《はなし》だ。三五教《あなないきょう》だから穴《あな》の中《なか》へ入《い》れて貰《もら》いよったのだらう」

時公「酒《さけ》の姫《ひめ》、そりゃあなたの御聞違《おききちがい》じゃありませぬか。竹野姫《たけのひめ》と云《い》う女《おんな》の方《かた》じゃあるまいかなア」

馬公「ナンデも、青《あお》い様《よう》な長《なが》い様《よう》な名《な》だった。ウンそうそう、この湖《うみ》には竹島《たけしま》という島《しま》があるワイ。琵琶《びわ》の湖《うみ》の島《しま》に能《よ》く似《に》たまた二人《ふたり》の姉妹《きようだい》があると云《い》う事《こと》だ。梅《うめ》とか、松《まつ》とか云《い》う小便使《しようべんしい》が、コーカス山《ざん》へ小便垂《しようべんた》れに来《く》ると云《い》う事《こと》だから、其奴《そいつ》を捉《つかま》えたら、それこそ大《たい》したものだ」

時公「それは誰《たれ》がそんな事《こと》を言《い》っていたのだ」

馬公「イヤ誰《たれ》でもない、その竹野姫《たけのひめ》が岩室《いわむろ》え打込《ぶちこ》まれる時《とき》に、ア、松島《まつしま》、梅島《うめしま》助《たす》けて下《くだ》さいとほざけやがったのだ。それでまだ二人《ふたり》の小便使《しようべんしい》があると云《い》うので、それを大気津姫《おほげつひめ》が手《て》を配《くば》って探《さが》しに廻《まわ》らしておるのだ。そいつを捕《つかま》えたら最後《さいご》、我々《われわれ》も御褒美《ごほうび》を頂戴《ちようだい》して、かち割大工《わりだいく》を廃《や》め、引越《ひつこ》すから直《すぐ》に八王《やつこす》になるのだ」

時公「コーカス山《ざん》には大概《およそ》八王《やつこす》が幾許程《いくらほど》おるのだ」

馬公「サア、大概《およそ》八百八十八位《くらい》あるだらうなア」

牛公「うそ八百云《い》うな、貴様《きさま》は嘘馬《うそうま》と云《い》うて村中《むらじゅう》の評判《ひょうばん》だ」
馬公「耄碌大工牛《もうろくだいくもう》の尻黙《けつだま》れッ、愚図々々《ぐずぐず》云《い》うと、化《ばけ》が露《あら》はれて糞《くそ》が出《で》るぞ。牛糞《うしくそ》が天下《てんか》を取《と》り損《そこ》ねるぞ」
松代姫《まつよひめ》、梅ケ香姫《うめがかひめ》は被面布《ひめんぷ》を除《と》り、牛公《うしこう》、馬公《うまこう》の前《まえ》に現《あら》われ、
「妾《わらは》がお話《はなし》の松代姫《まつよひめ》、梅ケ香姫《うめがかひめ》で御座《ござ》います。竹野姫《たけのひめ》の姉《あね》と妹《いもうと》、何卒妾《どうぞわらは》を連《つ》れて大気津《おほげつ》姫《ひめ》とやらの側《そば》へ案内《あんない》して下《くだ》さらぬか。あなた方《がた》のお手柄《てがら》になりますから……」
時公「これはしたり御両人様《ごりょうにんさま》、大胆不敵《だいたんふてき》な其《その》お言葉《ことば》……オイオイ牛《うし》、馬《うま》、鹿《しか》、虎《とら》、嘘《うそ》だぞ嘘《うそ》だぞ。この方《かた》は小便使《しょうべんしい》でも何《なん》でもない。松《まつ》でも、梅《うめ》でもないのだ。お前達《まえたち》があまりウメイ事《こと》を言《い》うて、牛糞《うしくそ》が天下《てんか》を取《と》る世《よ》を待《ま》つもんだから、滑稽交《こっけいまじ》りに妾《わらは》が松《まつ》だとか、梅《うめ》だとか、ウメイ事《こと》を仰有《おつしや》るのだ。全《まつた》く戯談《じょうだん》だ。斯《こ》んな女《おんな》を引張《ひっぱ》って行《ゆ》こうものならそれこそ大騒動《だいそうどう》が起《おこ》って仕末《しまつ》におえぬぞ」
松代姫「オホヽヽヽ、時《とき》さま、嘘言《うそい》ってはいけませぬ、宣《の》り直《なほ》しなさい」

時公「こんな所《ところ》で宣《の》り直《なほ》して堪《た》まりますか、この船《ふね》の客《きやく》は残《のこ》らずヒッコスばっかりだ。ウッカリした事《こと》おっしゃると大変《たいへん》ですデ」

梅ケ香姫「ホヽヽ、時《とき》さんの弱《よわ》いこと、愚図《ぐず》々《ぐず》云《い》ったら、ヒッコスの首《くび》を残《のこ》らずヒッコ抜《ぬ》く迄《まで》のことですよ」

時公「これはこれは、あなたこそ宣《の》り直《なほ》しなさい」

梅ケ香姫「イエイエ、皆《みな》さま達《たち》の体主霊従魂《からみたま》が黄泉《よもつ》の国《くに》に引越《ひつこ》して、神《かみ》の国《くに》の身魂《みたま》が皆《みな》さまの腹《はら》の中《なか》へ引越《ひつこ》すという事《こと》です」

時公「アハヽヽ、梅ケ香《うめがか》さま、ウメイ事《こと》を仰有《おつしや》る」

松代姫「ホヽヽ」

斯《か》くする間《うち》、三日三夜《みつかみよさ》の颶風《ぐふう》はピタリと歇《や》ンだ。船《ふね》は再《ふたた》び真帆《まほ》に風《かぜ》を孕《はら》んで、西北《せいほく》指《さ》して畳《たたみ》の様《よう》な、凪《な》ぎ渡《わた》ったる浪《なみ》の上《うえ》をスルスルと辷《すべ》り行《ゆ》く。

（『霊界物語』第十一巻・十八章「琵琶の湖」）

（注一）コーカス山　カスピ海と黒海の間のカフカース山脈、英語名でコーカス山脈と云う。カフカース山脈は北の大カフカースと南の小カフカースに分かれ、北にはエルブルス山（標高五六四二メートル）やカズベク山（五〇三三メートル）などの高峰が集まる。南にはアラガツ山（四〇九〇メートル）、ノアの方舟が漂着したことで有名なアララト山（五一六五メートル）などがある。アルプス・ヒマラヤ造山帯に含まれる新期造山帯。アルメニア共和国はじめ沢山の国が集中、石油・鉱物資源を産出し、民族紛争が絶えない地域。
ギリシャ神話では世界を支える柱の一つで、ゼウス（最高の神）がプロメテウスを鎖で繋いだ場所とされる。このプロメテウスは、ティタン神族（巨人神族。大地の母神ガイアと天空神ウラノスの子。）の一人で、粘土と水から人間を造り、文字や建築、農耕などを教えた。また天上の火を盗んで人間に与えたことにより、ゼウスにより罰せられ、彼を岩壁に縛りつけワシにその生き胆をついばませる。のち英雄ヘラクレスに救われる。このギリシャ神話は本書の「誓約」による素鳴盞神話に類似する。

神示による三段の雛型として、日本は世界（五大洲）の雛型で地形、国魂が類似する。日本の瀬戸内海は地中海、大阪湾は黒海、琵琶湖はカスピ海に相応する。ここではコーカス山＝比叡山、カスピ海＝琵琶湖の意となる。

（注二一）琵琶の湖　現今のカスピ海で中央アジアの西部にある世界最大の湖を意味する。ロシアとイランにまたがる。面積四三万八千平方キロメートル。水面高度は海面より二六メートル低い。水深一八四メートル、別称「裏海」。三段の型では、琵琶湖（小）・日本海（中）・カスピ海（大）となる。

○

日本の国の琵琶湖（別称・天の真奈井）は滋賀県にあり約四〇〇万年前に誕生した世界有数の古代湖。余呉川、姉川、芹川、宇曽川、愛知川、日野川、野洲川、瀬田川、安曇川《あどがわ》などが流入する。瀬田川は唯一の排出河川で宇治川・淀川・大阪湾に出る。湖水は飲料水、工業用水に利用され、湖周辺には古代から中世にかけて一三〇〇の史跡が点在し、湖底遺跡が八〇以上もあると云われる。景勝地が多く江戸時代は近江八景、近年は琵琶湖八景で知られる。面積六七五平方キロメートル、最大深度一〇三メートル。滋賀県の六分の一を占める。周辺には賤ヶ岳（伊香具山）、伊吹山、近江富士とも云う三上山、比叡山（日枝山）などがある。淡海《おうみ》、近江海（おうみ・のうみ・おうみのみ）、鳰海《におのうみ》とも云う。琵琶湖の名称は、一般的に湖が琵琶の型に似ているからと云われる。『霊界物語』では、竜神が琵琶をひき三女神をなぐさめられてより琵琶湖となった、とある。『皇典』に登場する野洲川が「安の河原」「天の真名井」に相当し、野洲川の西がスサノオ、湖東から東の日雲山が天照大神の領域となる。

〇

「古生代」の終り頃「ベルム期」（二畳紀」・二億八〇〇〇万～二億三五〇〇万年前）にかけて日本列島は島状で、海ではサンゴ礁が堆積し石灰石となる。（近江では湖東の伊吹山、御池岳、藤原岳で多く見られる。）

「中生代」の「白亜紀」（一億三五〇〇万～六三〇〇万年前）頃に湖東を中心に激しい火山活動が起り、地下で花崗岩が形成される時期があった。

「新生代」の「中新世」（二三〇〇万～一二〇〇万年前、ヒマラヤ・アルプス造山運動、全地球的規模の活動時期。）の末期に大規模な地殻変動により、日本列島が胚胎し、古日本海と呼ばれる内海が生れる。この時期甲賀・信楽地方は伊勢湾と繫がり、深い海が浅い海となり、ウニ、カニ、サメ、クジラ、イルカ、アシカなどが生息し、化石（鮎河層群、綴喜層群。一七〇〇万年前）として発見されている。

「鮮新世」（一二〇〇万～二〇〇万年前）頃には甲賀、信楽方面に琵琶湖の前身「古琵琶湖」（約五〇〇万～四五〇万年前、蒲生湖とも呼ぶ。三重県に誕生。）が形成され、約四〇万年前頃に古琵琶湖が現在の場所に位置し、「更新世」（一万年前）鈴鹿山脈が形成され、現在の地形が形成されたと云われる。

（注三）**松島、竹島、梅島**　『霊界物語』ではカスピ海に浮かぶ島、雛型としての神代の琵琶湖を指す。現今の琵琶湖の竹生島は湖水の極北にあるが、物語では湖水のほとんど中央に位置し、三島が一〇〇間（一八〇メートル）ばかり離れて三巴の形となっている。松の島には多紀理姫神、竹の島には市杵嶋姫神、梅の島には多岐津姫神の三女神が鎮座する。三女神は素盞嗚尊の神格を表現し、日本の国柄、国体を象徴する。

（注四）**大気津姫**　名位寿富は神から許された正欲だが、物質文明の社会では大神殿や大廈高楼《たいかこうろう》、大都会を建設しあらゆる美食贅沢を尽くし、自己欲強く、体主霊従の頂点に達したる事を称して大気津姫と云う。そこへ神素盞嗚大神が降臨になり美食贅沢を第一に戒められる。

（三）呉の海・琵琶の湖（信仰の妙諦）

天《てん》に月日《つきひ》の光《ひかり》なく、地《ち》に村雲《むらくも》ふさがりて、奇《く》しき神代《かみよ》も呉《くれ》の海《うみ》、国武丸《くにたけまる》に帆《ほ》を揚《あ》げて水《か》夫《こ》の操《あやつ》る櫂《かい》の音《おと》は、波《なみ》に蛇紋《じやもん》を画《えが》きつつ、コーカス山《ざん》の麓《ふもと》を指《さ》して進《すす》み行《ゆ》く。

風《かぜ》も無《な》く、油《あぶら》を流《なが》したような静《しず》かな、淋《さび》しみのある海面《かいめん》を船脚遅《ふなあしおそ》く、波掻《なみか》き分《わ》けて北東指《ほくとうさ》して進《すす》む。此《こ》の海上《かいじょう》に漂《ただよ》うこと旬日《じゅんじつ》、数十人《すうじゅうにん》の船客《せんきゃく》は四方山《よもやま》の話《はなし》に耽《ふけ》りいるのみ。

甲「こう毎日日日天《まいにちひにちてん》は曇《くも》り、地《ち》は言《い》うに言《い》われぬ鼻《はな》もむしられるような臭気《しゅうき》がして来《く》る。若《わか》い者《もん》の頭《あたま》までが白髪《しらが》になる。年《とし》も寄《よ》らぬに禿頭《はげあたま》が彼方《あちら》にも此方《こちら》にも殖《ふ》えて来《く》る。五穀《ごこく》は実《みの》らず、果物《くだもの》は熟《じゅく》せず、病気《びょうき》は起《おこ》る、獅子《しし》や、虎《とら》や、狼《おおかみ》や大蛇《おろち》は所々《ところどころ》に現《あら》われて人《ひと》を害《がい》する、困《こま》った世《よ》の中《なか》になったものだナア。斯《こ》うなって来《く》ると人間《にんげん》も弱《よわ》いものだ。吾々《われわれ》を救《すく》う誠《まこと》の神様《かみさま》が果《はた》して世《よ》の中《なか》に御一柱《おひとり》でもあるとすれば、こんな世《よ》の中《なか》を一日《いちにち》も早《はや》く立替《たてか》えて下《くだ》さりそうなものだな」

乙「それや神様《かみさま》は屹度有《きっとあ》るよ。誠《まこと》の神様《かみさま》は広《ひろ》い世界《せかい》に唯一柱《ただひとはしら》より無《な》いのだ。何程偉《なにほどえら》い神《かみ》さまだとて一柱《ひとり》では、そう隅《すみ》から隅《すみ》まで手《て》が廻《まわ》りそうなことは無《な》いじゃないか。神様《かみさま》が一方《いっぽう》で救《たす》け持《もつ》て往《ゆ》かっしゃる後《あと》から、又悪魔《またあくま》がドンドンと魅入《みい》って往《ゆ》くのだから仕方《しかた》が無《な》い。各自《めいめい》に心得《こころえ》て魂《たま》を研《みが》くより仕様《しよう》がないわ。そう神《かみ》さまばかりに凭《もた》れて居《お》っても自《じ》分《ぶん》から改心《かいしん》しなくては、神様《かみさま》がお出《いで》になっても、アー斯《こ》んな穢《けが》れた奴《やつ》は屑《くず》の方《ほう》に入《い》れてやれと云《い》って、屑篭《くずかご》の中《なか》へ投《ほ》り込《こ》まれて了《しま》うかも知《し》れない。他力信神《たりきしんじん》も結構《けっこう》だが、他力《たりき》の中《なか》に自力信神《じりきしんじん》が無《な》ければならぬよ」

丙「自力《じりき》で救《たす》かるのなれば別《べつ》に神様《かみさま》は無《な》くても好《い》いじゃないか」

乙「自力《じりき》の中《なか》に他力《たりき》が有《あ》り、他力《たりき》の中《なか》に自力《じりき》が有《あ》る。神様《かみさま》と人間《にんげん》とは持《もち》つ持《もた》れつ呼吸《こきゅう》が合《あわ》ねば、御神徳《ごしんとく》は現《あら》われて来《こ》ないのだ。人間《にんげん》は神様《かみさま》に救《たす》けられて世《よ》の中《なか》に活躍《かつやく》し、神《かみ》は人間《にんげん》に敬《うやま》われて御神徳《ごしんとく》を現《あら》わし給《たま》うのだ。毎日《まいにち》手《て》を束《つか》ねて他力《たりき》ばかりを待《ま》って居《い》た所《ところ》でそう易々《やすやす》と棚《たな》から牡丹餅《ぼたもち》が落《お》ちて来《く》る様《よう》な訳《わけ》には行《ゆ》かない。人間《にんげん》は尽《つく》す可《べ》き道《みち》を尽《つく》し、心《こころ》を尽《つく》し、身《み》を尽《つく》し、もう是《これ》で自分《じぶん》の力《ちから》の尽《つく》しようが無《な》いと云《い》う所《ところ》まで行《い》ったところで、神様《かみさま》が力《ちから》を添《そ》えて下《くだ》さるのだ。偸安姑息自分許《とうあんこそくじぶんばか》り為《す》べき事《こと》もせず楽《らく》な方《ほう》へ楽《らく》な方《ほう》へと、身勝手《みがつて》なことばかり考《かんが》えておる奴《やつ》に、神《かみ》さまだってナニ護《まも》って下《くだ》さるものか。これだけ世《よ》の中《なか》が曇《くも》って来《き》たのも、皆神様《みなかみさま》の所行《わざ》じゃない。吾々人間《われわれにんげん》の心得《こころえ》が悪《わる》いからだ。互《たがひ》に憎《にく》み、妬《ねた》み、怨《うら》み、譏《そし》り、怒《いか》り、呪《のろ》い、瞋恚《しんい》の焔《ほむら》を燃《もや》して悪魔道《あくまどう》のように、優勝劣敗《ゆうしようれつぱい》、弱肉強食《じやくにくきようしよく》の悪心悪行《あくしんあくぎよう》が天地《てんち》を包《つつ》んで、自然《しぜん》にこんな日月《じつげつ》の光《ひかり》も見《み》えぬ暗黒界《あんこくかい》が現《あら》われたのだ。詮《つま》り人間《にんげん》の口《くち》から吹《ふ》く邪気《じやき》が凝《こ》ったのだよ。何《ど》うしても是《これ》は善言美詞《ぜんげんびし》の言霊《ことたま》を以《もつ》て直日《なおひ》に見直《みなお》し聞《き》き直《なお》し宣《の》り直《なお》し天津神言《あまつかみごと》の伊吹《いぶ》きに依《よつ》て、この天地《てんち》の妖雲《ようウん》を払《はら》い清《きよ》めねば、天日《てんじつ》の光《ひかり》を仰《あふ》ぐことは何時《いつ》までも出来《でき》ぬ。雨《あめ》も降《ふ》らず、風《かぜ》も無《な》し、地上《ちじやう》に邪《じや》気《き》は蔓延《まんえん》する。一体《いつたい》お前《まえ》たちは此《こ》の世界《せかい》は何《ど》うなると思《おも》っているのか」

甲「何《ど》うなるったって、何《ど》うも仕方《しかた》が無《な》いじゃないか。一人《ひとり》や二人《ふたり》の言霊《ことたま》を清《きよ》くした所《ところ》で大海《たいかい》の一滴《いつてき》、何《なん》の役《やく》に立《た》つものか。神様《かみさま》でさえも御一柱《おひとり》で手《て》が廻《まわ》らぬのに、況《ま》して人間《にんげん》の分際《ぶんざい》で一人《ひとり》や、半分《はんぶん》、何程清《なにほどきよ》い言霊《ことたま》を使《つか》った所《ところ》で何《なん》の足《たし》にもなりはせぬじゃないか」

乙「人間《にんげん》は神様《かみさま》の容器《いれもの》だ。神様《かみさま》が人間《にんげん》の身体《からだ》に入《はい》って下《くだ》さらば、その身魂《みたま》は日月《じつげつ》の如《ごと》く輝《かがや》いて、斯《こ》んな暗黒《あんこく》な世《よ》の中《なか》でも薩張《さつぱり》すっかりと浄《きよ》まって了《しま》うのだが、何《なに》を言《い》っても吾々《われわれ》の肉体《にくたい》には醜《しこ》の曲津《まがつ》が巣《す》を組《く》んで居《い》るから、神様《かみさま》が入《はい》って下《くだ》さる隙《すき》が無《な》いのだよ。

一日《いちにち》も早《はや》く心《こころ》の曲律《まがつ》を投《ほ》り出《だ》して、真如《しんによ》の日月《じつげつ》を心《こころ》の天《てん》に輝《かがや》かすようにならなくては駄《だ》目《め》だ。塵芥《ちりあくた》の溜《たま》った座敷《ざしき》には、貴《たつと》いお客《きやく》さんは据《す》えることは出来《でき》ない。マアマア身魂《みたま》の掃除《そうじ》が一等《いつとう》だな」

○

甲「この呉《くれ》の海《うみ》には大変《たいへん》な竜神《りゆうじん》さまが、この頃現《ごろあら》われたと云《い》うことだよ。その竜神《りゆうじん》が現《あら》われた風評《うわさ》の立《た》った頃《ころ》から、こうして天地《てんち》が真暗気《まつくろけ》になったじゃないか」

乙「勿体《もつたい》ないことを云《い》うな。この呉《くれ》の海《うみ》は、昔《むかし》は玉《たま》の井《い》の湖《みずうみ》と云《い》う水晶《すいしよう》の湖水《こすい》があって、そこに沢山《たくさん》の諸善竜神様《しよぜんりゆうじんさま》がお住居《すまい》をしてござったのだ。その時代《じだい》は此辺《このあた》りは世界《せかい》の楽《らく》土《ど》と言《い》われた所《ところ》であったが、その玉《たま》の井《い》の湖《みずうみ》を占領《せんりよう》せんとして、大自在天《だいじざいてん》の部下《ぶか》なる牛雲別《うしくもわけ》、蟹雲別《かにくもわけ》と云《い》う悪神《わるがみ》が、攻《せ》めよせ来《き》たり、竜神《りゆうじん》さまと鬼神《おにがみ》との戦《たたか》いがあって、その時《とき》に玉《たま》の井《い》の湖水《こすい》は天《てん》へ舞《ま》い上《あが》り、二《ふた》つに分《わか》れて出来《でき》たのがこの呉《くれ》の海《うみ》と、琵琶《びわ》の湖《うみ》だよ。そう云《い》う因縁《いんねん》の有《あ》る此《こ》の海《うみ》に何《ど》うして悪神《あくがみ》さまが住居《すまい》を為《な》さるものかい。余《あん》り人《にん》間《げん》が悪賢《わるかしこ》うなって悪《あく》が盛《さか》んになったが為《ため》に、地上《ちじょう》の諸善神《しょぜんしん》は残《のこ》らず天《てん》へ昇《のぼ》られ、竜神《りゅうじん》さまは何《いず》れも海《うみ》の底《そこ》、即《すなわ》ち竜宮《りゅうぐう》の底《そこ》へ、身《み》を潜《ひそ》め給《たま》うたのだ。この地上《ちじょう》には、誠《まこと》の神様《かみさま》は皆愛想《みなあいそう》をつかし見捨《みす》てて或《あるい》は天《てん》に昇《のぼ》り、或《あるい》は海《うみ》の底《そこ》に入《い》られるようになったものだから、恐《こわ》い者無《ものな》しの悪魔《あくま》が横行濶歩《おうこうかっぽ》するようになったのだよ」

甲「神様《かみさま》は全能《ぜんのう》じゃとか、愛《あい》だとか言《い》うじゃないか。真《しん》に吾々《われわれ》を愛《あい》し給《たま》うならば、何故《なぜ》飽《あく》迄《まで》も保護《ほご》をして下《くだ》さらぬのだ。こうなって見《み》ると神《かみ》の慈愛《じあい》も疑《うたが》わざるを得《え》ぬではないか。要《よう》するに神《かみ》と云《い》うものは美《うつく》しい、綺麗《きれい》なばかりで実力《じつりょく》の無《な》いものと見《み》える。心穢《こころきたな》き悪《あく》魔《ま》の跋扈《ばつこ》に耐《た》え兼《か》ねて天《てん》へ避《さ》けたり、海《うみ》の底《そこ》へ隠《かく》れるとは、なんと神様《かみさま》も不甲斐無《ふがいな》いものだナア。吾々人間《われわれにんげん》でさえもこうして地上《ちじょう》に依然《いぜん》と辛抱《しんぼう》しているじゃないか」

乙「莫迦《ばか》を云《い》うな。『人盛《ひとさかん》なれば天《てん》に勝《か》ち、天定《てんさだ》まって人《ひと》を制《せい》す』と云《い》うことがある。何《なに》程神様《ほどかみさま》が人間《にんげん》を照《てら》してやろうと思召《おぼしめ》しても、鏡《かがみ》が曇《くも》って居《い》るから神様《かみさま》の御神力《ごしんりき》が映《うつ》る途《みち》が無《な》いのだ。濁《にご》った泥《どろ》の池《いけ》には清《きよ》き月《つき》の影《かげ》は映《うつ》らぬ。曇《くも》った鏡《かがみ》には姿《すがた》は映《うつ》らない、神様《かみさま》は清浄潔白《せいじようけつぱく》、光《ひかり》だからこう云《い》う汚《きたな》い人間《にんげん》には御《お》うつりなさろうと思《おも》ってもうつることが出来《でき》ないのだよ」

甲「其処《そこ》が神《かみ》さまじゃないか。吾々《われわれ》の魂《たま》が曇《くも》って居《お》れば、何《なん》とかして勝手《かつて》に磨《みが》いて、うつればよさそうなものじゃないか。魂《たま》を研《みが》け、磨《みが》いた者《もの》には、うつってやろう、護《まも》ってやろう、救《たす》けてやろう、磨《みが》けぬ者《もの》には、うつらぬ、護《まも》ってはやらぬ、救《たす》けぬと云《い》うのでは別《べつ》に吾々《われわれ》と異《かわ》ったことは無《な》いじゃないか。吾々《われわれ》でも色《いろ》の白《しろ》い、年《とし》の若《わか》い、綺麗《きれい》な別嬪《べつぴん》には不知不識《しらずしらず》に目《め》がうつり、心《こころ》がうつり、気分《きぶん》がよくなるし、穢《きたな》いお多福面《かめづら》の色《いろ》の黒《くろ》い、ドテ南瓜《かぼちや》のような奴《やつ》には、何《なん》となしに心持《こころもち》が悪《わる》くって、そよそよと吹《ふ》いて来《く》る風《かぜ》も厭《いや》と云《い》うような気《き》になる。そこが人間《にんげん》の心《こころ》だ。仕方《しかた》が無《な》いが世界《せかい》の人民《じんみん》は皆我《みなわ》が児《こ》だと仰有《おつしや》る神《かみ》の親心《おやごころ》から見《み》たならば、極道《ごくどう》の児《こ》や不具《ふぐ》の児《こ》は、親《おや》の心《こころ》としてなお可愛《かあい》がって呉《く》れそうなものじゃないか。之《これ》を考《かんが》えると余程吾々《よつぽどわれわれ》の方《はう》が慈悲心《じひしん》が深《ふか》いようだワイ」

乙「よう理窟《りくつ》を云《い》う奴《やつ》だな。神界《しんかい》の事《こと》は人間界《にんげんかい》の理窟《りくつ》で解《わか》るものかい。至大無外《しだいむがい》、至小無《ししようむ》内《ない》、千変万化《せんぺんばんか》の神様《かみさま》の御働《おはたら》き、そんな人間《にんげん》を標準《ひようじゆん》としての屁理窟《へりくつ》を言《い》ったって、神様《かみさま》の大慈大悲《だいじだいひ》の大御心《おおみこころ》が解《わか》るものかい。各自《めいめい》に身魂《みたま》を研《みが》くが一等《いつとう》だ」

甲「そうすると此《こ》の海《うみ》にござる竜神《りゆうじん》さまは、善《ぜん》の神《かみ》と云《い》うのか。善《ぜん》の神《かみ》なら一寸姿《ちよつとすがた》を現《あら》わして吾々《われわれ》に安心《あんしん》をさせて下《くだ》さってもよかりそうなものだのにナア」

乙「何時《なんどき》でも現《あら》わして下《くだ》さるよ。こんなことは神様《かみさま》の自由自在《じゆうじざい》だ。併《しか》し乍《なが》ら吾々《われわれ》のような穢苦《むさくる》しい身魂《みたま》の人間《にんげん》が、竜神《りゆうじん》さまの頭《あたま》の上《うえ》をこうして船《ふね》に乗《の》って穢《けが》して渡《わた》って居《い》るのだから、何《なん》とも知《し》れないよ。マゴマゴすると大変《たいへん》な御立腹《ごりつぷく》を受《う》けて荒波《あらなみ》が立《た》って、船《ふね》と一緒《いつしよ》に竜宮行《りゆうぐうゆ》きをせにゃならぬかも分《わか》らぬぞよ」

甲「たとえ船《ふね》がひっくりかえっても、竜宮《りゆうぐう》へ往《ゆ》けるならば結構《けつこう》じゃないか。神様《かみさま》ばかり清《きよ》らかな天《てん》や、海《うみ》の底《そこ》へ入《はい》って地上《ちじよう》の人間《にんげん》を斯《こ》んな悪魔《あくま》の中《なか》に放《ほ》ったらかして置《お》くとは、チッと量見《りようけん》が解《わか》り兼《かね》る。竜宮《りゆうぐう》へ遣《や》って貰《もら》って俺《おれ》は一《ひと》つ神様《かみさま》と談判《だんぱん》をして地上《ちじよう》の人間《にんげん》を守《まも》って貰《もら》うようにしたいのだ」

乙「何程結構《なにほどけっこう》な竜宮《りゅうぐう》へ往《い》った所《ところ》で、自分《じぶん》の心《こころ》の鏡《かがみ》が曇《くも》って居《お》れば、美《うつく》しいことはないわ、鬼《おに》や、大蛇《おろち》や、醜女《しこめ》、探女《さぐめ》が四方八方《しはうはつぱう》から取囲《とりかこ》んで苦《くる》しめに来《く》るだけのものだよ。心《こころ》相応《そうおう》に神様《かみさま》は現《あら》われ給《たま》うのだ。そこが千変万化《せんぺんばんか》の神《かみ》の御働《おはたら》きだよ」

かく話《はな》す折《おり》しも俄《にわか》に一陣《いちじん》の颶風颯《ぐふうさつ》と吹《ふ》き起《おこ》って船《ふね》をキリキリ廻《まわ》し、山岳《さんがく》の如《ごと》き浪《なみ》を立《た》て数十人《すうじゅうにん》の生命《いのち》を乗《の》せたる国武丸《くにたけまる》は、今《いま》や海中《かいちゅう》に没《ぼつ》せんとするの光景《こうけい》とはなりにける。

…………。

（『霊界物語』第十二巻・第十六章「国武丸」）

（四）瀬戸の海・呉の海・琵琶の湖

高光彦《たかてるひこ》、玉光彦《たまてるひこ》の宣伝使《せんでんし》は時置師神《ときおかしのかみ》と共《とも》に橘島《たちばなじま》を立出《たちいで》て、呉《くれ》の港《みなと》に上陸《じょうりく》し、宣伝歌《せんでんか》を歌《うた》いながら、天地暗澹《てんちあんたん》たる大野原《おおのはら》を進《すす》み進《すす》みて琵琶《びわ》の湖《うみ》の辺《ほとり》に着《つ》きぬ。折《おり》しも浪高《なみたか》く風烈《かぜはげ》しく、出船《でぶね》を待《ま》つこと七日七夜《なぬかななよ》の久《ひさ》しきに亘《わた》り、船客《せんきやく》は出船《でぶね》待《ま》つ間《ま》の無駄話《むだばなし》に耽《ふけ》り居《い》る。

甲「随分困《ずいぶんこま》った世《よ》の中《なか》になったものじゃないか。この琵琶《びわ》の湖《うみ》は何時《いつ》も穏《おだや》かな湖面《こめん》で、天《てん》女《によ》が琵琶《びわ》を弾《だん》ずる様《よう》な浪音《なみおと》を立《た》てて、船《ふね》の往来《ゆきき》をして居《お》る安全第一《あんぜんだいいち》と言《い》われた湖《うみ》だのにこの頃《ごろ》の湖《うみ》の荒《あ》れ様《よう》、今日《きょう》で五日《いつか》も六日《むゆか》も船《ふね》が出《で》ないと云《い》う様《よう》な事《こと》は、昔《むかし》からあった事《こと》はない、どうしたものだろう」

乙「定《きま》った事《こと》だ。天《てん》も暗《くら》く地《ち》も闇《くら》いこの頃《ごろ》、草木《そうもく》も色《いろ》を失《うしな》い、悪魔《あくま》は天下《てんか》に横行闊歩《おうこうかっぽ》する常暗《とこやみ》の世《よ》の中《なか》だ。琵琶《びわ》の湖《うみ》だってやっぱり天地《てんち》の間《あいだ》にあるのだもの、チット位《くらい》荒《あ》れるのは当然《あたりまえ》だよ。それよりも瀬戸《せと》の海《うみ》の大戦《おおいくさ》があった事《こと》を聞《き》いて居《お》るか」

甲「イヤ未《ま》だ聞《き》いた事《こと》はない。どんな戦《たたかい》があったのだ」

乙「なンでも大《おお》きな喧嘩《けんか》があったと云《い》う事《こと》だ。喧嘩《けんか》の大《おほ》きなのは戦《たたかい》だ」

甲「そンな事言《ことい》ったって、訳《わけ》を話《はな》さな分《わか》るかい」

乙「分《わか》るも分《わか》らんもあるか、戦《たたかい》は戦《たたかい》だ。貴様《きさま》が何時《いつ》も女房《にょうぼう》と嫉妬喧嘩《やきもちけんか》をするようなものだ。貴様《きさま》が嬶《かかあ》の横《よこ》っ面《つら》をピシャリと擲《なぐ》る、嬶《かかあ》が怒《おこ》って貴様《きさま》の腕《かいな》に咬《かぶ》り付《つ》く。『コラ嬶《かか》、何《なに》を為《し》やがるのだ。放《はな》さぬか、放《はな》さなドタマをかち割《わ》るぞ』と拳骨《げんこつ》を振《ふ》りあげる。

女房《にようぼう》の奴《やつ》、腕《うで》にかぶりついた儘《なり》で、オンオンと泣声《なきごえ》を出《だ》して、『殺《ころ》すなら殺《ころ》せ、殺《ころ》されても此腕《このうで》は放《はな》さぬ』と云《い》って一悶着《ひともんちやく》をやる。隣《となり》の八公《はちこう》が出《で》て来《き》て『コラコラ鶴公《つるこう》、お亀《かめ》さま、何《なに》を喧嘩《けんか》するのだ。鶴《つる》は千年亀《せんねんかめ》は万年《まんねん》、夫婦喧嘩《めおとげんか》は犬《いぬ》も喰《く》わぬ。千年《せんねん》も万年《まんねん》も仲《なか》好《よ》う暮《くら》さなならぬ夫婦《ふうふ》の間柄《あいだがら》で、何《なん》と云《い》う不心得《ふこころえ》な事《こと》をするのだ』と挨拶《あいさつ》に出《で》る。そうすると鶴公《つるこう》………貴様《きさま》が『イヤ八《はっ》さま、放《ほ》っといて下《くだ》さい。此奴《こいつ》は虫《むし》が得心《とくしん》せぬ、今日《きょう》限《かぎ》り暇《ひま》を遣《や》るのだ』と力味返《りきみかえ》る。貴様《きさま》の女房《にようぼう》お亀《かめ》の奴《やつ》、四這《よつばい》になりよって『モシモシ八《はち》さま、何卒《どうぞ》放《ほ》っといて下《くだ》さい。この人《ひと》には愛想《あいそう》が尽《つ》きたのだ。酒《さけ》を喰《くら》い博奕《ばくち》をうつ、すべた女《おんな》の尻《しり》を追《おい》かける。一寸《ちよつと》も取得《とりえ》の無《な》いガラクタ爺《おやじ》だ。これが幸《さいわい》妾《わたし》は不縁《ふえん》にして貰《もら》います。今《いま》は斯《こ》うして別《わか》れても、三年先《さんねんさき》には子供《こども》の二人《ふたり》も拵《こしら》えて、立派《りっぱ》な男《おとこ》と手《て》を引《ひ》いて、モウシモウシ鶴《つる》さまへ、三年前《さんねんまえ》にはエライお世話《せわ》になりました。お蔭《かげ》でこんな結構《けっこう》な夫《おっと》を持《も》ち、立派《りっぱ》な良《よ》い児《こ》が出来《でき》ました。阿呆《あほう》なおやじに連添《つれそ》うて居《い》ると、妾《わたし》までが阿《あ》呆《ほう》になる。折角子《せっかくこ》を生《う》むでも、間抜《まぬけ》た面《つら》した天保銭《てんぽうせん》のような小悴《こせがれ》より出来《でけ》やしない。ヨウ別《わか》れて下《くだ》さった』と言《い》って礼《れい》に来《く》る様《よう》なものだよ。兎《と》も角《かく》夫婦《めおと》喧嘩《げんか》だという事《こと》だ。イヅとかミヅとかいづもみづ臭《くさ》い、神様《かみさん》でさえも戦《たたかい》があったと云《い》うことだよ」

甲「貴様《きさま》の云《い》う事《こと》は、黙《だま》って聞《き》いて居《お》れば、俺《おれ》ンとこの事《こと》まで、大勢《おおぜい》の中《なか》に曝《さら》け出《だ》しよって、怪《け》しからぬ奴《やつ》だナ」

乙「それでも神島《かみじま》とか、お亀島《かめじま》とか云《い》う島《しま》の喧嘩《けんか》だもの、何《いず》れ貴様《きさま》の山《やま》の神《かみ》と喧嘩《けんか》したことを連想《れんそう》せずには居《お》れぬじゃないかい」

丙「貴様等《きさまら》は良《い》い加減《かげん》な事《こと》を聞嚙《ききかじ》って、大勢《おおぜい》の中《なか》で見《み》っともない。そンな話《はなし》を今時《いまどき》知《し》らぬ者《もの》があるかい」

乙「偉《えら》そうに言《い》うな、それなら貴様《きさま》逐一《ちくいち》言《い》ってみい」

丙「目《め》から、鼻《はな》から、耳《みみ》から、口《くち》まで能《よ》う抜《ぬ》けた此方《このほう》だ。何《なに》も彼《か》も透《す》き通《とお》った新煙管《さらぎせる》のような此方《このほう》だよ」

鶴公「さらぎせるテ何《なん》だい」

丙「よう、、、通《とお》った男《おとこ》と云《い》う事《こと》だよ」
鶴公「何《なに》を吐《ぬか》しよるのだい。サッパリ新煙管《さらぎせる》なら、詰《つま》らぬ男《おとこ》と言《い》う事《こと》だろう。アハ、、、」
乙「コンな新煙管《さらぎせる》に聞《き》いた所《ところ》が、こっちが詰《つま》らぬ。誰《たれ》か詳《くわ》しい事《こと》を知《し》って居《い》る者《もの》が在《あ》りそうなものだなア」
丁「万人《まんにん》の中《うち》に一人《ひとり》位《くらい》はあるものだよ。掃溜《はきだめ》にも鶴《つる》が降《お》りると云《い》う事《こと》があるから、併《しか》し此鶴《このつる》さまは嬶取《かかと》られの鶴《つる》さまだから例外《れいがい》だよ」
丙「それなら、その掃溜《はきだめ》の鶴《つる》と云《い》うのは誰《たれ》のことだい」
丁「定《きま》った事《こと》だ、大抵顔《たいていかお》の色《いろ》を見《み》ても分《わか》りそうなものじやないか。口許《くちもと》の凛《りん》とした、目《め》の涼《すず》やかな、鼻筋《はなすじ》の通《とお》った男《おとこ》だ」
と自分《じぶん》の鼻《はな》を押《おさ》え乍《なが》ら、
丁「真面目《まじめ》に云《い》うから、真面目《まじめ》に聴《き》けよ。抑《そもそ》もコーカス山《ざん》には大気津姫命《おほげつひめのみこと》と云《い》うお尻《けつ》の大《でか》い神様《かみさま》があった。その神様《かみさま》が多数《たくさん》の八王《やっこす》とかビッコスとか云《い》う奴《やつ》を沢山《たくさん》寄《よ》せて、何《なん》でも、偉《えら》い偉《えら》い神様《かみさま》を祀《まつ》って都《みやこ》を拵《こしら》えて居《お》った所《ところ》が、そこへ松茸《まつたけ》とか椎茸《しいたけ》とか干瓢《かんぴょう》とか何《なん》でも美味《うま》そうな名《な》のつく小便使《しょうべんしい》が遣《や》って来《き》て、大尻姫《おおげつひめ》の尻《けつ》じゃないが、そこら中《じゅう》に小《しょう》便《べん》やら糞《ばば》を放《ひっ》かけさがして、流石《さすが》の大尻姫《おおげつひめ》も大尻《おおげつ》に帆《ほ》をかけて、アーメニヤへスタコラヨイヤサと逃出《にげだ》したり。後《あと》に松茸《まつたけ》、椎茸《しいたけ》、干瓢《かんぴょう》さまが酒《さけ》の燗《かん》を須佐之男命《すさのをのみこと》とか云《い》う、酒《さけ》の好《すき》な神《かみ》さまを祀《まつ》り込《こ》むで、ツル……ギとかカメとかを御神体《ごしんたい》にして居《お》った。そうして月《つき》とか鼈《すつぽん》とか、花《はな》とか、何《なん》じゃ六《む》つかしい女《おんな》の神《かみ》がお宮《みや》のお給仕《きゅうじ》を勤《つと》めて居《い》たが、世《よ》が段々曇《だんだんくも》って来《き》たので、コーカス山《ざん》も厭《いや》になったと見《み》え、三人《さんにん》の娘神《むすめがみ》は、巨《おお》きな大蛇《おろち》となって、雲《くも》を起《おこ》して天《てん》に舞上《まいあが》り、一疋《いっぴき》の大蛇《おろち》(注一)は呉《くれ》の海《うみ》の橘島《たちばなじま》に巣《す》を構《かま》へ、綺麗《きれい》な別《べっ》嬪《ぴん》に化《ば》けて居《お》ると云《い》う事《こと》、モ一《ひと》つは此琵琶《このびわ》の湖《うみ》（＝カスピ海）の竹島《たけじま》に大蛇《おろち》となって降《お》りて来《き》たという事《こと》だ。それからモ一《ひと》つの鼈《すつぽん》とか、雪《ゆき》とか云《い》う女神《めがみ》は是《これ》また白蛇《しろへび》となって、瀬戸《せと》の海《うみ》の一《ひと》つ島《じま》（＝神島・イタリアのサルヂニア島）に住居《じゅうきょ》をして、素的《すてき》な別嬪《べっぴん》と現《あら》われ、多数《たくさん》の家来《けらい》を連《つ》れて住《す》んで居《お》った。そこへ天教山《てんきょうざん》（＝富士山・高天原）から変性男子《へんじようなんし》（＝天照大神）のお使《つかい》で、天菩比命《あめのほひのみこと》とやらが、ドッサリと強《つよ》そな家来《けらい》を連《つ》れて、サルヂニヤの嶋《しま》を攻《せ》め囲《かこ》み、火《ひ》をつけて焼滅《やきほろぼ》して了《しま》ったそうだ。ナント偉《えら》い事《こと》が出来《でけ》たものじゃないか」

鶴公「馬鹿《ばか》云《い》うな、サルヂニヤは喧嘩《けんか》じゃない、男《おとこ》の方《ほう》は喧嘩腰《けんかごし》で、乱暴《らんぼう》な事《こと》を行《や》りよったが、女神《めがみ》の方《ほう》は沢山《たくさん》な御馳走《ごちそう》を拵《こしら》えて、これはこれはよう来《き》て下《くだ》さいました。何《なに》も御《ご》座《ざ》いませぬがお酒《さけ》なっと充分《じゆうぶん》に召《め》しあがれと云《い》って、相手《あいて》にならなかったのだ。一方《いっぽう》が相手《あいて》にならねば喧嘩《けんか》じゃない」

丁「理窟《りくつ》を言《い》うな、それでも半分喧嘩《はんぶんけんか》だ」

鶴公「男《おとこ》が多数《たくさん》の家来《けらい》を連《つ》れて、女《おんな》に喧嘩《けんか》を吹《ふ》きかけに往《い》っても、一方《いっぽう》が相手《あいて》にならねば間《ま》の抜《ぬ》けたものだ。暖簾《のれん》と腕押《うでお》しするやうなもので、力《ちから》の抜《ぬ》けた事《こと》だろう」

斯《か》く話《はな》す傍《かたはら》に、目《め》を塞《ふさ》いで静《しずか》に聴《き》いて居《い》た石凝姥神《いしこりどめのかみ》は、

「オー、是《これ》は大変《たいへん》だ、道聴途説《どうちようとせつ》とは言《い》い乍《なが》ら匹夫《ひっぷ》の言《げん》にも信《しん》ずべき事《こと》ありだ。いよいよ

厳霊《いづのみたま》（＝天照大神）と瑞霊《みづのみたま》（＝素盞嗚尊）の誓約《うけひ》が始《はじ》まったらしい、まさか違《ちが》えば天《あま》の岩戸《いわと》隠《がく》れになろうも知《し》れない。ヤア時置師神殿《ときおかしのかみどの》、行平別殿《ゆきひらわけどの》、此処《ここ》でお別《わか》れ申《まを》す。我《われ》は是《これ》よりアルプス山《さん》に上《のぼ》り日《ひ》の像《ぞう》の八咫鏡《やあたかがみ》を鍛《う》たねばならぬ。天《あめ》の目《ま》一箇神《ひとつのかみ》も大方《おおかた》出《で》かけて居《い》るであろう。貴神《きしん》は是《これ》より竹島《たけじま》に渡《わた》って、秋月姫《あきづきひめ》（＝市杵島姫の前身）の安否《あんぴ》を探《さぐ》り給《たま》へ。さらば……」

と云《い》い棄《す》てて、雲《くも》を霞《かすみ》とアルプス山目蒐《ざんめが》けて進《すす》み行《ゆ》く。

時置師「ヤア、石凝姥《いしこりどめ》の宣伝使《せんでんし》も、重大《じゅうだい》な使命《しめい》を帯《お》びて居《お》られるのだから仕方《しかた》がない。何《なん》だか此処《ここ》で別《わか》れるのは、物足《ものた》らぬ様《よう》だが、これも御神業《ごしんぎょう》の一部《いちぶ》と思《おも》えば結構《けっこう》だ。サア初《はつ》さま、船《ふね》が出《で》そうだ、船《ふね》の中《なか》で又《また》ゆっくりと話《はな》そうかい」

と云《い》い乍《なが》ら船《ふね》に向《むか》って進《すす》み行《ゆ》く。百数十人《ひゃくすうじゅうにん》の乗客《じょうきゃく》は、先《さき》を争《あらそ》うて琴平丸《ことひらまる》に乗込《のりこ》んだ。船《ふね》は真帆《まほ》に風《かぜ》を孕《はら》ませ乍《なが》ら、凪《な》ぎ渡《わた》ったる湖原《うなばら》を、船底《せんてい》に浪《なみ》の琴《こと》を弾《だん》じつつ、東北《とうほく》指《さ》して一《いち》目散《もくさん》に辷《すべ》り行《ゆ》く。

船《ふね》の一方《いつぽう》に座《ざ》を占《し》めたる小賢《こざか》しき四五人《しごにん》の男《おとこ》、車座《くるまざ》になつて四方八方《よもやま》の話《はなし》に耽《ふけ》って居《い》る。時置師《ときおかし》、行平別《ゆきひらわけ》の宣伝使《せんでんし》も何喰《なにく》わぬ顔《かお》にて、その傍《そば》に雑談《ざつだん》を聴《き》き居《い》たり。

甲「この間《あいだ》もあまり世《よ》の中《なか》が悪《わる》くなって治《おさ》まらぬと云《い》うので、善《い》い神様《かみさま》は皆天《みなてん》に上《のぼ》り、竜宮《りゅうぐう》に集《あつ》まり、地上《ちじょう》は魔神《まがみ》計《ばか》りの暗黒界《あんこくかい》、どうする事《こと》も出来《でき》なくなったと云《い》って、コーカス山《ざん》の素盞嗚尊《すさのをのみこと》様《さま》が高天原《たかあまはら》とかへ、お越《こ》し遊《あそ》ばしてからと云《い》うものは、彼方《あちら》にも此方《こちら》にも、地震《じしん》が揺《ゆ》る、海嘯《つなみ》が起《おこ》る、悪《わる》い病《やまい》は蔓延《まんえん》する、河《かわ》は干《ひ》る、草木《くさき》は枯《か》れる五穀《ごこく》は実《みの》らず、大変《たいへん》な事《こと》になって来《き》た。そこで天《てん》の高天原《たかあまはら》の撞《つき》の御柱《みはしら》の神様《かみさま》（＝天照大神）が、素盞嗚尊《すさのをのみこと》様《さま》に何《なん》でも悪《わる》い心《こころ》があるとか言《い》って、大変御立腹《たいへんごりつぷく》なされ、弓矢《ゆみや》を用意《ようい》し、剣《つるぎ》や鉾《ほこ》を設《ま》け備《そな》えて、素盞嗚尊《すさのをのみこと》様《さま》を討滅《うちほろぼ》そうとなさったそうだ。そこで、素盞嗚神《すさのをのかみ》さまは『私《わたし》は決《けつ》して決《けつ》してその様《よう》な汚穢《きたな》い卑劣《さも》しい心《こころ》は持《も》ちませぬ。モウ此地《このち》の上《うえ》が厭《いや》になりましたから、母神《ははがみ》の御座《ござ》る月《つき》の国《くに》へ帰《かえ》りたい。それ迄《まで》に姉神様《あねがみさま》に一目《ひとめ》お目《め》に掛《かか》りたさに来《き》たのだ』と仰有《おつしや》っても、姉神様《あねがみさま》はお疑《うたがい》が深《ふこ》うて、容易《ようい》に納得遊《なつとくあそ》ばさず、とうとう、安《やす》の河原《かわら》（太平洋《たいへいよう》）を中《なか》において、天《あめ》の真名井《まない》（日本海《にほんかい》）に霊審判《みたまあらため》とか誓約《うけい》とか遊《あそ》ばすので、此頃《このごろ》は大変《たいへん》な事《こと》だ。サルヂニヤの一《ひと》つ島《じま》に、素盞嗚尊様《すさのをのみことさま》の瑞霊《みづのみたま》の一柱《ひとはしら》、深雪姫様《みゆきひめさま》が多紀理姫神《たぎりひめのかみ》となりて、この世《よ》の為《ため》に神様《かみさま》をお斎《まつ》り遊《あそ》ばして御座《ござ》った所《ところ》が、姉《あね》神様《がみさま》はこれを疑《うたが》い、自分《じぶん》の御珠《みたま》に感《かん》じてお生《う》まれになった天菩比命《あめのほひのみこと》とか云《い》う血染焼尽《ちぞめしようじん》の神様《かみさま》を遣《つか》わして、全島《ぜんとう》を焼滅《やきほろ》ぼし、最後《さいご》になって、深雪姫様《みゆきひめさま》は案《あん》に相違《そうい》の美《うつく》しき瑞霊《みづのみたま》の神様《かみさま》であったと云《い》う事《こと》が分《わか》り、アフンとして帰《かえ》られたという事《こと》だ。この湖《うみ》の竹《たけ》の島《しま》にも、秋月姫《あきづきひめ》と言《い》う瑞霊《みづのみたま》の中《なか》の一人《ひとり》の綺麗《きれい》な神様《かみさま》が鎮《しず》まって居《い》られるのを今度《こんど》は天津彦《あまつひこ》根命《ねのみこと》と云《い》う、菩比命《ほひのみこと》の弟神《おとうとがみ》が現《あら》はれて、竹《たけ》の島《しま》の宮殿《きゆうでん》を破壊《はかい》したり、人民《じんみん》を悪者《わるもの》と見《み》做《な》し、虱殺《しらみごろし》に屠《ほふ》り殺《ころ》すと云《い》って行《い》かれたそうだ。又《また》サルヂニヤの深雪姫様《みゆきひめさま》のやうに柔《やわら》かく出《で》られて、アフンとして帰《かへ》られるだろう」

乙「それは妙《みよう》な事《こと》だなア、神様《かみさま》でもそンな酷《ひど》い喧嘩《けんか》をなさるのか。さうすれば我々《われわれ》が夫婦《ふうふ》喧嘩《げんか》をするのは当然《あたりまへ》だなア。一体《いったい》この辺《へん》は何《ど》の神様《かみさま》がお守護《かま》い遊《あそ》ばすのだ」

甲「きまった事《こと》だよ。天《あめ》の真名井《まない》から此方《こっち》の大陸《たいりく》は残《のこ》らず、素盞嗚尊《すさのをのみこと》の御支配《ごしはい》、天教山《てんきょうざん》の自転倒島《おのころじま》（＝日本）から常世国《とこよのくに》（＝南北アメリカ）、黄泉島《よもつじま》（＝太古に太平洋にあった島。ハワイ島は陥没の際に固い部分が残ったもの）、高砂島《たかさごじま》（＝日本・台湾島又は南米大陸）は姉神様《あねがみさま》がお構《かま》いになって居《い》るのだ。それにも拘《かかわ》らず、姉神様《あねがみさま》は地教山《ちきょうざん》（＝ヒマラヤ山）も、黄金山《おうごんざん》（＝聖地・エルサレム）も、コーカス山《ざん》も全部《みんな》自分《じぶん》のものにしようと遊《あそ》ばして、種々《いろいろ》と画策《かくさく》をめぐらされるんだから、弟神様《おとうとがみさま》も姉《あね》に敵対《てきたい》もならず、進退《しんたい》維《こ》れ谷《きわ》まって此地《このち》の上《うえ》を棄《す》てて月《つき》の世界《せかい》へ行《ゆ》こうと遊《あそ》ばし、高天原《たかあまはら》に上《のぼ》られて、今《いま》や誓約《うけい》とかの最中《さいちゅう》だそうじゃ。姉神様《あねがみさま》の方《ほう》には、珠《たま》の御徳《みとく》から現《あら》われた立派《りっぱ》な五柱《いつはしら》の吾《あ》勝命《かつのみこと》、天菩比命《あめのほひのみこと》、天津彦根命《あまつひこねのみこと》、活津彦根命《いくつひこねのみこと》、熊野久須毘命《くまのくすびのみこと》という、それはそれは表《うわ》面《べ》は美《うつく》しい女《おんな》の様《よう》な優《やさ》しい神様《かみさま》で、心《こころ》は武勇絶倫《ぶゆうぜつりん》、勇猛突進《ゆうもうとっしん》、殺戮征伐《さつりくせいばつ》等《とう》の荒《あら》い事《こと》を為《な》さる神様《かみさま》が現《あら》われて、善《ぜん》と悪《あく》との立別《たてわけ》を、天《あめ》の真名井《まない》で御霊審判《みたましらべ》をして御座《ござ》る最中《さいちゅう》だと云《い》う事《こと》じゃ、姉神様《あねがみさま》は玉《たま》の如《ごと》く玲瓏《れいろう》として透《す》き通《とお》り愛《あい》の女神《めがみ》の様《よう》だが、その肝腎《かんじん》の御霊《みたま》から現《あら》われた神様《かみさま》は、変性男子《へんじようなんし》の霊《みたま》で、随分烈《ずいぶんはげ》しい我《が》の強《つよ》い神《かみ》さまだと云《い》う事《こと》だ。弟《おとうと》神様《がみさま》の方《ほう》は、見《み》るも恐《おそ》ろしい鋭利《えいり》な十握《とつか》の剣《つるぎ》の霊《みたま》からお生《うま》れになったのだが、仁慈無《じんじむ》限《げん》の女神様《めがみさま》で、瑞霊《みづのみたま》という事《こと》だ。此処《ここ》で天《あめ》の安河原《やすかわら》を中《なか》に置《お》いて、真名井《まない》の水《みづ》に其玉《そのたま》と剣《つるぎ》をふり滌《すす》いで善悪《ぜんあく》の立別《たてわ》けが出来《でけ》ると云《い》ふ事《こと》だよ。それだから、三五教《あなないきよう》が昔《むかし》から、『神《かみ》が表《おもて》に現《あら》はれて善《ぜん》と悪《あく》とを立別《たてわ》ける、此世《このよ》を造《つく》りし神直日《かむなおひ》』とかナンとか言《い》って居《ゐ》るのだ」

時置師「一寸皆《ちよつとみな》さまにお尋《たず》ね致《いた》しますが、御姉弟《ごきようだい》の神様《かみさま》が、誓約《うけい》なさると云《い》う事《こと》は、何処《どこ》でお聞《きき》になりましたか」

甲「イヤどこでも聞《き》きませぬ、何《なん》だか最前《さいぜん》から頭《あたま》が重《おも》くなったと思《おも》えば知《し》らず識《し》らずに、私《わたくし》の口《くち》からあンな事《こと》を喋《しやべ》ったのですよ。怪体《けたい》な事《こと》があればあるものですなア」

乙「オイ貴様《きさま》。現《げん》に貴様《きさま》の口《くち》から云《い》ったぢゃないか。何《なん》だ、しらじらしい。とぼけよって、正直《しようじき》な貴様《きさま》に似合《にあ》わぬ、何故《なぜ》そンな無責任《むせきにん》な事《こと》を言《い》うのだ」

甲「それだと言《い》って仕方《しかた》がないわ。俺《おれ》の心《こころ》にもない事《こと》を言《い》うのだもの……」
丙「モシモシお客《きやく》さま、此奴《こいつ》はこの頃《ごろ》の陽気《ようき》で、どうかして居《お》ります。何申《なにもう》すか分《わか》りませぬから、どうぞ取上《とりあ》げて下《くだ》さいますな」
時置師「イヤ結構《けつこう》です、大変《たいへん》に参考《さんこう》になりました。全《まつた》く此方《このかた》が言《い》はれたのでありますまい、神様《かみさま》の我々《われわれ》に対《たい》するお示《しめ》しでしょう」
……。
斯《か》く話《はな》す折《おり》しも、船《ふね》はチクチクと竹《たけ》の島《しま》に近《ちか》づき居《い》る。忽《たちま》ち起《おこ》る矢叫《やさけ》びの声《こえ》、鬨《とき》の声《こえ》、阿鼻叫喚《あびきようかん》、地獄《じごく》の惨状《さんじよう》を見《み》るが如《ごと》き、竹島《たけしま》の磯端《いそばた》に激烈《げきれつ》なる惨劇《さんげき》が演《えん》ぜられつつある光《こう》景《けい》、手《て》に取《と》る如《ごと》く見《み》え来《き》たる。

（『霊界物語』第十二巻・第二十五章「琴平丸」大正一一・三・一一　旧二・一三）

（注一）呉の海の橘嶋（立花嶋）　橘姫が鎮座され世界一切の草木繁茂し、稲麦豆粟黍のたぐい、蔓ものすべて自然に出来る蓬莱の島、食物・果物よく実る豊葦原の瑞

穂の国を実現する。誓約の段で素嗚盞尊の劔の威徳に現れた三女神の中の多岐津姫命は橘姫の後身。農業を以て民衆を支援される神。

●**琵琶湖の竹の島**（竹島・竹生島）には秋月姫が守護され、市杵嶋姫命は秋月姫の後身。一弦琴を弾き、天津祝詞・神言を奏上し、宣伝歌をとなえて神の守護を受け、敵を言向け和される。音楽・芸能を以て民衆を弥勒の世へと善導する。

●**瀬戸の海の一つ島**（神島・サルヂニア）深雪姫が守護され、多紀理姫命は深雪姫の後身。尚武勇健の気質に富む。種々の武器を造りそなえて国家鎮護の神業、つまり武器にて征伐、侵略、他国を併呑するのではなく、摂受、天下万民を救うために奉仕する。宮殿の屋根は千木、勝男木を高く、先は鋭利なる両刃の劔のごとく尖らせ、館の周囲には劔の垣をめぐらせ悪魔の侵入を防ぐ。

神島は兵庫県高砂沖の無人島。みろくの大神が鎮まっていた霊跡地。

三段の型で神島＝喜界ヶ島＝サルヂニアとなる。

サルヂニアはイタリア沖にあり、住民は質実剛健の気質に豊み勇悍。島には「ヌラーゲ」という三〜四千年前の砦・遺跡が二千程ある。語源は、神が天から地上に降り第一歩の足跡を残したことからサンダルが転化してサルヂニアとなる。

サルヂニアは、神島の地形とよく相似ている。

素尊の遠征（余白歌）

皇大神《すめおほかみ》の窟屋戸《いわやど》に　隠《かく》れまし丶を悉々《ことごと》く　素盞鳴之命《すさのおのみこと》の罪《つみ》と為《な》し　神々共《かみがみとも》に議《はか》り問《と》ひ千座《ちくら》の置戸《おきど》を負《おわ》せ宛《つつ》　八握《やつか》の髭《ひげ》を抜《ぬ》き落《おと》し　手足《てあし》の爪《つめ》まで抜《ぬか》しめて　退《やら》ひに遂《やら》ひ給《たま》ひけり故《か》れ素盞鳴《すさのお》の大神《おほかみ》は　天地《あめつち》も丶の罪科《つみとが》を　吾身《わがみ》一《ひ》とつに引受《ひきう》けて　御腹《みはら》に涙湛《なみだたた》えつ丶羊《ひつぢ》のごとくに出給《いでたま》ふ　亜細亜《あじあ》々弗利加《あふりか》欧羅巴《ようろぱ》　南北亜米利加《なんぼくあめりか》大洋洲《たいやうしう》　八島《やしま》の国《くに》に蟠《わだか》まり弱小《よわき》を倒《たを》す枉津神《まがつかみ》　八岐《やまた》の大蛇《おろち》の頭《くび》を斬《き》り　大海原《おほうなばら》に漂《ただ》よへる　国々造《くにぐにつく》り最終《いやはて》に　神《かみ》の稜《み》威《いづ》も出雲路《いづもぢ》の　肥《ひ》の川上《かわかみ》に異《あだ》を為《な》す　猛《たけ》き魔神《まがみ》をつむがりの　太刀《たち》もて斬立薙倒《きりたてなぎたほ》し　茲《ここ》に始《はぢ》めて芦原《あしはら》の　中津御国《なかつみくに》ぞ清《きよ》まれり　神素盞鳴《かむすさのお》の大神《おほかみ》は　大蛇《おろち》の帯刀《はかぜ》る積苅《つむがり》の　太刀《たち》を取《とら》して畏《かしこ》くも　姉《あね》の御神《みかみ》に献奉《たてまつ》り　瑞《みづ》の霊性《みたま》を明《あか》しつ丶　太《ふと》き功績《いさお》を立坐《たてまし》き　之《こ》れ叢雲《くさなぎ》の神《つる》剣《ぎ》にて　三種《みくさ》の神宝《たから》の一《ひと》つ也《なり》

（『神霊界』大正七年八月十五日号一六〇頁）

第四篇　小論

（一）富士山

現在《げんざい》の富士山《ふじさん》は皇典《こうてん》に所謂《いわゆる》高千穂《たかちほ》の峰《みね》が僅《わずか》に残《のこ》っているのである。昔天教山《むかしてんきょうざん》と云《い》い、又天橋山《またてんきょうざん》と云《い》った頃《ころ》は、西《にし》は現代《げんだい》の滋賀県《しがけん》、福井県《ふくいけん》に長《なが》く其裾《そのすそ》を垂《た》れ、北《きた》は富山県《とやまけん》、新潟県《にいがたけん》、東《ひがし》は栃木《とちぎ》、茨城《いばらぎ》、千葉《ちば》、南《みなみ》は神奈川《かながわ》、静岡《しずおか》、愛知《あいち》、三重《みえ》の諸県《しょけん》より、ズッと南方《なんぽう》百四、五十里《り》（約五五〇〜五九〇キロメートル）も裾野《すその》が曳《ひ》いて居《い》た。大地震《だいじしん》の為《ため》に南方《なんぽう》は陥落《かんらく》し、今《いま》や太平洋《たいへいよう》の一部《ぶ》となって居《い》る。

此地点《このちてん》を高天原《たかあまはら》と称《しょう》され、其土地《そのとち》に住《す》める神人《しんじん》を、高天原人種《たかあまはらじんしゅ》又《また》は天孫民族《てんそんみんぞく》と称《とな》えられた。現在《げんざい》の富士山《ふじさん》は古来《こらい》の富士地帯《ふじちたい》の八合目《ごうめ》以上《いじょう》が残《のこ》って居《い》るのである。周囲殆《しゅういほとん》ど一千三百里《り》（約五一〇〇キロメートル）の富士地帯《ふじちたい》は青木ケ原《あおきがはら》と総称《そうしょう》し、世界最大《せかいさいだい》の高地《こうち》であって、五風《ふう》十雨《う》の順序《じゅんじょ》よく、五穀《こく》豊穣《ほうじょう》し、果実稔《かじつみの》り、真《しん》に世界《せかい》の楽土《らくど》と称《とな》えられて居《い》た。其為《そのた》め、生存競争《せいぞんきょうそう》の弊害《へいがい》もなく、神《かみ》の選民《せんみん》として天与《てんよ》の恩恵《おんけい》を楽《たのし》みつつあったのである。

近江《おうみ》の琵琶湖《びわこ》は富士地帯《ふじちたい》の陥落《かんらく》せし時《とき》、其亀裂《そのきれつ》より生《しよう》じたものである。そして古代《こだい》の富《ふ》士山地帯《じさんちたい》は殆《ほとん》ど三合目四辺《ごうめあたり》に現代《げんだい》の富士《ふじ》の頂上《ちようじよう》の如《ごと》き高《たか》さを保《たも》ち雲《くも》が取巻《とりま》いて居《い》た。故《ゆゑ》に天孫民族《てんそんみんぞく》は四合目以上《ごうめいじよう》の地帯《ちたい》に安住《あんじゆう》して居《い》た。外《ほか》の国々《くにぐに》より見《み》れば、殆《ほとん》ど雲《くも》を隔《へだ》て其《その》上《うえ》に住居《じゆうきよ》して居《い》たのである。皇孫瓊々杵命《こうそんににぎのみこと》が天《あめ》の八重雲《やえくも》を伊都《いづ》の千別《ちわき》に千別《ちわき》て葦原《あしはら》の中《なか》津国《つくに》に天降《あまくだ》り玉《たま》いきという古言《こげん》は、即《すなわ》ち此世界最高《このせかいさいこう》の富士地帯《ふじちたい》より、低地《ていち》の国々《くにぐに》へ降《くだ》って来《こ》られた事《こと》を云《い》うのである。決《けつ》して太陽《たいよう》の世界《せかい》とか、金星《きんせい》の世界《せかい》から御降《おくだ》りになったのでない事《こと》は勿論《もちろん》である。

顕国《うつしくに》の御玉延長《みたまえんちよう》して金銀銅《きんぎんどう》の救《すくい》の橋《はし》の架《か》けられし時《とき》も、最高《さいこう》の金橋《きんきよう》は富士山上《ふじさんじよう》に高《たか》さを等《ひと》しゅうしていた。又《また》ヒマラヤ山《さん》は今日《こんにち》では世界最高《せかいさいこう》の山《やま》と謂《い》われているが、其時代《そのじだい》は地教山《ちきようざん》と言《い》い又銀橋山《またぎんきようざん》とも云《い》って、古代《こだい》の富士《ふじ》の高《たか》さに比《くら》ぶれば、二分《ぶ》の一にも及《およ》ばなかったのである。現代《げんだい》の富士山《ふじさん》は一万三千尺《しやく》（=約三九〇〇メートル）なれ共《ども》、古代《こだい》の

富士山（高天原・高千穂の嶺）高羽竹松氏提供

富士《ふじ》は六万尺《しゃく》（＝約一万八〇〇〇メートル）も高《たか》さがあったのである。仏者《ぶつしゃ》の所謂《いわゆる》須弥仙山《しゅみせんざん》も此天教山《このてんきょうざん》を指《さ》したものである。

現代《げんだい》の清水湾《しみずわん》及《および》遠州灘《えんしゅうなだ》の一部《ぶ》の如《ごと》きは、富士山《ふじさん》の八合目《ごうめ》に広《ひろ》く展開《てんかい》せる大湖水《だいこすい》であって、筑紫《つくし》の湖《うみ》と称《とな》えられていた。又同《またおな》じ富士山地帯《ふじさんちたい》の信州諏訪《しんしゅうすわ》の湖《うみ》は須佐《すさ》の湖《うみ》と云《い》ったのである。筑紫《つくし》の湖《うみ》には金竜数多《きんりゅうあまた》棲息《せいそく》して、大神《おほかみ》に仕《つか》え、風雨雷電《ふううらいでん》を守護《しゅご》していた。又《また》玉《たま》の湖《うみ》には白竜数多《はくりゅうあまた》棲息《せいそく》して、葦原《あしはら》の瑞穂国《みづほのくに》（全世《ぜんせ》界《かい》）の気候《きこう》を順調《じゅんちょう》ならしむべく守護《しゅご》していたのである。そして素盞嗚尊《すさのをのみこと》の神霊《しんれい》がこれを保護《ほご》し玉《たま》ひ、富《ふ》士地帯《じちたい》の二合目《ごうめ》あたりに位地《いち》を占《し》めていた。太古《たいこ》の大《だい》地震《じしん》に依《よ》って、此地帯《このちたい》は中心点程多《ちゅうしんてんほどおお》く陥没《かんぼつ》し、周囲《しゅうい》は比較的陥没《ひかくてきかんぼつ》の度《ど》が少《すくな》かった。其為《そのため》現代《げんだい》の如《ごと》く、高千穂《たかちほ》の峰《みね》たる現富士《げんふじ》を除《のぞ》く外《ほか》、海抜《かいばつ》の程度《ていど》が殆《ほとん》ど平均《へいきん》を保《たも》つ事《こと》になったのである。現代《げんだい》の山城《やましろ》、丹波《たんば》などは、どちらかと云《い》えば地球《ちきゅう》の傾斜《けいしゃ》の影響《えいきょう》に依《よ》って少《すこ》しく上《あが》った位《くらい》である。

（『霊界物語』三十七巻・第一章「富士山」）

（二）信濃国　皆神山

信濃《しなの》の国松代町《くにまつしろちょう》の郊外《こうがい》にある皆神山《みなかみやま》は尊《とうと》い神山《しんざん》であって、地質学上世界《ちしつがくじょうせかい》の山脈十字形《さんみゃくじけい》をなせる地《ち》であり、世界《せかい》の中心地点《ちゅうしんちてん》である。四囲《しい》は山《やま》が十重二十重《とえはたへ》にとりかこんで、綾部《あやべ》、亀岡《かめおか》の地勢《ちせい》と些《すこ》しも違《ちが》わぬ蓮華台《れんげだい》である。唯綾部《ただあやべ》は日本の山脈《さんみゃく》十字形《じけい》をなせる地《ち》で、これは又世界的《またせかいてき》であるだけの違《ちが》いである。『霊界物語《れいかいものがたり》』にある地教山《ちきょうざん》は此山《このやま》である。素盞嗚命《すさのをのみこと》が高天原《たかあまはら》なる天教山《てんきょうざん》より下《くだ》り、母神《ははがみ》の坐《まし》ますこの山《やま》にのぼりたまうた事実《じじつ》も、そっくりあの通《とお》り出《で》て来《き》たのである。私《わたし》は明治《めいじ》三十一年高熊山《ねんたかくまやま》にて修行中《しゅぎょうちゅう》、神懸《かんがか》りになって、

皆神山（＝研修資料『信州・皆神山』参照）

一番《ばん》につれて来《こ》られたのが天教山《てんきょうざん》の富士山《ふじさん》と、この皆神山《みなかみやま》とである。霊界《れいかい》で見《み》た山《やま》はこれよりもずっと大《おお》きく美《うつく》しかったが、大体《だいたい》の形《かたち》は今見《いまみ》るのと些《すこ》しも違《ちが》わぬ。眼下《がんか》に見《み》ゆる大溝池《おおこうち》、あの形《かたち》に型取《かたど》って金竜海《きんりゅうかい》（＝綾部の金竜海）は造《つく》ったのだ。十五丁目《ちょうめ》から頂上《ちょうじょう》まで僅《わず》か三丁《ちょう》であるけれど、霊界《れいかい》で一里以上《りいじょう》に見《み》え、神界《しんかい》では百里以上《りいじょう》に見《み》えた。世界十字に踏みならすの御神諭《ごしんゆ》も大《おおい》に味《あじ》わふべき事《こと》である。

神代歴史《じんだいれきし》にある地名《ちめい》は皆此処《みなここ》にある。天孫《てんそん》の降《こう》臨地《りんち》と云《い》うのはここの事《こと》であって、其昔《そのむかし》の天教《てんきょう》山《ざん》（今《いま》の富士山《ふじさん》）は印度《いんど》のヒマラヤ山《さん》（地教山《ちきょうざん》）

の三倍以上《ばいいじょう》の高《たか》さを持《も》って居《い》た事《こと》は嘗《かつ》て話《はな》しておいた。即《すなわ》ち雲表高《うんぴょうたか》く聳《そび》えて居《い》たので、ここを高天原《たかあまはら》と云《い》うて居《い》たのである。

その高地《こうち》から降《くだ》って、この地《ち》に来《こ》られたのを天降《あまくだ》られたと云《い》うのである。邇々芸之命《ににぎのみこと》より神武天皇《じんむてんのう》迄《まで》は実《じつ》に一三六万年《ねん》の年月《ねんげつ》を経過《けいか》して居《い》るのである。

この山《やま》は政治地理的《せいじちりてき》に云《い》えば、長野県埴郡豊栄村《ながのけんはにぐんとよさかむら》に属《ぞく》し、御祭神《ごさいしん》は熊野出速雄《くまのいづはやを》の神《かみ》で、綾部《あやべ》の産土神《うぶすながみ》と同《おな》じである。往昔素盞嗚《おうせきすさのを》の尊《みこと》がこの山《やま》で比良加《ひらか》を焼《や》かれたのが陶器《とうき》の初《はじ》めである。私《わたし》も帰《かえ》るとこれを記念《きねん》に新《あたら》しい窯《かま》を築《きず》いて陶器《とうき》を初《はじ》めるのである。……。

『霊界物語《れいかいものがたり》』によると地教山《ちきょうざん》はヒマラヤ山《さん》とありますが、日本《にほん》にあることは皆世界《みなせかい》にある訳《わけ》であります。

（『月鏡』一六〇頁）

（三）祈りは天帝にのみ

祈《いの》りは天帝《てんてい》にのみすべきものである。他《た》の神様《かみさま》には礼拝《れいはい》するのである。私《わたし》は其積《そのつもり》で沢《たく》山《さん》の神様《かみさま》に礼拝《れいはい》する。それは恰《あたか》も人々《ひとびと》に挨拶《あいさつ》すると同様《どうよう》の意味《いみ》に於《お》てである。誠《まこと》の神様《かみさま》は唯《ただ》一柱《ひとはしら》しかおわしまさぬ。他《た》は皆《みな》エンゼルである。

（『水鏡』一二頁）

(四) 火の洗礼と水の洗礼

火《ひ》をもって、パプテスマを行《おこな》うと云《い》う事《こと》は、人間《にんげん》を霊的《れいてき》に救済《きゆうさい》すると云《い》う事《こと》である。これ大乗《だいじよう》の教《おしえ》であって、今迄《いままで》の誤《あやま》れる総《すべ》てのものを、焼《や》き尽《つく》し、真《しん》の教《おしえ》を布《し》かれる事《こと》である。水《みず》をもってパプテスマを行《おこな》うと云《い》う事《こと》は、人間《にんげん》を体的《たいてき》に救済《きゆうさい》する事《こと》である。

火《ひ》は霊《れい》であり、水《みず》は体《たい》である。瑞霊《みづのみたま》の教《おしえ》は永遠《えいえん》の生命《せいめい》の為《た》め欠《か》くべからざるの教《おしえ》であって、厳霊《いづのみたま》の教《おしえ》は人生《じんせい》に欠《か》くべかざるの教《おしえ》である。

厳霊《いづのみたま》の教《おしえ》は、動議的《どうぎてき》であり、体的《たいてき》であり、現在的《げんざいてき》である。

瑞霊《みづのみたま》の教《おしえ》は道義《どうぎ》を超越《ちようえつ》して、愛《あい》のために愛《あい》し、真《しん》の為《た》めに真《しん》をなす絶対境《ぜつたいきよう》である。所謂《いわゆる》三宝《ぼう》に帰依《きえ》し奉《たてまつ》る心《こころ》である。火《ひ》の洗礼《せんれい》と、水《みず》の洗礼《せんれい》とは、それ程《ほど》の差異《さい》があるのである。某地《ぼうち》の大火災《だいかさい》を目《もく》して、火《ひ》の洗礼《せんれい》だと人《ひと》は云《い》うけれど、それは違《ちが》う、水《みず》の洗礼《せんれい》である、如何《いかん》となれば、それは体的《たいてき》のものであるから。

（『水鏡』一頁）

（五）素盞嗚尊と鼻

すさのをの尊《みこと》は鼻《はな》になりませる神《かみ》さまである。鼻《はな》は言霊学上《ことたまがくじょう》、はじめて成《な》るの意《い》である。物《もの》の鼻《はな》をハナと云《い》う、初発《しょはつ》の事《こと》をハナと云《い》う、植物《しょくぶつ》に咲《さ》く花《はな》も木《き》のハナに咲《さ》くからハナと云《い》うのである。わたしは鼻《はな》がよく利《き》く、くさい香《にお》いのするものは好《す》かない。宣《の》り直《なお》し、見《み》直《なお》しはあっても嗅《か》ぎ直《なお》しと云《い》う事《こと》はない。

（『水鏡』一九頁）

（六）鼻の世の中

今《いま》までは口《くち》と筆《ふで》の世《よ》の中《なか》であったが、もはや鼻《はな》の世《よ》の中《なか》になった。神素盞嗚大神様《かむすさのをのおほかみさま》のご活動期《かつどうき》に入《はい》ったのである。尖端《せんたん》を行《ゆ》くという言葉《ことば》が流行《りゆうこう》するが、尖端《せんたん》はすなわち顔《かお》の中《なか》で一番高《ばんたか》いハナの意味《いみ》であって、素尊《すそん》は鼻《はな》に成《な》りませる神様《かみさま》である。おしゃべりを止《や》めて、よく嗅《か》ぎわける世《よ》の中《なか》、先方《せんぽう》の鼻息《はないき》を考《かんが》える世《よ》の中《なか》、鼻高《はなたか》が鼻低《はなひく》うする世《よ》の中《なか》、高《たか》い鼻《はな》がけずられて目《め》につく世《よ》の中《なか》になるのである。昔《むかし》から目鼻《めはな》がつくという諺《ことわざ》があるが、これから鼻《はな》がつく世《よ》の中《なか》になるのである。目《め》がつくというのは人々《ひとびと》の心《こころ》の目《め》があく世《よ》の中《なか》をいうので、目鼻《めはな》がついた世《よ》すなわちミロクの世《よ》の中《なか》である。鼻《はな》はまた進歩発展《しんぽはってん》の意《い》を表《あらわ》す。

（『玉鏡』一二八頁）

（七）素尊の神業

一体《たい》素盞嗚尊《すさのをのみこと》は大国主命《おおくにぬしのみこと》に日本《にほん》をまかされて、御自身《ごじしん》は朝鮮《ちょうせん》（ソシモリ）の国《くに》に天降《あまくだ》りたまい、あるいはコーカサス山《ざん》に降《くだ》りたまいてアジアを平定《へいてい》され治《おさ》められていた。もっとも大国主命《おおくにぬしのみこと》が治《おさ》められた国《くに》は今《いま》の滋賀県《しがけん》より西《にし》であって、それより天照大神様《あまてらすおおかみさま》の治《おさ》めたもう地《ち》であった。

ただし北海道《ほつかいどう》は違《ちが》う。大国主命《おおくにぬしのみこと》に対《たい》して国譲《くにゆず》りのことがあったのは、その滋賀以西《しがいせい》を譲《ゆず》れとの勅命《ちょくめい》であったのである。ゆえに素盞嗚尊《すさのをのみこと》の神業《しんぎょう》は大《だい》アジアにあることを思《おも》わねばならぬ。王仁《わたし》が先年蒙古入《せんねんもうこい》りをなしたものも、太古《たいこ》の因縁《いんねん》によるもので、いま問題《もんだい》になりつつあるアジア問題《もんだい》というものは、おのずから天運循環《てんうんじゅんかん》しきたる神業《しんぎょう》の現《あら》われであると言《い》ってもよい。

（『玉鏡』一〇二頁）

（八）亜細亜大陸と素尊の御職掌

神典《しんてん》にいう葦原《あしはら》の国《くに》とは、スエズ運河以東《うんがいとう》の亜細亜大陸《あじあたいりく》をいうのである。ゆえにその神典《しんてん》の意味《いみ》からいい、また太古《たいこ》の歴史《れきし》からいえば日本国《にほんこく》である。三韓《さんかん》のことを「根《ね》の堅洲国《かたすくに》」ともいう。新羅《しらぎ》、高麗《こま》、百済《くだら》、ミマナ等《とう》のことであるが、これには今《いま》の蒙古《もうこ》あたりは全部包含《ぜんぶほうがん》されていたのである。

また出雲《いずも》の国《くに》に出雲朝廷《いずもちょうてい》というものがあって、すべてを統治《とうち》されておったのである。

一体《たい》この亜細亜《あじあ》すなわち葦原《あしはら》は伊邪那美尊様《いざなみのみことさま》が領有《りようゆう》されていたのであって、「黄泉国《よもつくに》」というのは、印度《いんど》、支那《しな》、(注一)トルキスタン、太平洋中《たいへいようちゆう》の「ムー」国等《こくとう》の全部《ぜんぶ》を総称《そうしよう》していた。それが伊邪那美尊様《いざなみのみことさま》がかくれ給《たま》うたのち素盞鳴尊様《すさのをのみことさま》が継承《けいしよう》されたので、そののちは亜細亜《アジア》は素盞鳴尊様《すさのをのみことさま》の知《し》ろし召《め》し給《たま》う国《くに》となったのである。素盞鳴《すさのを》という言霊《ことたま》は、世界《せかい》という意味《いみ》にもなる。また、武勇《ぶゆう》の意味《いみ》もあり、大海原《おおうなばら》という意義《いぎ》もあるごとく、その御神名《ごしんめい》がすでに御職掌《ごしよくしよう》を表《あらわ》している。それで素盞鳴尊様《すさのをのみことさま》の御神業《ごしんぎよう》は亜細亜《アジア》の大陸《たいりく》にある。しかしながら日《ひ》の本《もと》の国《くに》が立派《りつぱ》に確立《かくりつ》されなくてはいけない。自分《じぶん》が蒙古《もうこ》に入《はい》ったのも、また紅卍字会《こうまんじかい》と握手《あくしゆ》したのも、みな意義《いぎ》のあることで、大神業《だいしんぎよう》の今後《こんご》にあることを思《おも》うべきである。

『昭和《しようわ》』の雑誌《ざつし》に次《つぎ》のような歌《うた》を出《だ》しておいた。充分考《じゆうぶんかんが》えて見《み》るべきである。

亜細亜《アジア》とは葦原《あしはら》の意義《いぎ》あし原《はら》は　わが日《ひ》の本《もと》の国名《こくめい》なりけり

時《とき》は今我《いまわ》が国民《こくみん》は建国《けんこく》の　皇謨《こうぼ》により活動《かつどう》すべき秋《とき》

和《わ》光同塵政策《こうどうじんせいさく》をとりし我《わ》が国《くに》は　旗幟《きし》を鮮明《せんめい》にすべき時《とき》なり　（『玉鏡』一〇三頁）

（注一）**トルキスタン**　イラン語で「トルコ人の土地」の意。中央アジアの南半。パミール高原および天山山脈を中心としてその東西にわたる地方。西部はロシア・トルキスタン（トルクメン・ウズベク・キルギス）、東部は中国領で新疆ウイグル自治区に至る地域）

（九）素盞嗚尊の領域

昔《むかし》の本当《ほんとう》の日本《にほん》は、素盞嗚尊《すさのおのみこと》が、朝鮮《ちょうせん》に根拠《こんきょ》を置《お》いて国《くに》を治《おさ》めておられた時《とき》には、シベリアも蒙古《もうこ》も亦印度《またいんど》も、あの辺《へん》までも及《およ》んで居《お》ったのでありまして、今《いま》の日本《にほん》の国《くに》は細《ほそ》長《なが》い島国《しまぐに》でありますけれども、昔《むかし》は台湾《たいわん》から樺太《からふと》まであの長《なが》さをぶん廻しにして円《えん》を描《えが》いた丈《たけ》の広《ひろ》さがあったのであります。国《くに》というのは囗《くにがまえ》の中《なか》に丶《ほち》があります。これが主《す》の国《くに》であって皇国《こうこく》である。

（『出口王仁三郎全集』第五巻「金輪聖王の世」五〇九頁）

（一〇）稲羽の白兎

大国主命《おおくにぬしのみこと》が兄《あに》八十神《がみ》の供《とも》となりて稲羽《いなば》（因幡）の国《くに》に向《む》かうときに、気多之前《けたのさき》において裸《はだか》の兎《うさぎ》がおった。八十神《がみ》はその兎《うさぎ》にむかい、海《うみ》に浴《よく》して風《かぜ》のふく高山《たかやま》の尾《お》の上《え》に伏《ふ》せというたので、正直《しょうじき》にも兎《うさぎ》は言《い》わざるままにしたところが、塩《しお》の乾《かわ》くにつれて皮《かわ》がことごとく風《かぜ》に吹《ふ》きさかれて痛《いた》みに堪《た》えず泣《な》いていた。

そこへ大国主命《おおくにぬしのみこと》が通《とお》りかかってその由《よし》を聞《き》き、大《おお》いに哀《あわ》れと思召《おぼしめ》して種々《しゅじゅ》と教《おし》えられたと言《い》うことは『古事記《こじき》』にもあり、日本《にほん》の伝説《でんせつ》としてもよく人々《ひとびと》の語《かた》り草《ぐさ》となって居《い》るし、また鳥取県下《とっとりけんか》には白兎神社《じんじゃ》と云《い》って白兎《しろうさぎ》を祀《まつ》った宮《みや》まであるが、この兎《うさぎ》というのはその人《ひと》の名前《なまえ》であって、馬《うま》とか鹿《しか》とかいう名前《なまえ》があるように、白兎《しろうさぎ》という名前《なまえ》をもった人《ひと》であったのである。すなわちその一族《ぞく》は淤岐《おき》の島《しま》から渡《わた》ってきた小民族《しょうみんぞく》の一団《だん》であって、中《なか》の首長《しゅちょう》が白兎《しろうさぎ》という名前《なまえ》をもっていたのである。それが海《うみ》の鰐《わに》をあざむき、ために怒《いか》りにふれて毛《け》を皆《みな》むしり取《と》られたというのは、鰐《わに》とは当時《とうじ》の海上《かいじょう》を根拠《こんきょ》としていた民族《みんぞく》のようなもので、極端《きょくたん》に言《い》えば海賊《かいぞく》の一団《だん》と言《い》ってもよい。それを欺《あざむ》いたので、一切《さい》の掠奪《りゃくだつ》に遭《あ》ったので患《わずら》い泣《な》き悲《かな》しんでいたのである。

（『玉鏡』一〇七頁）

（一一）出雲言葉

出雲《いずも》の言葉《ことば》は、今《いま》では出雲《いずも》地方独特《ちほうどくとく》のものとされて一般《ぱん》にさげすまれ嘲《あざけ》られているが、これが神代《かみよ》の言葉《ことば》を多分《たぶん》に含《ふく》んでいる。『霊界物語《れいかいものがたり》』第《だい》四巻《かん》に「神代言葉《かみよことば》」として示《しめ》しておいたもので、よく似《に》たところのあることを悟《さと》ることができるであろう。コーカス民族《みんぞく》であったものが勢力《せいりょく》を拡大《かくだい》して彼《かれ》らの言葉《ことば》を、正《ただ》しきものとして使用《しよう》するようになったため、出雲言葉《いずもことば》が次第《しだい》に衰《おとろ》えてしまって今日《こんにち》のようになったのである。

（『玉鏡』五七頁）

（一二）蓑笠の起源

高天原《たかあまはら》を退《やら》われたまい、さすらいの旅《たび》に上《のぼ》らせたもうた素盞嗚尊様《すさのをのみことさま》は、風《かぜ》の朝雨《あしたあめ》の夕《ゆう》べ、昨日《きのう》は東《ひがし》今日《きょう》は西《にし》、あてどもなく世界各地《せかいかくち》を足《あし》にまかしてお歩《ある》きになる、どこに行《い》ってもだれ一人《ひとり》として、宿《と》めてくれる人《ひと》もなく、やすましてくれる家《いえ》もなかったので、雨露《うろ》を防《ふせ》ぐために、蓑笠《みのかさ》を自《みず》ら作《つく》らせたもうて、山《やま》に寝《い》ね野《の》に伏《ふ》し、果《は》てしもしらぬ旅《たび》のお傷《いた》わしいお姿《すがた》であった。

太古《たいこ》は五風《ふう》十雨《う》といって十日目《かめ》に雨《あめ》が降《ふ》り五日目《かめ》に風《かぜ》が吹《ふ》き、少《すこ》しも変《か》わることなく、いと穏《おだ》やかに世《よ》は治《おさ》まっていたのである。

上記《じょうき》のごとく素尊《すそん》に迫害《はくがい》を加《くわ》え奉《たてまつ》って以来《いらい》、その天罰《てんばつ》によって今日《こんにち》のごとく大風《おおかぜ》や大《おお》雨《あめ》が時《とき》ならぬ時《とき》におこり、冬雷《ふゆかみなり》が鳴《な》ったり、春《はる》の終《おわ》りに雪《ゆき》が降《ふ》ったりするような乱調子《らんちょうし》を呈《てい》するに至《いた》ったのである。

（『玉鏡』一二四頁）

（一三）八岐大蛇

八岐《また》の大蛇《おろち》ということは、その当時《とうじ》における大豪族《だいごうぞく》の意味《いみ》であって、八人《にん》の大将株《たいしょうかぶ》が居《い》たから八岐《また》というのじゃ。また大蛇《おろち》という意味《いみ》は、言霊上《ことたまじょう》おそろしいの意《い》が転訛《てんか》したので、おとろしいとか、おろちいというのも同《おな》じことである。そして尾《お》とは、八人《にん》の大将株《たいしょうかぶ》に引《いん》率《そつ》されている多数《たすう》の部下《ぶか》の意味《いみ》で、よくたくさんの人《ひと》が隊伍《たいご》をつくって行《ゆ》くときは、長蛇《ちょうだ》のごとしに見《み》える。また悪《わる》い者《もの》を鬼《おに》か蛇《じゃ》かということがあるように、蛇《じゃ》の文字《もじ》が使用《しよう》されている。

素盞鳴尊《すさのをのみこと》は印度《いんど》のボンベイよりその八岐大蛇《やまたのおろち》すなわち大豪族《だいごうぞく》の大部隊《だいぶたい》を追《お》っ掛《か》けられて、長年月《ちょうねんげつ》を経《へ》らて、各地《かくち》において小《しょう》おろちを退治《たいじ》られつつ、伯耆《ほうき》の大山《だいせん》に逃《に》げこんで割拠《かつきょ》していた大豪族《だいごうぞく》をついに退治《たいじ》られた。すなわち征討《せいとう》されたのじゃ。

また日野川《ひのかわ》というのは血《ち》の川《かわ》とも言《い》って、退治《たいじ》した大蛇《おろち》の、あまりに大部隊《だいぶたい》であったため、川水《かわみず》が血《ち》の色《いろ》に染《そ》まったということでこの名称《めいしょう》がおきた。尾八尾《おやつを》、谿八谷《たにたに》というのは、その大山地帯《だいせんちたい》に、広範囲《こうはんい》に群居《ぐんきょ》したことをいうので、山《やま》の尾《お》にも、谷々《たにだに》にも、一ぱいに

なっていたという意味《いみ》で、その部下《ぶか》の数《かず》の多《おお》きを表現《ひょうげん》したものである。（『玉鏡』一〇八頁）

（一四）大黒主と八岐大蛇

大黒主《おおくろぬし》は月《つき》の国《くに》（＝インド）の都《みやこ》ハルナを三五教《あなないきょう》の宣伝使《せんでんし》の為《ため》に追《お》われ、再《ふたた》び日本《にほん》に逃《に》げ来《きた》り、夜見《よみ》が浜《はま》なる境港《さかいこう》より上陸《じょうりく》し、大山《だいせん》にひそんだのである。素盞嗚命《すさのをのみこと》これを追跡《ついせき》して安来港《やすきこう》に上陸《じょうりく》したまい、所謂大蛇退治《いわゆるおろちたいじ》を遊《あそ》ばされたのであるが、大黒主《おおくろぬし》は大山《だいせん》に於《おい》て八岐大蛇《やまたのおろち》の正体《しょうたい》を現《あら》わしたのである。後世《こうせい》大蛇《おろち》のことを池《いけ》の主《ぬし》とか、山《やま》の主《ぬし》とか呼《よ》んで主《ぬし》の字《じ》をつけるのは、大黒主《おおくろぬし》の主《ぬし》より来《きた》るものである。

（『月鏡』一八頁）

（一五）琴の初め

一絃琴《げんきん》、二絃琴《げんきん》、十三絃琴《げんきん》の箏《そう》の琴《こと》と、だんだんいろんな琴《こと》が出来上《できあが》ったが、その初《はじ》まりというのは、やはり素盞嗚尊様《すさのをのみことさま》であって、尊様《みことさま》がご機嫌《きげん》が悪《わる》いとき、櫛稲田姫様《くしなだひめさま》が矢《や》じりをもって弓《ゆみ》の絃《げん》をピンピンと鳴《な》らしてお慰《なぐさ》め申《もう》し上《あ》げたので、これが一絃琴《げんきん》の初《はじ》まりである。

（『玉鏡』一三六頁）

（一六）樹木

太古《たいこ》、日本《にほん》には雑木《ぞうき》ばかり生《は》えていたので、素盞鳴尊《すさのをのみこと》が朝鮮《ちようせん》より、桧《ひのき》、松《まつ》、杉《すぎ》、槙等《まきとう》の種《たね》を持《も》って帰《かえ》られて植《う》えたのが、現在《げんざい》のように繁殖《はんしよく》したのである。

（『玉鏡』五一頁）

※『日本書紀』第一巻　一書《あるふみ》に曰《いは》く　素鳴盞尊《すさのをのみこと》の曰《いは》く、韓郷之嶋《からくにのしま》はこれ金銀《きんぎん》有《あ》り。もし吾《あ》が児《こ》の知《し》らする国《くに》に浮宝《うきたから》（＝水に浮く宝の意。船をほめたたえる語）有《あ》らずば、よからじとのたまいて、すなはち鬚髯《ひげ》を抜《ぬ》き散《あか》つ。即《すなは》ち杉《すぎ》と成《な》る。また胸毛《むなげ》を抜《ぬ》き散《まき》つ。これ檜《ひ》と成《な》る。尻毛《かくれのけ》はこれ槇《まき》と成《な》る。眉毛《まゆげ》はこれ楠木《くすのき》と成《な》る。すでにしてその用《もち》うべきを定《さだ》めむ。すなはちことあげして曰《のたま》はく、杉《すぎ》および楠木《くすのき》、この両樹《ふたつのき》はもって浮宝《うきたから》となすべし。檜《ひ》はもって瑞宮《みずのみや》をつくるべき材《き》とすべし。槇《まき》はもって顕見蒼生《うつしきあをひとぐさ》の奥津棄《おきつすた》

戸《べ》（＝御柩）にもちふさむ具《そなへ》になすべし。その比《くら》ぶべき八十木種《やそこだね》も、皆《みな》よく播《ほどこ》し生《う》う。時《とき》に素鳴盞尊《すさのをのみこと》の子《こ》、號《みな》を五十猛命《いそたけるのみこと》と曰《のたまは》す。……またよく木種《こだね》を分布《まきほどこ》す。即《すなは》ち紀伊国《きいのくに》に渡《わた》し奉《まつ》る。然《しか》して後《のち》に、素盞鳴尊《すさのをのみこと》熊成峯《のたけ》にまして、遂《つひ》に根国《ねのくに》に入《い》りましき。

（一七）素尊と稚姫岐美命

神世《かみよ》のむかし素盞鳴尊様《すさのをのみことさま》と稚姫岐美命様《わかひめぎみのみことさま》との間《あいだ》にエロ関係《かんけい》があった。大日孁尊様《おほひるめのみことさま》がこれをさとられて、天津罪《あまつつみ》を犯《おか》したものとして生木《なまき》を割《さ》くようにして、はるばる高麗《こま》の国《くに》へ稚姫岐美命様《わかひめぎみのみことさま》を追《お》いやられた。

風《かぜ》の朝雨《あしたあめ》の夕《ゆう》べ、天教山《てんきょうざん》を遠《とお》くはなれて異郷《いきょう》にあって、尊恋《みことこい》しさに泣《な》きあかす姫命《ひめのみこと》は思《おも》いに堪《た》えかねて、烏《からす》の羽裏《はねうら》に恋文《こいぶみ》を認《みと》め、この切《せつ》なる思《おも》いの願《ねが》わくは途中妨《とちゅうさまた》げらるることなく、尊様《みことさま》の御手《みて》に入《い》れかしと祈《いの》りをこめて烏《からす》を放《はな》った。烏《からす》の羽裏《はねうら》に文《ふみ》を書《か》いたのは、黒《くろ》に墨《すみ》、だれが見《み》てもちょっと分《わか》らぬようにと用意周到《よういしゅうとう》なるお考《かんが》えからであった。

烏《からす》は玄海《げんかい》の荒浪《あらなみ》をこえ、中国《ちゅうごく》の山《やま》また山《やま》をはるか下界《げかい》に眺《なが》めつつ息《いき》をも休《やす》めず、飛《と》びに飛《と》んで伊勢《いせ》の国《くに》までにたどりついたのである。このとき烏《からす》はもう極度《きょくど》に疲《つか》れてしまって、あわれ稚姫岐美命《わかひめぎみのみこと》の燃《も》ゆる恋情《おもい》を永久《えいきゅう》に秘《ひ》めて、その地《ち》で死《し》んでしまったのである。

いまのお烏神社《からすじんじゃ》（＝御香良須神社）のあるところがその地《ち》なのである。だからお烏神《からすさ》社《ん》の御神体《ごしんたい》は、この烏《からす》の羽根《はね》だという説《せつ》がある。

こなた、今日《きょう》か明日《あす》かと尊様《みことさま》の御返事《ごへんじ》を待《ま》ちわびた姫命《ひめのみこと》は、いつまでたっても烏《からす》が復《ふく》命《めい》しないので、ついに意《い》を決《けつ》して自転倒島《おのころじま》へと渡《わた》り給《たま》うたのである。しかしながら何処《どこ》までもこの恋《こい》は呪《のろ》われて、ちょうど高天原《たかあまはら》においての素盞鳴尊様《すさのをのみことさま》もおもいは同《おな》じ恋衣《こいごろも》、朝《ちょう》鮮《せん》からの便《たよ》りが一向《こう》ないので痛《いた》く心《こころ》をなやませたまい、姫命《ひめのみこと》にあって積《つも》る思《おも》いを晴《は》らさむと、ついに自《みずか》ら朝鮮《ちょうせん》に下《くだ》られたのである。ああ、しかし尊《みこと》が檀山《だんざん》に到着《とうちゃく》されたときは、姫命《ひめのみこと》の影《かげ》も姿《すがた》も見《み》えなかった。行《ゆ》き違《ちが》いになったのである。

かくて稚姫岐美命《わかひめぎみのみこと》はついに紀州《きしゅう》の和歌《わか》の浦《うら》で神去《かむさ》りましたのである。玉津島明神《たまつしまみょうじん》、これが稚姫岐美命様《わかひめぎみのみことさま》を祀《まつ》り申《もう》しあげたものである。

（『玉鏡』一〇五頁）

（一八）素尊御陵（一）

岡山県和気郡熊山《おかやまけんわけぐんくまやま》の山頂《さんちょう》にある戒壇《かいだん》は、神素盞嗚大神様《かむすさのをのおおかみさま》の御陵《ごりょう》である。古昔《こせき》、出雲《いずも》の国《くに》と称《しょう》せられたる地点《ちてん》は、近江《おうみ》の琵琶湖以西《びわこいせい》の総称《そうしょう》であって、素盞嗚大神様《すさのをのおおかみさま》のうしはぎ給《たま》うた土地《とち》である。湖《みずうみ》の以東《いとう》は天照大神様《あまてらすおおかみさま》の御領分《ごりょうぶん》であった。このゆえに誓約《うけい》はその中央《ちゅうおう》にある天《あめ》の真奈井《まない》すなわち琵琶湖《びわこ》で行《おこ》なわれたのである。

○

出雲《いずも》の国《くに》というのは、いずくもの国《くに》の意《い》にて、決《けっ》して現今《げんこん》の島根県《しまねけん》に限《かぎ》られたわけではないのである。素盞嗚大神様《すさのをのおおかみさま》は八頭八尾《やつがしらやつを》の大蛇《おろち》を御退治《ごたいじ》なされてのち櫛稲田姫《くしなだひめ》と須賀《すが》の宮《みや》に住《す》まわれた。

○

尊《みこと》百年《ねん》ののち、出雲《いずも》の国《くに》のうち最上清浄《さいじょうせいじょう》の地《ち》を選《えら》び、御尊骸《ごそんがい》を納《おさ》め奉《たてまつ》った。これ備前国《びぜんのくに》和《わ》気《け》の熊山《くまやま》である。大蛇《おろち》を断《き》られた十握《とつか》の剱《つるぎ》も同所《どしょ》に納《おさ》まっているのである。かの『日本書紀《にほんしょき》』にある「素盞嗚尊《すさのをのみこと》の蛇《じゃ》を断《き》りたまえる剱《つるぎ》は今吉備《いまきび》の神部《かんとものを》の許《ところ》にあり、云々《うんぬん》」とあるが熊山《くまやま》のことである。

この戒壇《かいだん》と称《とな》える石壇《いしだん》は、考古学者《こうこがくしゃ》も何《なん》とも鑑定《かんてい》がつかぬと言《い》っているそうであるが、そのはずである。ちなみに熊山《くまやま》の麓《ふもと》なる伊部町《いんべちょう》は伊部焼《いんべやき》の産地《さんち》であるが、大蛇退治《おろちたいじ》に使用《しよう》されたる酒甕《さかがめ》はすなわちこの地《ち》で焼《や》かれたものである。伊部《いんべ》は忌部《いみべ》の義《ぎ》であり、また斎部《いっきべ》の意《い》である。（研修資料『熊山』参照）

（『月鏡』一八五頁）

（一九）素尊御陵（二）

熊山《くまやま》において再《ふたた》び数個《すうこ》の戒壇《かいだん》を発見《はっけん》したと言《い》うか、そうであろう、そうでなければならぬはずである。全体《ぜんたい》素盞嗚尊様《すさのをのみことさま》の御陵《ごりょう》は、三つの御霊《みたま》にちなんで三個《こ》なければならぬので、

熊山（研修資料『熊山』参照）

前発見《ぜんはっけん》のものを中心《ちゅうしん》としておそらく三角形《かくけい》をなしているのであろうと思《おも》う。

他《た》の二つには御髪《おくし》、御爪《おつめ》などが納《おさ》められているのである。ひとり素盞鳴尊様《すさのをのみことさま》にかぎらず、高貴《こうき》なる地位《ちい》にある人々《ひとびと》は、毛髪等《もうはつとう》の一部《ぶ》を葬《ほうむ》って、そこに墓《はか》をきずき、ありし世《よ》を偲《しの》ぶよすがとしたもので、人物《じんぶつ》が偉《えら》ければえらいほどその墓《はか》はたくさんあるものである。遺髪《いはつ》、爪《つめ》などを得《う》ることができない場合《ばあい》は、その人《ひと》の所持品《しょじひん》たとえば朝夕《あさゆう》使《つか》った湯呑《ゆのみ》とか硯《すずり》とか、そういうものまでも墓《はか》としてまつり崇敬《すうけい》の誠《まこと》をいたしたものである。なお、そうしたものを得《え》られない場合《ばあい》は、その人《ひと》の居《お》った屋敷《やしき》の土《つち》をとってきて、かっては故人《こじん》が足跡《そくせき》を印《いん》したなつかしい思《おも》い出《で》としてこれを納《おさ》め、その上《うえ》に墓《はか》を立《た》てて祭《まつ》ったのである。

現代《げんだい》でも富豪《ふごう》などでは自分《じぶん》の菩提寺《ぼだいじ》に墓《はか》をもち、また高野山《こうやさん》に骨肉《こつにく》の一部《ぶ》を納《おさ》めたる墓《はか》をもっていると同様《どうよう》である。天照大神《あまてらすおおかみ》さまの御陵《ごりょう》などと称《しょう》するものが方々《ほうぼう》から現《あら》われてくるのはこういう理由《りゆう》である。櫛稲田姫御陵《くしなだひめごりょう》もそこにあるのであるが、詳《くわ》しいことは行《い》って見《み》ねばわからぬ。

（『月鏡』一八七頁）

（二〇）空相と実相

竜樹菩薩《りゅうじゅぼさつ》は空《くう》を説《と》いた。空《くう》というのは神《かみ》または霊《れい》ということである。目《め》に見《み》えず、耳《みみ》に聞《き》こえぬ世界《せかい》であるから空《くう》というのである。空相《くうそう》は実相《じっそう》を生《う》む、霊《れい》より物質《ぶっしつ》が生《う》まれてくることを意味《いみ》する。

無《む》より有《ゆう》を生《しょう》ずるというのも同《おな》じ意味《いみ》で、神《かみ》がすべての根元《こんげん》であり、それより森羅万象《しんらばんしょう》を生《しょう》ずるのである。霊《れい》が先《さき》であり体《たい》が後《あと》である。家《いえ》を建《た》てようとおもう思《おも》いは外的《がいてき》にみて空《くう》である。けれどもその思《おも》いの中《なか》には、ちゃんとりっぱな建造物《けんぞうぶつ》が出来上《できあ》がっているのである、それがやがて設計図《せっけいず》となって具体化《ぐたいか》する。さらに木材《もくざい》の蒐集《しゅうしゅう》となり組《く》み立《た》てとなり、ついに実際《じっさい》の大廈高楼《たいかこうろう》が現出《げんしゅつ》する。空相《くうそう》が実相《じっそう》を生《う》み、無《む》より有《ゆう》が生《しょう》じたのである。真如実相《しんにょじっそう》という意《い》を聞《き》くのか、真如《しんにょ》は神《かみ》、仏《ほとけ》、絶対無限《ぜったいむげん》の力《ちから》をいうのであるから、前《まえ》と同《おな》じ意味《いみ》である。実相《じっそう》は物質的意味《ぶっしつてきいみ》である。

（『月鏡』九四頁）

（二）人間の創造

神《かみ》は、この宇宙《うちゅう》を修理固成《しゅうりこせい》される時《とき》、まず樹木《じゅもく》を造《つく》り、それから人《ひと》を造《つく》られたのである。人間《にんげん》は木《き》から生《う》まれさせられたのである。そののち獣《けだもの》、鳥《とり》、魚《さかな》、虫《むし》の順序《じゅんじょ》にお造《つく》りになった。虫《むし》のごときは、今日《こんにち》といえどもなお木《き》からわかして造《つく》られることがある。

いかなる島《しま》にでも人類《じんるい》が住《す》んでいるということは、神《かみ》が諸処《しょしょ》において木《き》から人《ひと》を造《つく》られたからである。神《かみ》が土《つち》をもって人間《にんげん》を造《つく》られたというのは、神《かみ》がまず土《つち》をかためて木《き》を生《は》やし、それから人間《にんげん》を造《つく》られたのであって、直接土《ちょくせつつち》から造《つく》られたというのではない。土《つち》から木《き》を生《は》やし、木《き》から人間《にんげん》を造《つく》られた。その間《あいだ》でも何百万年《なんねん》かかっている。

（『玉鏡』三二頁）

（二二）人間は木から生まれた

足魂《たるむすび》から生魂《いくむすび》が出《で》る。大《おお》きな木《き》が腐《くさ》って人間《にんげん》が生《う》まれた。あたかも小豆《あづき》に虫《むし》が発生《はっせい》し、櫟《くぬぎ》に甲虫《かぶとむし》が出来《でき》、また栗《くり》の木《き》から栗虫《くりむし》が出来《でき》るようなものである。

（『水鏡』二二三頁）

（二三）男女の道

伊邪那岐《いざなぎ》、伊邪那美命《いざなみのみこと》が御子《みこ》生《う》みの神業《しんぎょう》において、まず伊邪那美命《いざなみのみこと》より「あなにやしえー男《おとこ》」と言葉《ことば》をかけ給《たま》うた。そして生《う》まれた神《かみ》が蛭子《ひるこ》の神《かみ》で、神《かみ》の中《なか》に入れられず、流《なが》し捨《す》てられた。これは女《おんな》は受動的《じゅどうてき》、男《おとこ》は能動的《のうどうてき》の意味《いみ》を教訓《きょうくん》されたもので、女《おんな》より先《さき》に男《おとこ》より先《さき》に声《こえ》をかけるのではない、男《おとこ》に従《したが》うべきものである。今《いま》ごろの女《おんな》には、女《おんな》より男《おとこ》に恋愛《れんあい》を申《もう》し込《こ》んだり、手紙《てがみ》を出《だ》したりするが、それは間違《まちが》っている。………。

天《てん》というのは男《おとこ》、地《ち》というのは女《おんな》とされて、天地《てんち》と文字《もじ》までその意味《いみ》に使用《しよう》され地天《ちてん》とは言《い》わぬ。日月《じつげつ》もそのとおりである。ただ陰陽《いんよう》の場合《ばあい》に、なぜ陽陰《よういん》といわぬかと思《おも》うかも知《し》れぬが、これは現界《げんかい》においては神《かみ》の支配権内《しはいけんない》につつまれて、多分《たぶん》にその守護《しゅご》を受《う》けるので、その意味《いみ》で尊《とうと》んだ言葉《ことば》として陰陽《いんよう》というのである。

（『玉鏡』一一三頁）

（二四）蛭子の神

エベス、大黒《だいこく》といって福《ふく》の神《かみ》とあがめているが、そのエベスというのは蛭子《ひるこ》の神《かみ》のことである。伊邪那岐《いざなぎ》、伊邪那美《いざなみ》二神《しん》が、御子生《みこう》みの神業《しんぎょう》のときに、伊邪那美命《いざなみのみこと》が先《ま》ず言葉《ことば》をかけたもうた。そのとき生《う》まれたのが蛭子《ひるこ》の神《かみ》で、これは天地顛倒《てんちてんとう》の神業《かむわざ》であったため、蛭《ひる》のように骨《ほね》なしで、グニャグニャであった。ゆえに御子《みこ》の列《れつ》に入《い》れられず、葦舟《あしぶね》にのせ流《なが》しすてられた。それが今《いま》の兵庫県西《ひょうごけんにし》の宮《みや》に流《なが》れ着《つ》いたので、漁夫《ぎょふ》たちがこれを拾《ひろ》い祀《まつ》った。それで西《にし》の宮《みや》の蛭子《えべす》という言葉《ことば》が出《で》た。しかしグニャグニャの神《かみ》で蛭《ひる》のようであったので、現在《げんざい》、出雲《いずも》の美保《みほ》の関《せき》に祀《まつ》ってある言代主命《ことしろぬしのみこと》をも合《あ》わせ祀《まつ》ったのである。それが後《のち》にいたってエベスは言代主命《ことしろぬしのみこと》と思《おも》われるようになった。

（『玉鏡』一三二頁）

※伊弉諾大神《いざなぎのおほかみ》のまたの御名《みな》を天《あめ》の御柱《みはしら》の神《かみ》、伊弉冊大神《いざなみのおほかみ》のまたの御名《みな》を国《くに》の御柱《みはしら》の神《かみ》、天照大神《あまてらすおほかみ》のまたの御名《みな》を撞《つき》の御柱《みはしら》の神《かみ》という。国生《くにう》み神生《かみう》みに際《さい》して伊弉冊大神《いざなみのおほかみ》が先《さき》に声《こえ》をかけ、その時成《ときな》り出《い》でし島《しま》は淡島《あわしま》。淡島《あわしま》は現今《げんこん》の太平洋《たいへいよう》の中心《ちゅうしん》に出現《しゅつげん》し、天《てん》地逆転《ちぎゃくてん》の神業《しんぎょう》により根底《ねそこ》は緩《ゆる》み、漂流《ひょうりゅう》して南極《なんきょく》の不毛《ふもう》の島《しま》となる。この淡島《あわしま》の国魂《くにたま》として、言霊別命《ことたまわけのみこと》の再来《さいらい》なる少名彦命《すくなひこのみこと》はついに蛭子《ひるこ》の神《かみ》となり葦舟《あしぶね》に乗《の》り常世《とこよ》の国《くに》に永《なが》くとどまり、その半分《はんぶん》の身魂《みたま》は根《ね》の国《くに》に落《お》ち行《ゆ》き幽界《ゆうかい》の救済《きゅうさい》に奉仕《ほうし》される。この因縁《いんねん》により後世《こうせい》ユダヤの国《くに》に救世主《きゅうせいしゅ》となりて現《あら》われ、撞《つき》の御柱《みはしら》の廻《めぐ》り合《あ》いの過《あやま》ちの因《いん》

縁《ねん》によりて、十字架《じゅうじか》の惨苦《さんく》をなめ、万民《ばんみん》の贖罪主《あがないぬし》となられる。

（『霊界物語』第六巻・第二十二章「神業無辺」参照）

（二五）昔は血族結婚

昔《むかし》は血族結婚《けつぞくけっこん》であった。今《いま》は血族《けつぞく》が結婚《けっこん》すると云《い》う事《こと》は近親《きんしん》の場合勿論禁《ばあいもちろんきん》じられておるし、従兄妹同士《いとこどうし》などもあまりよい事《こと》とはしていないが、むかしは血族結婚《けつぞくけっこん》が本体《ほんたい》であって、この制度《せいど》が破《やぶ》れて、他《た》と結婚《けっこん》する事《こと》になった時《とき》には、かなりの大騒動《おおそうどう》があったものである。

時代《じだい》は鵜茅葺不合尊《うがやふきあえずのみこと》の時《とき》であって、○○命《のみこと》（＝火遠理命）に妃《きさき》として○○姫《ひめ》（＝豊玉《とよたま》姫《ひめ》）が立《た》たれた時《とき》である。○○姫《ひめ》は美人《びじん》であったので、氏《うじ》なうして玉《たま》の輿《こし》に乗《の》ったのである。すなわち国津神《くにつかみ》たる姫《ひめ》が天津神《あまつかみ》たる○○命《のみこと》の妃《きさき》として立《た》たれたのである。

血族結婚《けつぞくけっこん》を禁《きん》じられたのは、肉体《にくたい》の弊害《へいがい》からきたのではなく、親《した》しいものばかりが親《した》しくなって、他族《たぞく》との間《あいだ》の融和《ゆうわ》を欠《か》くと云《い》う事《こと》が起《おこ》ったのである。血族《けつぞく》が結婚《けっこん》して肉体上《にくたいじょう》におこる弊害《へいがい》は、血液《けつえき》が粘《ねば》ると云《い》う事《こと》である。昔《むかし》は菜食《さいしょく》したものだから、血族結婚《けつぞくけっこん》のため血《けつ》液《えき》がねばっても割合《わりあい》かまわなかったのであるが、今《いま》は獣肉《じゅうにく》を食《しょく》するから、血族《けつぞく》が結婚《けっこん》すればするほど血液《けつえき》が粘《ねば》って来《く》るからよくないのである。

（『水鏡』一二五頁）、

（二六）天津神と国津神

天津神《あまつかみ》と申《もう》すのは、現世《うつしよ》で、たとえて言《い》えば、官《かん》につかえたるもの、宰相《さいしょう》、大臣《だいじん》、地方《ちほう》官貴族院議員《かんきぞくいんぎいん》といったようなもので、天照大御神様《あまてらすおおみかみさま》に従《したが》って、天《てん》から降《くだ》られた神様《かみさま》のことである。だから祝詞《のりと》にも「天津神《あまつかみ》は天《あま》の磐戸《いわと》を推披《おしひら》きて、天《あめ》の八重雲《やえぐも》を伊頭《いづ》の千別《ちわ》きに千別《ちわ》きて所聞召《きこしめ》さむ」とある。

また国津神《くにつかみ》というのは、自治団体《じちだんたい》の代表《だいひょう》、国民《こくみん》の代表《だいひょう》、衆議院議員《しゅうぎいんぎいん》などに匹敵《ひってき》するもので、国《くに》に居《お》った神《かみ》、すなわち土着《どちゃく》の神様《かみさま》である。祝詞《のりと》に「国津神《くにつかみ》は高山《たかやま》の末短山《すえひきやま》の末《すえ》に上《のぼ》り坐《ま》して、高山《たかやま》の伊保理《いほり》、短山《ひきやま》の伊保理《いほり》を掻分《かきわ》けて所聞召《きこしめ》さむ云々《うんぬん》」の詞《ことば》が証明《しょうめい》している。

八王八頭《やつおうやつがしら》は皆《みな》、山《やま》に居《きよ》を占《し》めておられたのである。

（『玉鏡』七頁）

（二七）日本人種

……………。日本人《につぽんじん》も首級《しゆきゆう》をとって主君《しゆくん》に捧《ささ》ぐるのをもって非常《ひじよう》な手柄《てがら》といたしていた。しかしこれらはみな○○系《けい》なのである。古代《こだい》においてこの○○系《けい》と高加索系《コーカスけい》（素盞嗚尊《すさのをのみこと》の御《ご》系統《けいとう》）とが一緒《しよ》になって現在《げんざい》の日本人《につぽんじん》の容貌《ようぼう》がつくり出《だ》されている。歴史《れきし》にある土蜘蛛人《つちぐもじん》種《しゆ》というのは馬来系《マレイけい》の人種《じんしゆ》をいうので、これは唇《くちびる》が厚《あつ》い。穴居時代《けつきよじだい》すなわち土《つち》の中《なか》にこもって生活《せいかつ》した土《つち》ごもりから土蜘蛛《つちぐも》と転訛《てんか》したのである。

（『玉鏡』三四頁）

（二八）三大民族

太古《たいこ》、世界《せかい》には三大民族《だいみんぞく》があった。すなわちセム族《ぞく》、ハム族《ぞく》、ヤヘット族《ぞく》である。セムの言霊《ことたま》はスとなり、ハムの言霊《ことたま》はフとなり、ヤヘットの言霊《ことたま》はヨとなる。ゆえにスの言霊《ことたま》に該当《がいとう》する民族《みんぞく》が神《かみ》の選民《せんみん》ということになり、日本人《にっぽんじん》、朝鮮人《ちょうせんじん》、満州人《まんしゅうじん》、蒙古人《もうこじん》、コーカス人等《じんとう》である。ユダヤ人《じん》もセム族《ぞく》に属《ぞく》する。

次《つぎ》がハム族《ぞく》で支那人《しなじん》、印度人《いんどじん》または小亜細亜《しょうあじあ》やヨーロッパの一部《ぶ》にいる民族《みんぞく》である。ヨの民族《みんぞく》すなわちヤヘット族《ぞく》というのはアフリカ等《など》にいる黒人族《こくじんぞく》である。しかし現在《げんざい》は各民《かくみん》族《ぞく》ともことごとく混血《こんけつ》しているのであって、日本人《にっぽんじん》の中《なか》にもハム族等《ぞくとう》の血《ち》が多数《たすう》に混入《こんにゅう》している。また欧米人《おうべいじん》の中《なか》にはハム族《ぞく》とヤヘット族《ぞく》とが混血《こんけつ》したのがある。

イスラエルの流《なが》れということがあるが、イは発声音《はっせいおん》で、スラエの言霊《ことたま》はセとなるゆえに、イセ（伊勢《いせ》）の流《なが》れということになる。すなわちセム族《ぞく》のことである。（『玉鏡』二一一頁）

（二九）湖水

湖水《こすい》というのは噴火口《ふんかこう》に水《みず》の溜《たま》ったものである。だから琵琶湖《びわこ》でも、芦ノ湖《あしこ》でも、みな噴火口《ふんかこう》に溜《たま》った水《みず》である。噴火口《ふんかこう》で無《な》いものは池《いけ》といい、沼《ぬま》といい、潟《かた》などと称《しょう》する。大《おお》きいから湖水《こすい》というのではない。

（『玉鏡』六六頁）

（三〇）比叡山

比叡山《ひえいざん》は冷え山の意《い》である。それで比叡山《ひえいざん》からが山陰道《さんいんどう》に属《ぞく》するので、亀岡《かめおか》は山陽道《さんようどう》の気候《きこう》である。支那《しな》の叡山《えいざん》に似《に》ているから、それに比《ひ》して比叡山《ひえいざん》と名《な》づけたという一説《せつ》もある。

（『玉鏡』六八頁）

（三一）武家人

江洲《ごうしゅう》三上山《みかみやま》は一名《めい》むかで山《やま》と言《い》っている。そして蜈蚣《むかで》が七巻半《まきはん》していたのを、俵藤太《たわらとうだ》秀郷《ひでさと》がこれを平《たい》らげたという伝説《でんせつ》があるが、蜈蚣《むかで》というのは、武家人《むかで》という意味《いみ》で、武家《むか》人《で》のことであり当時《とうじ》の軍人《ぐんじん》のことである。たくさんの人《ひと》を使用《しよう》する時《とき》には、あの家《いえ》は手《て》が多《おお》いとか、あの人《ひと》はやり手《て》じゃとか、手《て》が無《な》いとかいうごとく、手《て》という意味《いみ》は人《ひと》のことである。その武家人《むかで》が「七巻《まき》半《はん》」しているということは、すこぶるたくさんに、十重《え》にも二十重《え》にもするほどいたという意味《いみ》である。

（『玉鏡』七〇頁）

（三二）呉の海

『霊界物語《れいかいものがたり》』中《ちゅう》に示《しめ》されたる呉《くれ》の海《うみ》というのは、呉《くれ》の附近《ふきん》である。広島《ひろしま》は往古《おうこ》一つの嶋《しま》であって、今《いま》の広島《ひろしま》から九州《きゅうしゅう》の別府《べっぷ》の辺《へん》まで陸《りく》つづきになっていたのである。その以東《いとう》を瀬戸《せと》の海《うみ》といい、以西《いせい》を呉《くれ》の海《うみ》というたのである。

（『月鏡』一七八頁）

（三三）天津祝詞と神言

天津祝詞《あまつのりと》は岩戸開《いわとびら》きのおり、天之児屋根命《あめのこやねのみこと》が岩戸《いわと》の前《まえ》で奏上《そうじょう》せられたのが嚆矢《こうし》である。神言《かみごと》は神武天皇《じんむてんのう》の時代《じだい》、天之登美命《あめのとみのみこと》が作《つく》られたもので、児屋根命《こやねのみこと》以来《いらい》この時代《じだい》まで全然《ぜんぜん》なかったのである。天津祝詞《あまつのりと》も神言《かみごと》もともに神世言葉《かみよことば》で出来《でき》ておって、それを今《いま》のような言葉《ことば》や、文字《もじ》に翻訳《ほんやく》したのは聖武天皇《しょうむてんのう》の時代《じだい》、常盤《ときは》の大連《おおむらじ》がやったのである。

（『水鏡』五八頁）

（三四）五百津御統丸の珠

五百津御統丸《みすまる》の球《たま》というのは、水晶《すいしょう》、珊瑚《さんご》、紅玉《こうぎょく》、瑠璃《るり》、瑪瑙《めのう》、蝦蛄《しゃこ》、翡翠《ひすい》、真珠《しんじゅ》、黄玉《おうぎょく》、管玉《かんぎょく》、曲玉《まがたま》などを集《あつ》めて造《つく》りたるものにて、ミロク出現《しゅつげん》のとき装飾《そうしょく》として、首《くび》にまかせ、耳《みみ》ずらに纏《ま》かせ、腰《こし》にまかせたまう連珠《れんじゅつ》の玉《たま》である。

黄金《おうごん》の玉《たま》と『霊界物語《れいかいものがたり》』にある金《きん》の玉《たま》にあらずして黄色《おうしょく》の玉《たま》の黄金色《おうごんしょく》に光《ひか》りたるものをいうのである。また皆《みな》の神々《かみがみ》が御用《ごよう》をせんと活動《かつどう》するところがあるが、このミロクの御《ご》用《よう》に奉《たてまつ》る玉《たま》のことであって、神政成就《しんせいじょうじゅ》の御用《ごよう》の玉《たま》である。この玉《たま》が寄《よ》ってこねばミロク出現《しゅつげん》の活舞台《かつぶたい》は来《こ》ない。玉《たま》が集《あつ》まればその準備《じゅんび》ができたことになる。玉《たま》は心《こころ》を清浄《せいじょう》にし、悪魔《あくま》を防《ふせ》ぐものである。

（『月鏡』一八四頁）

（三五）原始時代の貴重品

人智《じんち》のいまだ進《すす》まなかった原始時代《げんしじだい》には、鉱石《こうせき》は沢山《たくさん》あっても鍛冶屋《かじや》が無《な》かったから、天《あめ》の目一《まひと》つの神様《かみさま》が一人《ひとり》コツコツと、香具山《かぐやま》の真鉄《まがね》や銅《あかがね》を掘《ほ》り出《だ》して、鏡《かがみ》を打《う》ち、剣《つるぎ》を鍛《きた》えられたのである。ゆえにそのころ菜刀《ながたな》のような剱《つるぎ》でも、男子《だんし》の攻防《こうぼう》の武器《ぶき》として尊《そん》重《ちょう》されたものである。女《おんな》は美《び》の権化《ごんげ》と言《い》われ、生《う》まれながらに自然《しぜん》の美《び》が備《そな》わっているが、昔《むかし》といえども現代《げんだい》のごとく時代相応《じだいそうおう》に化粧《けしょう》をほどこし装《よそお》いをこらしたもである。しかし高貴《こうき》の人《ひと》を除《のぞ》くほか、化粧《けしょう》するに鏡《かがみ》は用《もち》いなかった。鏡《かがみ》はただ国《くに》の宝物《ほうもつ》として存在《そんざい》したのである。鏡《かがみ》は女《おんな》の魂《たましい》などというのは、後世《こうせい》にいたってできた言葉《ことば》である。

また勾玉《まがたま》は、男女《だんぢょ》ともに首《くび》に飾《かざ》り、腕《うで》に巻《ま》き、腰《こし》にまといて、もゆらにとりゆるがして美《び》を添《そ》えたものである。しかし現代《げんだい》のごとき宝石類《ほうせきるい》ではなく、自然《しぜん》に穴《あな》ができた石《いし》を連《つら》ねたものである。

（『玉鏡』五八頁）

（三六）瓢型の墳墓

瓢型《ひさごがた》の墳墓《ふんぼ》は上古《じょうこ》のものであって、伊邪那美命《いざなみのみこと》の御墳墓《ごふんぼ》がそれである。命《みこと》は火《ひ》の御子《みこ》をお産《う》みになって神去《かみさ》りました。昔《むかし》は瓢《ひさご》に水《みず》を入《い》れて消《け》す器具《きぐ》としていたのである。それで火《ひ》を消《け》すという意味《いみ》で、命《みこと》の墳墓《ふんぼ》を瓢型《ひさごがた》としたのである。神武天皇《じんむてんのう》以後《いご》のものは、前方《ぜんぽう》後円《こうえん》のものである。秋葉神社《あきばじんじゃ》の御神体《ごしんたい》は瓢《ひさご》であるのも火《ひ》を消《け》す意味《いみ》である。

（『玉鏡』一三九頁）

（三七）三段の型

男島女島《おしまめしま》に艮《うしとら》の金神様《こんじんさま》が落《お》ちておられたので、坤《ひつじさる》なる神島《かみしま》には坤《ひつじさる》の金神様《こんじんさま》が落《お》ちておられたということになるが、北海道《ほっかいどう》の別院《べついん》のある芦別山《あしべつやま》にはまた艮《うしとら》の金神《こんじん》が落《お》ちておられたといい、その坤《ひつじさる》なる喜界《きかい》ケ島《しま》の方《ほう》には坤《ひつじさる》の金神《こんじん》が落《お》ちておられたといい、何《なん》だかわけが判《わか》らないというが、これはみな真実《しんじつ》で、また型《かた》である。綾部《あやべ》から言《い》えば男島《おしま》、女島《めしま》と神島《かみしま》、日本《にほん》からいえば、北海道《ほつかいどう》と喜界《きかい》ヶ島《しま》、世界《せかい》からいえば日本《にほん》が艮《うしとら》で西《にし》のエルサレムが坤《ひつじさる》である。三段《だん》の型《かた》のあることを取《と》り違《ちが》いしてはならない。（『玉鏡』一一二頁）

（三八）「ム」大陸は黄泉島

去《さ》るころの大阪毎日新聞《おおさかまいにちしんぶん》に、イギリス人《じん》チャーチ、ワード氏《し》の長年《ながねん》の研究《けんきゅう》によって最近驚《さいきんおどろ》くべき太平洋《たいへいよう》の秘密《ひみつ》が白日《はくじつ》にさらけ出《だ》された。それは人類文明《じんるいぶんめい》の発祥地《はっしょうち》は太《たい》平洋《へいよう》の真中《まんなか》で「ム」と名《な》づける大《おお》きな大陸《たいりく》が横《よこ》たわっていたが、今《いま》から一万《まん》三千年前《ねんまえ》、六千四百万人《まんにん》の生命《いのち》をのせたまま噴火《ふんか》と津波《つなみ》のため海底《かいてい》に陥没《かんぼつ》してしまった。そしてここから伝播《でんぱ》したのが、インドの、エジプトの、マヤの、インカの文明《ぶんめい》である。……ム大陸《たいりく》は東西《とうざい》五千マイル、南北《なんぼく》三千マイル、ハワイ島《とう》が北方《ほつぽう》の、タヒチ島《とう》、マインガイア島《とう》あたりが南方《なんぽう》の、イースター島《とう》は東方《とうほう》の、ラドロン島《とう》は西方《せいほう》の残骸《ざんがい》なのである。……下略《りゃく》……

とあるのは『霊界物語《れいかいものがたり》』中《ちゅう》に示《しめ》された「黄泉島《よもつじま》」のことである。
第九巻《だいかん》「総説歌《そうせつか》」に
太平洋《たいへいよう》の真中《まんなか》に／縦《たて》が二千と七百浬《り》／横《よこ》が三千百浬《り》／黄泉《よもつ》の島《しま》や竜宮城《りゅうぐうじょう》
とあるのがそれである。また第十二巻《だいかん》「航空船《こうくうせん》」という章《しょう》には沈没《ちんぼつ》の有様《ありさま》が書《か》かれてある。
（『玉鏡』八六頁）

（三九）五男神は五大州の先祖

天国《てんごく》の理想世界《りそうせかい》を地《ち》の上《うえ》にうつしたる時皇祖生《ときこうそうま》れましぬ
大亜細亜中《おおアジアなか》の御国《みくに》の人《ひと》の祖《そ》は正哉吾勝《まさかあかつ》の神《かみ》に坐《ま》します（アジア）
太平洋《たいへいよう》の南西島《なんせいとう》の人《ひと》の祖《そ》は天菩日神《あめのほひのかみ》の命《みこと》に坐《ま》すなり（オーストラリア）
欧州《おうしゅう》の大民族《だいみんぞく》は天津日子根神《あまつひこねのかみ》の御裔《みすえ》と定《さだ》められける（欧州）
阿弗利加《アフリカ》の民族《みんぞく》の祖《そ》は活津日子根神《いくつひこねのかみ》の御裔《みすえ》と神定《かむさだ》められける（アフリカ）

亜米利加《アメリカ》の民族《みんぞく》の祖《そ》は熊野樟日神《くまのくすひかみ》の御裔《みすえ》と定《さだ》められける（アメリカ）
天照皇大神《あまてらすすめおおかみ》の神言《みこと》もちて人《ひと》の祖先《そせん》を間配《まくば》り給《たま》へる
古史《こし》に無《な》き右《みぎ》の神約《しんやく》一つとして帰神《きしん》の宣示《せんじ》ならざるはなし
皇国《こうこく》に伝《つた》はる帰神《きしん》知《し》らざれば右神約《みぎしんやく》は覚《さと》り得《え》ざらん

（第二次大本弾圧事件・回顧歌集『朝嵐』、本文歌詞番号九九六〜一〇〇三、一一〇頁）

（四〇）アテナの神とアポロの神

ギリシャ神話中《しんわちゅう》に現《あら》われたるアテナの神《かみ》というのは天照大神様《あまてらすおおかみさま》のことで、アは（天《あま》）、テは（照《てらす》）、ナは十字《じ》すなわち神《かみ》である。アポロの神《かみ》というのは、天津日《あまつひ》の神《かみ》ということで、アは（天《あま》）、ホは（日《ほ》）、ロは（御子《みこ》）の意《い》である。

（『月鏡』一七八頁）

（四一）五男三女神の働き

五男三女《なんじょ》の神《かみ》というが、その神《かみ》の働《はたら》きは今日《こんにち》でもなおあるのであって、天菩比《あめのほひ》の命《みこと》は血《ち》染《ぞ》め焼尽《しょうじん》の神《かみ》である。今日《こんにち》の満州《まんしゅう》、上海《シャンハイ》の事件《じけん》などはこの神《かみ》の御活動《ごかつどう》である。正勝吾勝勝《まさかあかつかち》速日天《はやひあめ》の忍穂耳《おしほみみ》の命《みこと》は戦争《せんそう》に勝《か》つ神様《かみさま》で、今日《こんにち》でもやはり働《はたら》いておられるということはハッキリわかる。つぎに熊野久須毘《くまのくすび》の命《みこと》というのは飛行機《ひこうき》の神《かみ》で、これも今日現《こんにちあら》われていられることは明《あき》らかである。

また三女神《にょしん》の働《はたら》きというのは、愛善運動《あいぜんうんどう》のごときを言《い》うのである。（『玉鏡』一二〇頁）

（四二）軍備撤廃問題

軍備縮小《ぐんびしゅくしょう》はよいが、軍備撤廃《ぐんびてっぱい》は断《だん》じて不可《ふか》である。ミロクの世《よ》といえども軍備《ぐんび》はあるので、これは一日《いちにち》も忽《ゆるがせ》にすべからざるものである。もしこれを撤廃《てっぱい》すればまたすぐに悪《あく》の蔓《はびこ》る世《よ》になるので、いつの世《よ》になっても弥陀《みだ》の利剣《りけん》は必要《ひつよう》である。剱《つるぎ》は三種《しゅ》の神宝《しんぽう》の中《なか》の随《ずい》一である、璽《たま》も鏡《かがみ》も後《うしろ》に剱《つるぎ》なくては完全《かんぜん》にその使命《しめい》を遂行《すいこう》することができない。

鏡《かがみ》は教《おし》えであって、まつりごとという意味《いみ》よりして之《これ》を松《まつ》に配《はい》す。剱《つるぎ》は武力《ぶりょく》であって之《これ》を竹《たけ》に配《はい》す。この三つのものはどの一つを欠《か》いでもならない。松《まつ》、竹《たけ》、梅《うめ》と世《よ》に目出度《めでた》きものの表象《ひょうしょう》とするのはこの理由《りゆう》によるのである。天照大神様《あまてらすおおかみさま》の御霊《みたま》は璽《たま》と鏡《かがみ》、素盞嗚《すさのを》の大神様《おおかみさま》の御霊《みたま》は剱《つるぎ》であらせらるる。（『月鏡』七六頁）

（四三）剣に就て

太古《たいこ》においては、剣《つるぎ》というものは、後世《こうせい》のように常人《じょうじん》に至《いた》るまで佩《はい》（＝腰に下げる）しては居《お》らなかった。その時代《じだい》の最高権威者《さいこうけんいしゃ》とか、また軍国《ぐんこく》に譬《たと》えるならば、その軍国《ぐんこく》の首長《しゅちょう》となるべき者《もの》のみが所持《しょじ》して居《い》たので、他《た》の者《もの》は棒《ぼう》の様《よう》なものを武器《ぶき》として居《お》った。それだからその剣《つるぎ》に対抗《たいこう》する時《とき》には、とうてい勝《か》ち目《め》が無《な》いのである。剣《つるぎ》を持《も》てる者《もの》に打《た》ち向《むこ》うて争《あらそ》うことは自分《じぶん》の滅亡《めつぼう》を招来《しょうらい》するので、剣《つるぎ》を持《も》てる者《もの》に対《たい》して絶対《ぜったい》の服従《ふくじゅう》であった。即《すなわ》ち剣《つるぎ》の威徳《いとく》に服《ふく》すると云《い》うことになる。

世《よ》が進《すす》むにつれて鍛冶《かじ》が普及《ふきゅう》されたので、後《のち》には剣《つるぎ》を誰《だれ》でも所持《しょじ》するようになった。しかし太古《たいこ》は左様《さよう》でなかったので、剣《つるぎ》を持《も》つ者《もの》に絶対《ぜったい》の威徳《いとく》があった。故《ゆえ》にこれを持《も》つ者《もの》が首長《しゅちょう》であり、また時《とき》の覇者《はしゃ》となるのであり、悉《ことごと》くを平定《へいてい》することが出来《でき》たのである。

（『玉鏡』一一〇頁）

（四四）武の神

信州《しんしゅう》、諏訪神社《すわじんじゃ》の祭神《さいじん》は、たけみなかたの神《かみ》と言《い》って、大国主命《おおくにぬしのみこと》の長男《ちょうなん》で、ずいぶん剛勇《ごうゆう》の神《かみ》であった。たまたま大国主命《おおくにぬしのみこと》の国譲《くにゆず》りの後《のち》に、信州諏訪《しんしゅうすわ》に鎮《しず》め祀《まつ》られて、武《ぶ》の神《かみ》としてあがめられているのであるが、戦争《せんそう》が起《おこ》るころになると必《かなら》ず出動《しゅつどう》される。

皆《みな》も知《し》っているように、諏訪大神《すわだいじん》には非常《ひじょう》に大《おお》きい四本《ほん》の柱《はしら》に依《よ》ってしめがされてある。ところが日清戦争《にっしんせんそう》、日露戦争前《にちろせんそうぜん》には、この四本《ほん》のしめの柱《はしら》の内《うち》、二本《ほん》が倒《たお》れてしまった。それは神界《しんかい》より武神《ぶしん》の出動《しゅつどう》を示《しめ》されたものである。昨年《さくねん》（昭和六年《しょうわねん》）の正月《しょうがつ》、ちょうど王《わた》仁《し》が北陸地方《ほくりくちほう》を旅行《りょこう》していたら、今度《こんど》は四本《ほん》とも倒《たお》れてしまった。それから秋《あき》の満州事変《まんしゅうじへん》が起《お》きた。まだこの事変《じへん》は、いろいろと変形《へんけい》して問題《もんだい》が複雑《ふくざつ》になっているので、四本《ほん》も柱《はしら》が倒《たお》れていることから察《さっ》しても、今後《こんご》の想像《そうぞう》がつくと思《おも》う、この武神《ぶしん》は八百八光《こう》の眷属《けんぞく》を従《したが》えられて活動《かつどう》されるのである。

(『玉鏡』一二三頁)

(四五) 神功皇后と現われる

お筆先《ふでさき》に「艮《うしとら》の金神大国常立尊《こんじんおおくにとこたちのみこと》が神功皇后様《じんぐうこうごうさま》と出《で》て参《まい》る時節《じせつ》が近《ちか》よりたぞよ。この事《こと》が天晴《あっぱ》れ表《おもて》に現《あら》われると世界一度《せかいいちど》に動《うご》くぞよ、もう水《みず》も漏《も》らさぬ経綸《しぐみ》が致《いた》してあるぞよ」とある事《こと》は、艮《うしとら》の金神国常立尊《こんじんくにとこたちのみこと》の世界的進出の経綸を申《もう》されたものである。すなわち神功皇后様《じんぐうこうごうさま》が三韓征伐《かんせいばつ》を遊《あそ》ばされたごとくと云《い》う意味《いみ》、また「神功皇后様《じんぐうこうごうさま》として現《あら》われて来《く》るぞと云《い》う意《い》である。また神功皇后様《じんぐうこうごうさま》は昔《むかし》は大将《たいしょう》でありたが、今度《こんど》はお伴《とも》であるぞよ」という意味《いみ》の筆先《ふでさき》があるが、あれは事《こと》の大小《だいしょう》を比較《ひかく》して示《しめ》されたもので、かの神功皇后《じんぐうこうごう》の

三韓征伐《かんせいばつ》に比《くら》べては事件《じけん》の拡《ひろ》がりが非常《ひじょう》に大《おお》きいという意味《いみ》である。(『月鏡』一〇五頁)

(四六) 日本武尊

日本武尊《やまとたけるのみこと》は、その御霊性《ごれいせい》は瑞《みづ》の御霊《みたま》の分霊《ぶんれい》であった。その英邁勇武《えいまいゆうぶ》にましましたため、その御徳《おんとく》にまつろう者《もの》が多《おお》かった。それで時《とき》の帝《みかど》は尊《みこと》の武勇《ぶゆう》をめでさせられて、鼠賊征討《そぞくせいとう》のために全国《ぜんこく》に使《つか》いせしめられた。尊《みこと》は文字通《もじどお》り真《まこと》に席《せき》のあたゝまる時《とき》なく、あるいは東《ひがし》に、あるいは西国《さいごく》へと、つぎ〳〵に勅命《ちょくめい》が発《はっ》せられたので、まったく征討《せいとう》の犠牲《ぎせい》と云《い》う一生《しょう》を終始《しゅうし》されたのである。即《すなわ》ち瑞《みづ》の御霊《みたま》の御霊性《ごれいせい》そのまゝの天賦的使命《てんぷてきしめい》に終《おわ》られたのである。(『玉鏡』一一一頁)

(四七) 皇道と王道

皇道《こうどう》は絶対《ぜったい》にして対立《たいりつ》するものなし。ゆえに天子《てんし》に姓《せい》なし、天祖《てんそ》をもって父母《ふぼ》とし給《たま》う。

王道《おうどう》は対立的《たいりつてき》にして、仁政《じんせい》を布《し》き民《たみ》を安《やす》んじて初《はじ》めて王位《おうい》を全《まっと》うし得《う》るものである。皇道《こうどう》と王道《おうどう》とは根本的《こんぽんてき》に相違《そうい》がある。

（『玉鏡』二三頁）

（四八）江州はユダヤの型

昭和《しょうわ》七、八年頃《ねんごろ》聖師様《せいしさま》が「天風海涛《てんぷうかいとう》」と書《か》かれました。その頃《ころ》琵琶湖《びわこ》があれて船《ふね》が転覆《てんぷく》したり水《みず》が赤《あか》くなったりした事《こと》がありました。聖師様《せいしさま》は「ユダヤの竜神《りゅうじん》と日本《にほん》の竜神《りゅうじん》との戦《たたか》いであった。江州《こうしゅう》はユダヤの型《かた》で此処《ここ》が開《ひら》けんと世界《せかい》は開《ひら》けん。宣伝歌《せんでんか》を歌《うた》って、琵《び》琶湖《わこ》を一周《しゅう》する様《よう》に」と教《おし》えられました。

（『新月のかげ』）

第五篇　スサノオの経綸・琵琶湖

一、琵琶湖・近江に関する聖蹟（大津市から順次時計回りに表示）

（一）日吉大社《ひよしたいしゃ》（日吉《ひよし（ひえ）》山王社、山王権現ともよばれる）（本文七二頁）

○御祭神

東本宮系＝東本宮（大山咋神《おおやまぐいのかみ》＝山末之大主神《やますえのおおぬしのかみ》・二の宮）、樹下宮（鴨玉依姫神《かもたまよりひめのかみ》）、
牛尾宮（八王子・大山咋神荒魂）、三宮宮（鴨玉依姫神荒魂）

西本宮系＝西本宮（大己貴神《おおなむちのかみ》＝大国主之神・一の宮）、
宇佐宮（田心姫神《たごころひめのかみ》＝田紀理姫命）、白山宮（菊理姫神《きくりひめのかみ》）

●鎮座地　滋賀県大津市坂本

★名神高速道路　京都東ICより二十分。（R161号線西大路バイパス経由、滋賀里ランプ下車）、大津ICよりR161号線で約二十分。★JR湖西線比叡山坂本駅より徒歩二十

分。京阪石山坂本本線坂本駅より徒歩十分。

○

坂本からの山王鳥居をくぐり静寂な参道を行くと、社務所近くに「山王霊石・祇園石」(牛頭天王《ごづてんのう》＝素盞嗚尊)がある。この霊石にたまった水で眼を洗うと霊験があるとか。神代の昔、素嗚盞尊が日枝の山から坂本(坂元)に降ってきた証の霊石であろうか。

ここから清浄な境内を行くと、天智天皇(第三十八代・626～671)が、朝鮮の白村《はくすき》江《え》の水戦で、百済・日本の連合軍が、唐・新羅連合軍に壊滅的な敗北を喫した後、戦勝軍が勝ちに乗じて日本に攻め入るかもしれないとの恐れから、都を大津京に遷都、その王城鎮護のため大和の三輪山から勧請された(注一)大己貴神《おおなむちのかみ》を祭祀する西宮本殿がある。ここから東へ行くと田心姫神を祭祀する宇佐宮(豊前宇佐より勧進)、白山宮(加賀の白山)、樹下宮、そして西宮より古い(注二)大山咋神《おおやまぐいのかみ》を祭祀する東本宮本殿がある。

この西本宮から東本宮への参道山側(各宮の裏側)には、弥生時代後期(今から約一七〇〇年前）に日枝の山を神素盞鳴大神の神奈備として崇拝された先祖と推察される古墳が約七十基点在する。

東本宮西側の登り口からつづら折りの参道を行くと急段と急坂が続く、その上に信仰発生の源、神の降りたつ大岩、金大巌《こがねのおおいわ》の両側に牛尾宮・三宮宮が並ぶ。ここは山王日吉大社の背後に位置する御神体山・八王子山（牛尾山とも云う。標高三八一メートル）で、神素盞鳴大神の神奈備《かんなび》の山容に充ち満ちている。

「大国の槌」（大己貴神の別名）
出口聖師染筆

平安京遷都後、都の艮（東北・表鬼門）に位置することから国家鎮護として天皇・上皇などの参詣が相つぎ、また比叡山延暦寺（根本中堂本尊・薬師瑠璃光如来。その他、阿弥陀堂、文殊堂など＝「三時機応の本仏」）との関係が深く、天台宗開山の最澄（伝教大師・767～822）以来、神社と寺は栄枯盛衰を共にしている。

西本宮、宇佐宮、白山宮、東本宮、樹下宮、牛尾宮、三宮の七社は、天にありては北斗七星、地にありては山王七社を現す。奈良時代の「本地垂迹説《ほんじすいじやくせつ》」（仏・菩薩「本地」が権《かり》の姿で現れたもの「垂迹」が神である）から、平安、鎌倉時代を経て日吉の神と天台宗の教との「神仏習合」「神仏合体」による「権現信仰《ごんげん》」がここに確立され、明治初期の神仏分離まで神社と寺が同じ境内に建立されていた。

日吉神社は全国三千八百余りある山王権現の総本宮で、日吉の山王権現、春日権現、熊野権現を日本三大権現と称し、いずれも素盞嗚尊の系統の神を祭祀する。

（注一）大己貴神　大国主神の別名。神代の出雲王朝の主宰神。素盞嗚尊の子、または六世の孫ともいう。

（注二）**大山咋神**　大年神《おおとしのかみ》（素盞鳴尊の子。穀物の守護神）の子。山の神。賀茂別雷命《かもわけいかずちのかみ》の父。

○

【＝日枝の山に鎮座する日吉大社は、素鳴盞尊の経綸地として神代、古代、中世、現代へと続く。『古事記』では伊邪那岐大神の命により、素盞鳴尊は大海原（地球）を知ろしめす。しかし八百万の神々の荒びにより天照大神との間で琵琶湖（天の真名井、あるいは野洲川の上流）で「誓約」となり、天照大神は天の岩戸に隠れ、素盞鳴尊は万民の千座置戸を負いて新羅・高句麗・百済・任那《みまな》のソシモリの国（＝ソシモリとは牛の頭の意・牛頭天皇・檀君・素鳴盞尊。）へと救済の神業に出かけられる。これが日本、朝鮮の創建の始まりで、開拓の大先祖は同じ神であると推察される。

神代の暗黒時代に、天児屋根命が天津御神を讃め称えて、祓いの道を始めたのが濫觴となり祭祀の道が開かれ、中臣（天之皃屋根命系統）・忌部（天太玉命系統）の大人《うし》により受け継がれ、仁賢《にんけん》天皇（第二十四代、488～498）の頃まで、この祓いの道が国是とし執り行われていたと云う。（『道之大本資料篇』）

ここ日吉大社の斎祀家として、祝部家《はふりべけ》が勤めていた。この祝部家が中臣（天之児屋根命系統）と関係あるかどうかは不明ですが、神仏混合の時代、神社の歴史と共に歩まれた祝部家中興の祖・祝部行丸《ゆきまる》の子孫が今もおられる。

○

『霊界物語』第十一巻の内容は「死生観」、「古事記・大気津姫の段」、そして「琵琶の湖」や「コーカス山」（＝比叡山・日枝山）などが掲載され、大気津姫、ウラル彦やウラル姫が贅《ぜい》と美をつくして大宮殿を建立する。第二十四章「顕国宮《うつしくにのみや》」では、コーカス山に神素鳴盞大神が降臨になり、青雲別（高彦神）を天之児屋根命と改名して、天津祝詞の言霊の守護神、顕国玉大宮《うつしくにたまのおおみや》の「祝の神」に任命し、太玉命と共に祭祀の道を開き、世の中が穏やかに治まることが示されているので、祭祀の道を開いた神は、神素盞鳴大神であることが解される。

○

平安時代比叡山は、日本仏教の有名な宗祖が学んだ霊地です。浄土教の六波羅密寺の開山・空也上人（903～972・3）、日本浄土宗を開いた法然上人（1133～1212）、日本臨済宗の開祖・栄西禅師（1141～1215）、浄土真宗の親鸞聖人（1173～1262）、曹洞宗の開祖・道元禅師（1200～52）、日蓮宗の日蓮聖人（1222～82）、鉦をたたいて踊念仏の時宗《じしゅう》を開いた一遍上人（1239～89）などが修行された、僧侶の修行場で仏法の霊鷲山《りょうじゅせん》や唐の天台山に例えられる。

奈良時代の「本地垂迹説」から平安・鎌倉時代の「神仏習合」、「和光同塵」（観音が人間に化身して衆生を済度すること）、「仏法王法両輪説」（叡山の仏法と政治は車の両輪である）など、比叡山には大乗仏教として民衆と交わり救いの道を宣布するという教がある。

最澄は、「草木国土悉皆成仏」（大地は人間だけでなく、草木動物にとって生命の源泉であり、決して汚してはならない。）を説き、自分より民衆のために救いを祈られている。
しかし過去に比叡山は、要塞化し僧兵を組織、数回にわたり強訴に日吉大社の神輿を担ぎ出し、御所に運び込んだとも伝えられ、戦国時代天下統一を目指す織田信長の浅井城攻めの際に、焼き討ちに遇っている。
家康を権現として祀る豪華な「日吉東照宮」は、「日光東照宮」（東照大権現）を造替する際の雛型として、江戸初期の天台宗の天海僧正（慈眼大師、『法華経』を中心にした「山王一実神道《さんのういつじつ》」を唱える）により造営され、幕府との関係を色濃く残す。】
（瑞霊ご活動のトポス⑨滋賀県大津市の「日吉大社」『いづとみづ』一九八七年十二月号。スサノオ活動のトポス（新23）「京都の霊峰・比叡山」『神の国』一九九二年十月号、窪田英治著。関連書籍として回顧歌集『霧の海』・「高熊山」「天使降臨」＝徳川家康の霊界での有様が示される。）

（二）小比叡明神跡

比叡山ドライブウェイ沿いに奥比叡山の主峰・横高山（別名・小比叡山《おびえやま》、標高七六七メートル）があり、道路の山手側に「山王権現」の小さな標識が立っている。そこから二〇メートル程登ると今から二千百年前の日吉大社東本宮元宮の聖所、小比叡明神跡がある。元宮の小さな礎石の前には、大山咋神が坂本に降ったことを伝承する碑が建立されている。

「大山祇命」出口聖師染筆

境内跡は杉林に囲まれ、どことなく癒しの気が漂う素朴な空間がある。ドライブウェイ沿いの峰々には、衆生を済度し、薬師瑠璃光如来・弥勒菩薩の座す「兜卒天《とそってん》」に上るために、僧侶が千日業を行う修行道が通っている。

○

（＝奈良の三輪山から勧進の大己貴神を祭祀する西本宮を大比叡《おおびえ》（一の宮）、元の神である大山咋神を祭祀する東本宮を小比叡《おびえ》（二の宮）と云う。）

＜『**新月のかげ**』＞

「**素嗚盞尊の本拠**」「スターリングラード、コーカス山（＝中東のカスピ海と黒海の間の山脈。北カフカース山脈と南カフカース山脈がある）一帯は素嗚盞尊の本拠だから、ドイツが勝てないのである。」

「**素嗚盞尊の言霊**」「素嗚盞尊はスサは進展、ノは水、ヲは心、ミコトは神言で瑞霊神である。スサぶるは荒れるのではなく活動することである。『霊界物語』第三十九巻「総説」に「素嗚盞尊とはスバルタンの意であって、スは進展、バルは拡張とか神権発動とかの意であり、タンは尊とか君とか頭領とかの意味である。」

（三）建部大社（近江国一之宮）（本文七三頁）

○**御祭神**　本殿・日本武尊、相殿・天照皇大神、権殿・大己貴神、摂社・四社、末社・八社（八柱神社・素盞之男命他七柱命を祭祀）

「小碓命」（日本武尊の幼名）
出口聖師染筆

●鎮座地　滋賀県大津市神領
★名神高速道路　瀬田東IC（名古屋方面より）、瀬田西IC（大阪方面より）より五分。
★京阪電車石坂線　唐橋前下車十五分。

○

＜由緒＞（略記）

「古来建部大社、建部大明神などと称え延喜式内名神大社に列し、また近江国の一之宮として朝野の崇敬篤く、長い歴史と由緒を持つ全国屈指の古社。御祭神は日本武尊（小碓《おうすの》命《みこと》）、十六才にて西の熊襲を誅し、更に東夷を平定され、三十二才にて伊勢の熊褒野において崩御され、父君景行天皇（＝第十二代、71～130）は尊の死を嘆かれ御名代として建部を定めその功名を伝えたことが『日本書紀』に記されているので、これが即ち建部の起源となっている。

景行天皇の四十六年神勅により御妃布多遅比売命《ふたちひめのみこと》（父は近江安国造）が、御子稲依《いなより》別王《わけのきみ》と共に住われた神崎郡建部の郷（御名代の地）に尊の神霊を奉斎されたのが当社の草創であって、その後天武天皇（第四十代・673～686）白鳳四年当時近江国府の所在地であった当瀬田の地に迁祀し、近江一之宮として崇め奉ったのが現在の神社。」

○

【＝景行天皇を「志賀の高穴穂朝《たかあなほのみかど》」と云う。この場所は、大津市の「穴太遺跡」あたりとされており、大津市には大津宮跡、膳所《ぜぜ》茶臼山《ちやうすやま》古墳、百穴《ひやくあな》古墳群、山ノ神遺跡など多数の遺跡が散在する。これらの場所と建部神社は近く、また速建素盞嗚尊が太神山《たなかみやま》を背に日雲山から伊吹山にかけて息吹を発した由緒地（経綸地）とも想定されます。

近江国一之宮「建部神社」

景行天皇は、多くの后に八十人の子を生ませている。「七十余の子、皆国郡《くにぐに》にことよさせて、各々其の国にゆかしむ。故《かれ》、今の時《よ》に当たりて、諸国《くにぐに》の別《わけ》と謂へるは、即ちその別《わけの》王《みこ》の苗裔《みあなすえ》なり」（『景行天皇記』）とあり、自分の子供を全国の国造に派遣している。派遣先は『先代旧事本紀』第十巻参照。】

（四）継体天皇のふるさと

★田中王塚古墳（滋賀県高島市安曇川町田中）
★鴨稲荷山古墳（滋賀県高島市高島町鴨）
★胞衣《えな》　塚《づか》（滋賀県高島市安曇川町三尾里）
★神代文字碑（鴨稲荷山古墳の直ぐ側。安閑《あんかん》神社の近くにある花崗岩大石で、絵画とも文字とも判別がつかないものが刻まれている。）

古墳時代後期に入る六世紀のはじめ頃、武烈天皇（第二十五代、498～506）崩御の後、継嗣を定めんとしたところ皇子（＝倭彦王《やまとひこのきみ》）は丹波の高御座山（当時開化天皇を祭る小幡神社のあったところ。現・高熊山、出口聖師修行の山）に逃げ込まれたために、越前（福井県）の三国から第二十六代・継体天皇（男大迹王《おおどのきみ》、507～531、第十五代・応神天皇の五世の孫。）が呼ばれて即位される。

『日本書紀』によると、父は彦主人王《ひこうしのきみ》、母は越前三国出身の振媛《ふるひめ》で、父が近江国高島郡三尾（現高島市）にあった別業（別邸）にいた時、美しいと評判の振媛を妻に迎え、当地で継体天皇が生れたとある。だが、皇子が幼い頃に父が薨去され、母は越前三国に戻られて成長される。

「鴨稲荷山古墳」

この継体天皇の父・彦主人王の墓が、高島

「胞衣塚」

市安曇川《あどがわ》町の「田中王塚古墳」とされ宮内庁管理の陵墓参考地となっている。

高島市には継体天皇やその父・母にかかわる遺跡や神社、伝承が多く残され、近くの「鴨稲荷山古墳」からも古代王族の宝冠や飾り沓、金製の耳飾り、太刀、馬具類、銅鏡など多数が発見されている。また、近くに継体天皇の「へその緒」を埋めたという「胞衣塚《えなづか》」がある。その側の川を「御殿川」とよばれ、付近を「御殿」という。本書（二二五頁）に「高貴なる地位にある人々は毛髪等の一部を葬って……崇敬の誠をいたした」とあるが、住民は今も一族を慕い、これらの遺跡を大切に保ちつづけている。

（スサノオご活動のトポス（新19）「継体天皇と淡住桜」『神の国』一九九二年六月号、

窪田英治著。『近江・古代史への招待』松浦俊和著・京都新聞出版センター刊行参照）

（五）竹生島神社（都久夫須麻神社）（本文七一、七四、八二、一五七頁）

○**御祭神**　宝厳寺・弁財天。都久夫須麻神社・浅井姫命。
●**鎮座地**　滋賀県長浜市竹生島（旧東浅井郡びわ町）
★長浜港から船で約三十分、近江今津港から二十五～三十分、彦根港から二十分。

○

竹生島は古来から信仰の島で、神の棲む島、神の斎《いつ》く、住井《すまい》を意味し、「つくすまい」が「つくぶすま」と変じ「竹生島」になった、などと云われる。

島は琵琶湖の極北、葛籠尾崎《つづらおざき》（東浅井郡湖北町）岬の南約二キロメートルの沖に浮ぶ。周囲二キロメートル、面積〇・一五平方キロメートル、最高標高一九七メートル、島の周辺は深く西側付近は最深部で一〇三メートル。周辺には「葛籠尾崎湖底遺跡」があり縄文～平安時代の土器が漁師の網により引き揚げられている。竹生島は、かっては神仏一体であったが明治時代の神仏分離令により、弁財天を本尊とする「宝厳寺」（観音菩薩を祭祀する西国三十三箇所の三十番）と、浅井姫命を祀る「都久夫須麻神社《つくぶすまじんじゃ》」に分かれている。

浅井姫命は、伊吹山（一三七七メートル）の神である多多美比古命《たたみひこのみこと》の姪にあたり、多多美比古命が浅井岳（現・金糞岳・一三一七メートル）の神である浅井姫命と高さを競い、負けた多多美比古命が怒って切り落とした浅井姫命の首が、琵琶湖に落ちて竹生島が生れたとされる。

都久夫須麻神社に三女神奉祭の掲示はない。島は鵜《う》の鳥の繁殖地で天然記念物に指定されている。

○

「天の安川」というのは、神々が集われる非常に清浄な所、綺麗な所、公平無私な所の意で、両方から「誓約」をされる。素嗚盞尊は十拳の剱を持ち、剱は男の魂、日本では刀を武士の魂、大和魂という。鏡は女の魂の意。この剱を天照大神は三段に折られ、伊吹の狭霧に成りませる神の御名は多紀理姫命、次に市寸嶋比売命（弁財天）、次に多気津姫命。この三女神は現に、琵琶湖の竹生島、安芸の宮嶋、江の島その他の神社に祀られている。

竹生島とは竹生《たけなり》と書き昔から武器の神様となっている。武器は竹が初まりで、先ず竹槍を造り、そして弓矢の発明により、武の字をタケと読む。建速須佐之男命の剱は、命の御《み》霊《たま》で三女神が生れ、刀を持っているから建速《たけはや》と云う。多紀理姫命は手切姫《たぎりひめ》で切る、市寸嶋比売命は伊突姫《いつきひめ》で突刺す、多気津姫命は手で突くの意味となる。これを瑞《みづ》の霊《みたま》、三《み》つ人の瑞《づゐ》の霊《みたま》と云い、三月三日の節句を女の節句として祝う濫觴《らんしよう》とされる。

（『出口王仁三郎全集』第五巻「子生の誓之段」一五七頁）

○

竹生島は、「誓約」による三女神の出生の地。『日本書紀』では「日神《ひのかみ》の生しませる三柱の女神……」とあって天照大神の御子とされ、福岡県宗像市《むなかたし》の宗像神社に宗像三神として祭祀されている。宗像神社の沿革によると沖ノ島に田心姫神（＝瀛津嶋姫《おきつしまひめ》、沖津宮）、田島（＝辺津宮）に市杵島姫神、大島（＝中津宮）に湍津姫《たきつひめ》神を奉斎する。全国に分布する宗像分社は九千余に上がる。

○

これに対して『先代旧事本紀』では、素盞嗚尊の剣により生れ「是爾兒《これいましのみこ》なり」とあり、素盞嗚尊の御子で、大神のご分霊またはそのおはたらきを示す。また三女神を「筑紫国宇佐嶋に降すべし」と記され、大分県の宇佐神宮（＝日吉神社の宇佐宮はここから分霊を遷座）に祭祀される。この宇佐神宮の神奈備山が大元山《おもとやま》（御許山・馬城峯《まきのみね》、六三〇メートル）で、本宮の南東六キロメートルのところにある。（＝昭和二十三年十月には大本二代教主の命により、大本から宣伝使五名がご名代として教主の短冊を奉納されている。）

この御許山の山頂には三ツの巨石があり、巨岩を磐境として陽向《ようごう》され、宇佐の俗謡に「宇佐に参るなら御許に参れ、御許もと宮もと社……」と謡われ、三女神の元宮となっている。

宇佐神宮は、一之御殿に八幡大神（第十五代・応神天皇、270～310）、二之御殿に比売大神（三女神）、三之御殿に神功皇后（第十四代・仲哀天皇の妃、応神天皇の母）を祭る全国八幡神社の総本宮。貞観二（860）年京都鎮護のため、太政大臣藤原良房が奈良大安寺の僧行教を宇佐に派遣されたことにより分霊・八幡大菩薩（八幡大神）を鎮座されたのが石清水八幡宮で、昨（2010）年には境内から神仏習合当時の遺跡が発掘され話題となった。この石清水は源平共に「八幡大菩薩」を揚げて戦い白旗が清和源氏、赤旗が桓武平氏。源頼朝が男山八幡宮の分霊を鎌倉に奉じたのが鶴ケ岡八幡宮。

宇佐神宮の元は三女神、そこに八幡神が統合される。八幡神の元は北九州香春《かわら》町香春岳を神奈備とする説、福岡県築上《ちくじょう》郡築上町湊《みなと》の矢幡《やはた》八幡宮（＝『鶴岡八幡宮』中央公論美術出版刊。現在社名が変更されて金富《きんとみ》神社という。）、築上町赤幡の赤幡《あかはた》八幡宮（『神社名鑑』）などの諸説がある。八幡の幡の謂れにも諸説あり。その他、八幡神社として福岡市東区の筥崎宮《はこざきぐう》が有名。

余談ですが応神天皇、神功皇后、武内宿祢（大和朝廷初期、景行・成務・仲哀・応神・仁徳の五朝に二四四年間仕え、神功皇后を助けて新羅などに出兵。）この三柱を合わせて「戦の神」とも云われる。

※弁財天女・神代の昔のある歳、頃は弥生《やよい》の己《つちのと》の巳日《みのひ》、二本竹の根節《ねぶし》をそろえて、動《ゆる》ぎ出でたる嶋というので、竹生島と称えられる、裏の国の琵琶の湖に浮べる一つの嶋に、天降りたる天女。神徳があらたかで世人より妙音弁財天女と崇められ、その分霊が東に江の島、西には宮嶋に祭祀される。古、イザナギ命、イザナミ命の二柱の神様が天の浮橋に渡らせたまい、大海原（地球）に天降りて開かれたオノコロ嶋、その時セキレイという小鳥に夫婦の道を教えられ、それより天照大神を生み給う。オノコロ嶋を一名・日の出嶋と云い、民衆に帰依せられ、福徳を授けしにより、美人賢婦の標本として七福神の列に加えられる。

（『霊界物語』第六十五巻・第二十六章「七福神」）

（六）塩津神社（本文九四・九六頁）

○**御祭神**　塩土老翁《しおつちのおきな》（国常立尊）・彦火火出見尊（火遠理命）・豊玉姫命。

●**鎮座地**　滋賀県伊香郡西浅井町大字塩津浜。

★琵琶湖の北を通る国道八号線、賊ケ岳トンネルより西側の塩津浜。

○

＜塩津神社本殿・滋賀県指定有形文化財＞

（境内の案内）

「塩津神社は、近くの池の水で塩をつくっていた人たちが、塩土老翁神を祀ったのが始まりと伝えられる。江戸時代の中期には伏見稲荷を勧請し稲荷大明神と称していたが、明治の初期には社名

「塩津神社」

を塩津神社に復した。

本殿は、棟札などから元禄七（1694）年に長浜の大工藤岡甚衛光守により建立された小規模な一間社流造で、屋根はこけら葺とし、身舎《もや》の組物間と妻飾の小壁には植物、板支輪は雲《なみ》の精緻な彫刻が施されている。また正面は稲荷神の使いとされる狐の彫刻を用いている。………。平成十二年三月　滋賀県教育委員会」

○

＜『神社名鑑』の由緒沿革＞

「延喜の制国幣の小社に列せられ、社名は地名に因み、地名は祭神の塩土老翁に因むものと伝う。往古は国幣ありたる所にして顕門武将等崇敬せられ浅井半郡の総社とせらる。明治十七年郷社に列せらる。」

○

【＝琵琶湖の北に鎮座し、由緒では塩造りに関係があるようです。しかし『皇典』の

「海幸彦山幸彦の段」では、塩土翁《しおつちのおきな》は国常立命で天津神である彦火火出見尊（＝瑞霊神）を竜宮に案内し、尊は綿津見神（海神・国津神）の娘・豊玉姫と結ばれて天皇家の大祖先・天津日高日子波限建鵜葺草葺不合命《あまつひこひこなぎさたけうがやふきあへずのみこと》（神武天皇の父）が生れる。琵琶湖は「竜宮」に例えられ、またこの辺りを伊香《いかご》、イカは神《イカ》の裔《ゴ》という意味にもなり、神裔《イカゴ》、御嫡《イ》厳《カ》子《ゴ》の因縁を推察されるが、その掲示は境内にありません。塩津港は江戸前期まで、北陸地方や朝鮮半島、中国大陸の物資を京都に運ぶ拠点。塩津港遺跡から「魚一巻きもなくしません」「お米を盗みません」「誓いを破ったならば神罰を受けてもかまわない」と書かれた中世の木簡が見つかっている。】

（七）伊香具神社（本文七二・七三・八三頁）

○御祭神　伊香津臣命《いかつおみのみこと》。意太《おふと》神社・迦具土之神。

●鎮座地　長浜市木之本本町大音《おおと》

★琵琶湖の北、国道八号線賤ケ岳トンネル東側入口に大音がある、その北約数百メートル、余吾湖から流れる余吾川の西。北陸自動車道木之本ICより約十分。

○

＜由緒＞（神社案内書）

「伊香と書いて古くは「いかご」あるいは「いかぐ」と発音しました。ですから『万葉集』ではこの背後の山すなわち賤ケ岳連山を「伊香山」と書いて「いかご山」と読ませています。そしてその名は『古事記』に出て来る火の神「迦具土之神」の徳を受けられたところからきているようで、そのことはこの社のすぐうしろの山の小字名を「かぐ山」とよび、また摂社に有る「意太《おふと》神社」の御祭神が「迦具土之神」となっていることからも証明されます。それで昔からこの神社は「火伏せの神」「防火の神」としての信者が大変多く、特に火をよく使う商売の人々の間にその霊験は大変あらたかといわれてその加護を祈る人があとをたちません。

さて伊香具神社の御祭神「伊香津臣命《いかつおみのみこと》」という神様は、神武天皇に使えて総理大臣の役を果された天児屋根命第七代目の子孫にあたられる位の高い方で後の中臣氏（藤原鎌足らの氏族）らの祖先でもある方です。

九世紀の後半当神社の神官で伊香津臣命から第十六代目にあたる伊香厚行という人は、中央政府でも活躍され菅原道真公（845～903）との親交がありました。菅原道真公は幼少の時この北方にある菅山寺という寺で修業されたこともあってこの伊香具神社を厚く信仰され、自筆の法華経、金光明経を奉納されました。また宇多天皇（＝第五十九代、887～897）に申し上げて「正一位勲一等大社明神」の額を賜りました。そして当時制定された「延喜式」においては、大社大名

「伊香具神社」

神という高い格を与えられておりました。この延喜式に記載された神社を「延喜式内社」とよんで古くから信仰の厚かった由緒ある神社とみなされていますが、近江一五五座のうち伊香郡は全国的にみても特に集中して多く当伊香具神社の大社一の他、小社四十五座を数えています。

後に足利尊氏が天下を取ったときには特に二百石の領地を捧げ、毎年正月、五月、九月の十八日に国内の無事を祈るための祈祷祭を依頼されました。以後祭儀は今も絶えることなく続けられています。」

○

＜伊香具神社由緒＞（境内石碑）

「御祭神　伊香津臣命　創立・白鳳十年（660 年頃）

御祭神「伊香津臣命」は天児屋根命第七代孫であり、この神様が当伊香郡開発の始祖としてこの地に祭られるのは伊香郡が古代豪族伊香連の根拠地であった故と思われる。

『近江風土記』に収録された羽衣伝説では、伊香刀美《いかとみ》という人が伊香小江《いかおえ》で水浴していた天女と夫婦になり四人の神々をもうけたと伝えているが、この「伊香津臣命」と同一ではないかと思われる。………。

織田信長が天下を支配するやその領地は没収され、更に賤ケ岳の戦（＝柴田勝家と羽柴秀吉）で社殿・宝物はことごとく焼失した。当社正面の鳥居は三輪式と厳島式を組み合わせた独特の形式で、かってこのあたりまで入り江であったことを示すものである。また背後の山は伊香山と呼ばれ中腹の大岩のかげに「天児屋根命」を祭る祠が鎮座している。」

○

＜白鳥伝説と大音糸＞『近江風土記』に収録されている説話。

「古老の伝えていうには、近江の国伊香の郡、与胡《よご》の郷、伊香の小江《おえ》のこと。その小江は郷の南に在った。その小江に天女が八人白鳥となって水浴をしていた。そのとき伊香刀《いかと》美《み》という人が西の山からそれをみて、これは神々しい鳥だ、もしや神人ではないかと思って近づいてみるとやはり神人であった。その天女の美しさにみせられて伊香刀美は白い犬をやって天女の羽衣を取らせた。羽衣をとられた天女は、他の七人が天へ帰ってしまったあとも帰ることがでず地民《くじつひと》となってしまった。

伊香刀美は天女と夫婦となりここに住みつき四人の子どもを生みました。兄の名は意美《おみ》志留《しる》、弟は那志登美《なしとみ》、娘の名は伊是理比売《いぜりひめ》、つぎの娘が奈是理比売《なぜりひめ》でした。彼らは伊香《いかごの》連《むらじ》の先祖でした。後天女は羽衣を探しあてて天へ帰ってしまいました。

この伝説に出てくる伊香刀美が当神社の御祭神伊香津臣命であろうと推定されると同時にこの羽衣伝説が大音、西山地区に伝統産業として、その名が高い養蚕、生糸の技術をもつ人々のこの地方への伝来を意味するものとも考えられます。そして今も賤ケ岳から流れる清流でつむがれた良質の糸は三味線糸や琴糸として特に珍重され全国に広く知られています。」

○

【=伊香具神社は琵琶湖の北に位置し、本書釈義から『古事記』、『日本書紀』神代の巻を考察する原点となる神社の一つです。戦国時代に本殿はじめ数多の書物宝物を焼失し、現在の社殿は徳川中期以後に建立されている。

天照大神は高天原からこの伊香具に降り、伊吹山から湖東の山々を渡り川處郡（甲賀郡）の白黒嶽の低み尾山「今は日雲山という」に臨まれる。

釈義で天照大神と素嗚盞尊の「誓約」により、今の阿賀山（太郎坊）に天之忍穂耳命が生れ、「伊香具郡の嚴児《いかご》の下の宮に育ち賜うなり、今大音村の伊香具神社これなり」と記される。この伊香具神社のご祭神が伊香津臣命で、境内社の意太《おふと》神社に迦具土之神が祭祀され「火伏の神」とされる。しかし、本書の記述から本来は天之忍穂耳命が迦具土之神に転化したのではないかと推察される。火伏の神は火の文明を生んだ伊邪那美命（火産霊神）で、それがいつの間にか混同したものと思われます。

『神典』では天之忍穂耳命から長男神の天照国照彦天火明櫛玉饒速日尊《あまてるくにてるひこあまのほありくしたまにぎはやひのみこと》（天火明尊・饒

速日尊）が、死者も蘇えらせるという王権の証「瑞宝十種」を授けられて天降り、日本の国を拓いて行かれる。次男神のニニギ命が「三種の神器」が与えられ天降りになり、彦火火出見尊（火遠理命）、鵜萱草葺不合命、そして神武天皇へと継承され、大和で国譲り、政権交代が行われる。

伊香具地方には古代から天皇家や、天火明命の系統、天児屋根命一族（物部）が住み、神主家は藤原家の子孫により受け継がれている。先の塩津神社など古来の伝承と合わせて近江国は神代の天皇家の源流にあるように推察される。そしてこれらの伝承が、崇神天皇の時代に不知火《しらぬい》の海に捨てられ、また、戦国時代の相次ぐ戦乱により記録が失われている。

伊香具神社と日吉東照宮、それに伊勢大神宮と豪華絢爛の日光東照宮、それぞれの建築様式、その奥にある思想の比較には、興味深いものがある。】

（八）多賀大社（本文七四頁）

○**御祭神**・伊邪那岐大神・伊邪那美大神

●**鎮座地**　滋賀県犬上郡多賀町多賀

★名神高速多賀SAから東へ五分。彦根ICから十分。

★JR彦根駅乗換え、近江鉄道「多賀大社前」駅下車、徒歩十分。

○

＜由緒＞（略記）

「多賀大社は、寿命長久縁むすびの霊徳高く、古くからお多賀さん、と呼び親しまれた淡海国（近江国）第一の大社である。わが国の文字で綴られた最古の書物『古事記』（和同五（712）年）、に「伊邪那岐大神は淡海の多賀にまします」と示される。古くから多賀の里びとが心をこめて祀り続けてきた伊邪那岐、伊邪那美大神は、国生みをはじめとして、万物の根源を生み成された神です。この二柱の大神の御霊徳を敬仰する心が、次第に昂りを見せて、多賀信仰として発展して来た。

伝承として多賀大社の東、鈴鹿山系の山並み、約六キロメートルの地に二つの山を仰ぐことができる。その二つの山の間の峠に三本の杉が屹立しているのが見える。これが「杉坂峠の三本杉」と呼ばれ、神代の昔国生みの神業を終えられた伊邪那岐大神は、高天原からこの峠に天降られ休息されたとか。……その後大神は麓の栗栖という村に移られ、現在ゆかりの深い土地として「調宮神社」が祀られ、大社からの渡御が盛大に行われている。」

○

【＝主の大神の命により降臨の伊邪那岐・那美二柱は、国生み神生みの縁により、高砂の尉と姥で「縁結びの神」となります。

伊邪那岐大神は、この世があまりにも穢れているので「つくしの日向橘小門の阿波岐原にいでまして、禊ぎ祓ひたまひき」、祓戸、禊祓《みそぎはらい》を執行する神になります。また『古事記』に伊邪那岐尊は、「淡海（一本に淡路）の多賀になも坐す」とも記載され、淡路島の「伊邪那岐神社」は国土開発を終えた幽宮と伝えられる。しかし、出口聖師の『更生日記』第二巻「皇典に現れたる神蹟についての見解」（昭和六年二月二十五日）には「伊邪那岐尊を祀る、滋賀県官幣大社多賀大社は、同尊の御陵の跡であり……。」と明記される。（『龍宮物語』一五五頁参照）

物語には日の出神が淡路島から紀州を経由し、天教山（富士山）に行かれ世界宣教に出発されるので、淡路島の幽宮の伝承は反対で、滋賀の多賀が神業を終えられた幽宮ではないかと推察されます。

○

これを裏付ける『天《あま》ノ朝の研究』（批評社）の中で「近江の国多賀の大宮」（一六頁）に「近江犬上郡多賀ノ宮の信仰は、多賀大明神として付近郷氏は変

「多賀大社」

らざる崇敬を続け、神社背後の森林は神ノ代ながらの神域として、神人と雖も妄《みだ》りに入れしめない。しかし乍ら朝廷に於かれては、天平親護二年（766）漸く六戸の神封《しんぽう》を奉った程度で、延喜式にも名神とはなっていない。然して淡路ノ国津名郡多賀にも伊佐奈岐神社があり、多賀大明神と称え、この方は延喜式名神となっている。按うに伊邪那岐命は、天の原を統治する様になってから、晩年淡海《おうみ》の多賀に隠栖《いんせい》され、そこに崩去されたものと思われる。神社背後の自然林の山頂には、恐らく大神の御陵が在するのではあるまいか。果して然れば、淡海の多賀が、日之少宮《ひのわかみや》であり、幽《かく》りの宮である事となる。」と示され、出口聖師説を立証する。

伊邪那美尊は、『古事記』（上巻）に「火の神を生みませるに因りて、遂に神避《かむさ》り坐しぬ」、「故其《かれそ》の神去りましし伊邪那美神は、出雲《いづも》の国と伯伎《ははき》の国との堺、比婆《ひば》の山に葬《かく》しまつりき」）と記され、『霊界物語』第八巻三十九章「言霊解一」（『古事記・言霊解』みいづ舎刊）に地球の表現神たる伊邪那美神の神去りし大意を明確に解説される。

この比婆山（一二六四メートル）は島根と鳥取県の県境をなす比婆道後帝釈国定公園の比婆山山頂に命の御陵とされる円墳があり伝説の地とされる。この連峰南端の竜王山（一二五五メートル）南麓にかかる那智の滝の下に伊邪那美尊神を祀る「熊野神社」があり比婆山の神陵に対する遥拝所のようです。しかし、島根県には伊邪那美尊の御陵が沢山ある。その中でも伯太町にも同じ比婆山があり、先の『更生日記』の中にもここが伊邪那美大神の御陵と明記されている。全国に鎮座する熊野神社は、伊邪那美尊を祭祀する場合が多いようです。】

（九）彦根神社（旧・田中神社）（本文八二頁）

○御祭神・活津日子根命
●鎮座地・滋賀県彦根市後三条町
★名神高速道路・彦根ICから車で約五分。北陸自動車道・米原ICから車で約二十分。

○

＜由緒＞

「明細書によると、創祀年代、由緒等不詳であるが、社伝には昔大洪水があり、多賀久徳の地より御神体が流れついたのでこれを祀り、川流れの明神または田苗、田中の明神と呼び、土地の鎮守の神として今日に至ると伝えられる。享保《きようほう》十九年京都吉田家より正一位の神階を授かり、社号を彦根神社と改める。彦根藩主伊井家の崇敬篤く、社紋も井桁、橋と伊井家の家紋と同じくする。享保年間、文政年間社殿の造営されし棟札今に存す。………。（滋賀県神社庁）

【＝伊井家七代当主のとき、彦根藩として彦根の地名由来の神を、城下近くにまつることになり、享保十九（1734）年五月二十八日。田中神社の相殿に活津彦根命を勧請し八月五日、田中神社の社号を彦根神社と改める。御祭神が活津彦根となっているが釈義では天津彦根命です。】

〇

＜『新月のかげ』＞

「神名」「天照大神、天之御中主大神、国常立尊、ゴッド、エホバと云っても皆同じことである。ただ取次ぐ人がいろいろ名を付けているだけである。神は名もなければ、形もないものである。天津彦根も活津彦根も彦根から出たのであるが、それを殿さんが偽物（＝城）を造ったのである。●神様には名はないから土地の名を申し上げるのである。●それで彦根城を手に入れようとしたら三五万円だったが、悪い蚊がいたのでやめた。●山が

「彦根神社」

神霊である。昔の経綸場の役である。滋賀の岩倉とあるのは志賀の一番高い岩のことで、くらは家倉と同じで神の御座である。」

（一〇）天満宮・北野神社（本文八四頁）

○御祭神・菅原道真公、古くは活津彦根命。

●鎮座地・滋賀県彦根市馬場。

○

＜由緒＞（神社案内書）

「元和六年、彦根藩主伊井直孝公が、彦根城築城の際、山頂に祀られていた彦根寺をこの地に移し、幼児尊崇していた出生地である上野国後閑村・北野寺鎮座の菅原道真公を勧遷奉斎し、彦根寺を改め、天満宮社殿を建立。一〇五石・十人扶持を給せられた。これを本社の創建とする。………明治元年王政御一新、神仏混こう廃止後、北野寺と境内を折半し、彦根中西部の氏神様として崇拝され、今日に至っている。★菅原道真公をお祀りする滋賀県内唯一の旧県社。★古くは彦根山にあった祠に祀られていた活津彦根命を彦根城築城の際、この地に移し御祭神としていたとも伝えられているが定かでない。」

○

＜『**新月のかげ**』＞

「**天満天神社**」・「菅原道真を祭って天満天神と称しているのは、みろく様と菅原道真を一緒に祭って天神となるのだ。」

「忠勝」・「……菅原道真だ。道真は王仁の分霊だ」

「天満宮・北野神社」

【＝天満宮は創立当時には「神仏習合」で、現在は神社と寺が別れている。本来祭祀されていた活津彦根命は、伝承としてのみ残され、祭祀の形跡は見当たらない。受験の神様として多くの参詣祈願者を迎えている。】

（一一）太郎坊・阿賀神社（通称・太郎坊宮）（本文七七・八三頁）

○御祭神・正哉吾勝勝速日天忍穂耳命。守護神・太郎坊天狗。

●鎮座地・滋賀県東近江市小脇町。

★JR近江八幡駅及び米原駅乗り換え、近江鉄道八日市駅下車タクシー十分及び太郎坊宮前駅下車徒歩十分。

★名神高速八日市ICより車で西へ十五分。

★国道八号線友定交差点より車で国道四二一号線を東へ二十分。

○

＜由来記＞（略記）

「今から約千四百年前の創祀と伝えられ、鎮座の地の赤神山（太郎坊山）は岩石が露出し、見るからに神秘的な神宿る霊山であると信じられてきた。天地万物を崇め、自然の恵みを感謝する神道の教の中で最も典型的なのがこの御神体山信仰・磐境信仰であり、今も山上には奥ツ磐座、山麓には辺ツ磐座としての祭祀場がある。この山で修行する修験者が多く、その姿は太郎坊天狗として今に伝えられる。一般に当社を太郎坊さんと称する様に、天狗は御祭神の守護神となっている。……神道を基とした天台山嶽仏教と修験道が相交わる独特の信仰形態が確立され、庶民信仰の場として

「太郎坊宮の赤神山」

多くの参拝者を迎えている。……

祭神は天照皇大神の第一皇子・天忍穂耳命である。最初に天降りの命をされた程の愛護を受け、いつも脇に抱えて大切にされた子であるという事から、当地名が小脇と名付けられたとか。御神名から「吾れ勝ち負ける事が無い。なお勝つ事の速い事、日の昇るが如し」で、殊に「勝運の神」として霊験があらたかである。」

(『いづとみづ』一九八八年一月号、瑞霊ご活動のトポス⑩滋賀県八日市市の「阿賀神社」窪田英治著・参照)

○

<『新月のかげ』>

「吾勝尊は素嗚盞尊の御子」について、「問　五男神は素嗚盞尊の御子と『霊界物語』に書いてありますが、

答　吾勝命は素嗚盞尊である。しかし天照大神の御子と云っているから、これを云うと日

本の皇室が大変になるので、霊は天照大神、体は素嗚盞尊である。霊主体従だと云って来た。ぼかして来たのである。本当は体が主で子供が生れるのだから体主霊従である。霊主体従と云えば実は誰でもよいことになって大変であるが、判らないからよいのである。

（昭和十八年）」

（二二）水茎《すいけい》の岡（水茎城址）（本文六七頁）

●滋賀県近江八幡市水茎町岡山。

★名神高速八日市ICより車で西へ三十〜四十分。織田信長の築いた安土城跡より西へ約一〇・五キロメートル。

〇

＜『新月のかげ』＞

「水茎文字は神代文字」「琵琶湖に出る水茎文字を水茎の岡山から見るのは彼岸の中日に

あって、神界から使命のある人でないと竜宮から見せられぬ。王仁と大石凝先生だけが見たのであって、側にいても見えないのである。琵琶湖に見にゆくのが大変だから後では、金竜海（綾部の大本神苑内）を造って見ていたのである。一つの証拠に見るだけであって一度見たら十年か十五年は見る必要はないのである。神代文字で自由に現われるからこれの判らないものは出ていても判らないのである。（昭和十八年）」

「大本の筆先と水茎文字」「大自然に出る水茎文字がお筆先と同じであるから天地創造の神が、お筆先を書いておられることを証明するものである。大石凝先生はお筆先を知らないから之で見当をつけていたのである。お筆先に現われるか、水茎文字に出るかの差である。（昭和十八年）」

「月照山の萩」「聖師が蒙古から帰られた時（大阪若松刑務所出所・大正十三年十月一日）に「滋賀県の水茎の岡山に行って萩《みそはぎ》を採って来るように、天津菅曽はここの萩で造ったのである」との命によって加藤明子氏と大国以都雄氏が行ったら山が荒らされてい

「水茎の岡」

て小さな萩しかなかったのを採って帰って聖師の命で月照山に植えておいた。第二次大本事件がおわって、再び天恩郷（亀岡の大本）の裏の南郷に帰って来て大国氏が御挨拶に行くと「あの萩はあるか」とのことで探して見たら小さいのがあったのでその由申し上げたら「ここでは育たないから高山に持って行って育てるようにして呉れ」とのことで「高山は何処がよいでしょうか」とお尋ねしたら「大山がよい。大山は日本大地の要であるから、その萩が栄える時は要の神（金勝要神）の時代である」との事で、大国氏は大山に持って行ってその萩を移し植えて、農場を開いて萩を取られぬように守っていた。月照山が完成（昭和二十一年八月二十五日）して後に持ち帰ってまた月照山に植えたのである。その萩が繁茂した時は二代教主（金勝要神）の時代であった。」

（天津菅曽、周易の筮竹に相当するがその数は七十五本である。これは七十五声を代表するものである。長さ一尺乃至一尺二寸、菅曽は俗称「ミソギハギ」と称する潅木、茎細長にして三十四尺に達す。これを本と末とを切り揃えて使用する也。）

○

【＝出口聖師は明治三十一年秋に大石凝真素美翁と共に訪ね、大正四年五月十六日再度水茎の岡を訪ねている。漢字流入以前の日本には水茎文字（神代文字）が存在し、この水茎文字はハングル文字によく似ていて、神代の素鳴盞尊の時代には、この文字を使用されていたのではないかと推察される。日本の古代文字には種子字、阿比留字、伊予字、筑紫字、対馬字など沢山ある。ただ朝鮮のハングル文字の成立が十五世紀半、それ以前には実証がないとされる。水茎の岡では万葉の人々が歌を詠んで楽しまれていたようです。】

（一三）佐目《さめ》村の山奥御金《おかね》の塔《とう》（「お金明神」）（本文七六頁）
相《あい》谷《たに》熊《くま》原《はら》遺《い》跡《せき》

○御祭神・塔尾金大明神（佐目村の守護神）。

●鎮座地・滋賀県東近江市佐目町。

★名神高速道路八日市を下り、四二一号線（東の山側を通称「八風街《はっぷうかい》道《どう》」と云う。）を東へ十～二十分、永源寺ダムに突き当るとそこが永源寺相谷町、佐目町と隣接する。山頂へは永源寺町のダムに流れ込む神崎川（佐目子谷）から入る。

「御金の塔」
（相谷町守田茂光氏提供）

【＝天津彦根命の「御金の塔」は、鈴鹿山系に属する山にあり登山の準備が必要です。聞くところによると頂上近くに大きな岩が重なりそれが「仁王」の形をした磐座がある。

○

志賀に人が定住し、集団生活をするようになったのは、縄文時代草創期（一万～二万年前）に遡る。昨（2010）年五月発表された東近江市永源寺相谷町の「相谷熊原遺跡」（一万三千年前）は、大規模な竪穴建物跡五棟と国内最古級の土偶が出土し「縄文のビーナス」と話題になった。ここは五男神の天忍穂耳命出生の阿賀神社（通称・太郎坊宮、経綸の地）、それに天津彦根命、活津彦根命の出生（経綸の地）の佐目、東桜谷とは比較的近く、古代人が住居したロマンが眠る遺跡です。（遺跡は現在埋め戻されている。）

相谷熊原遺跡より発掘された「縄文のビーナス」複製品

これまで琵琶湖近辺では、人が住居したのが縄文早期のざっと七千年前ごろからと考えられていたのが石山寺の門前にほど近い「石山貝塚」や、安土《あづち》の湖辺、蒲生郡安土町（織田信長の築いた安土城址近く。）の「下豊浦遺跡」などが知られている。また彦根市の丁田遺跡（同市高宮町）から縄文中期末頃身分の高い人が身に付けたとされる「翡翠《ヒスイ》大珠」の装身具が出土している。】

（一四）御上神社（本文七四頁）

○御祭神・天之御影神（天照大神の御孫、天津彦根命の子）。
●鎮座地・滋賀県野洲市三上（三上山・近江富士の西麓）。
★国道八号線（中山道）沿い。名神高速IC栗東から国道八号に出て数分。
○
＜由緒＞（境内掲示）

「当神社の社記によると天之御影神は今から二千二百余年前の孝霊天皇（第七代・前290〜前215）六年六月一八日三上山に御降臨になったので神孫の御上《みかみの》祝《はふり》等は三上山を御神体山（神奈備・四三二メートル）として鎮祭申上げた。降って養老二（718）年勅命によって現在の地に社殿を造営して遷祀された。爾来朝野の崇敬あつく清和天皇（第五十六代・858〜876）の御代に正一位、醍醐天皇（第六十代・897〜930）の御代に明神大社、次に圓融天皇（第六十四代・969〜984）の御代には勅願所と定められ四海大平の祈願を行われた。武家政治になっても源頼朝（1147〜99）を始め各武将も尊崇深く神領を寄進奉った。………。」

「御上神社」

＜御神徳＞

「御祭神・天之御影神は御神徳高く霊験あらたかで忌火神《いみびのかみ》、金工鍛冶神、産業神、開運悪魔除けの神として信仰され、当地方は昔から神体山三上山を中心に忌火、悠紀郷、むかで退治の神話で有名で、山麓には二十四個の銅鐸が発掘され、五〜六世紀の古墳群（「大岩山遺跡」）が現存している。」

＜三上山のムカデ退治＞

「朱雀天皇（第六十一代・930〜946）の御代に田原藤太秀郷という豪勇の者が、ある日瀬田の橋を渡ろうとすると、大蛇が橋上に横たわっていたが、秀郷は臆することなく大蛇を踏みつけ通りすぎた。その晩大蛇は小男に化け、秀郷の豪勇を褒め称えて、吾は竜宮に住む龍神であるが、三上山を七巻き半巻いている大ムカデに悩まされているので助けてほしい、と頼んだ。秀郷は承知し、瀬田の唐橋から矢を放ち、一矢は射損じた。二矢目に唾を付けて放ち大ムカデを射とめた。龍神は大変喜び、お礼として米俵や使っても無くならない反物や宝物を贈った。米俵から田原藤太秀郷の名前を俵藤太と改めた。」

○

【＝釈義には、「月夜見命は大造化、産霊《むすび》の真を執り持ち給いて、天の御影神・日の御影神を結びて三神山に鎮まり給う也。」とある。

神社の由来には天之御影神が鎮座され、天照大神の御孫・天津彦根命の子となっている。鍛治の神である天目一箇神と同一神とされ、鏡などを造る製鉄の技術が古くからこの地方にはあったようです。

三上山は、二つの山からなり男山・女山とよばれ、頂上には巨石の磐座があり奥宮が祀られている。御上神社は神仏習合、また中世の頃に度重なる戦乱により社殿は荒廃した時期があったが現在は、本殿・拝殿・楼門が特別保護建造物に指定されている。】

（一五）新宮神社（本文八四頁）

○御祭神・伊弉冉尊（配祀神・速玉之男命、天之忍穂耳命）。
●鎮座地・滋賀県甲賀市甲南町新治。
★名神高速栗東・竜王ICより約四十分。新名神高速甲南PA ICより約十分。

○

＜由来＞（境内掲示）

「新宮神社は新宮九ケ村の村社で、一宮は紀州熊野大社、二宮は常陸鹿島大社、三宮は勝手大明神の三神を祭っています。一宮は天平四（732）年倉治村熊尾の地に勧進されたのが最初で、後にこの地に移され新宮大明神と称されました。

飯道山麓のこの付近には、中世に杣庄《そましょう》と呼ばれる

「新宮神社」

荘園が広がり、やがて新宮・矢川・三大寺の三荘に分離しました。新宮神社は新宮荘の総社として栄え水口町三大寺社（現・日吉神社）、矢川神社とともに、「杣《そま》三社大明神」の一つとされました。

桜並木の続く長い参道に萱ぶきの表門（国指定重文）があり、境内には三棟の社殿が並ぶなど総社としての風格を十分に備えている。」

○

【＝本書には「熊野村の割れ谷割れ石を御胞として生れ賜いし熊野楠日命は、ここに生れ賜いて甲賀郡の新宮に祭られ賜う。甲賀郡深川より伊賀の玉滝村に至る、街道辺の新宮村に在る神社也」とある。紀州熊野大社には伊弉冉尊を祭祀し、綾部の熊野神社には熊野楠日命が鎮祭される。『霊界物語』では、伊邪那美尊は神素嗚盞大神（熊野の大神）に全権を譲り、熊野楠日命は素嗚盞尊の神業に参加して八島主神・両刃長剣の生身魂となり、地球における肉体を具備された神の初め、志賀の蒲生に生れ、人類の始祖となることが示される。物語・第十五巻・第二十二章「和と戦」に熊野楠日命（八島主命）が素嗚盞尊を「吾が父」と申されているので、本来三女五男神は素嗚盞尊の子供となる。】

（一六）矢川神社（本文七九頁）

○御祭神・大己貴命・矢川枝姫命（『古事記』には矢河枝比売・八河江比売と記される）を奉斎し併せて矢川大神と称える。

●鎮座地・甲賀郡甲南町森尻。

★JR草津線江南駅下車徒歩約十分。★名神高速栗東・竜王ICより約四十分。名阪国道上柘植ICより約三十分。新名神高速甲南PA　ICより約十分。

〇

＜由緒＞（神社案内書）

「奈良時代、聖武天皇が紫香楽宮を造営されたころ、すなわち七世紀前半・天平年間の創立と伝える。以来、甲賀開拓の祖神・杣川《そまがわ》水系鎮護の神と崇められ、平安時代の『延喜式神名帳』に甲賀八座の筆頭の神社と登載された式内の古社である。中世（鎌倉・室町時代）を通じて、郡内に勢力を誇った甲賀武士団の結合の精神的拠点として重きをなし、甲賀郡中惣の参会が当社において開催されている。……。戦国時代には水口・岡山城の築城に際し、神宮寺の建物が運び出されるなど社頭の荒廃をみたが、江戸時代には水口藩の崇敬社に定められ、本殿の造営を始めとして境内の復興、整備がはかられた。

天保十三（1842）年幕府の検地に反対して「甲賀騒動」として世に知られ、庄屋層を中心とする犠牲者は天保義民として郡民に記憶される。

「矢川神社」

後追悼を受けて、社頭には天保一揆のモニュメントが建てられている。甲賀街道の守護神。」（＝釈義では五伴緒の天津久米命です。）

（一七）馬見岡綿向神社《うまみおかわたむきじんじゃ》（本文七五、八二頁）

○御祭神・天穂日尊《あめのほひのみこと》・天夷鳥命《あめのひなどりのみこと》・武三熊大人命《たけみくまうしのみこと》。

●鎮座地・滋賀県蒲生郡日野町村井。

★JRびわこ線、近江八幡駅南口または近江鉄道日野駅より近江バス北畑口行き、向町バス停下車、徒歩二分。★名神高速　八日市ICより約二十分、竜王ICより約三十分。神名神高速道路　土山ICより約二十分。

○

＜神社記＞

「社伝によると、神武天皇の御宇に彦健忍穂心命《ひこたておしほこころのみこと》が出雲国より天穂日命の神霊に供奉し、綿向山に鎮座されました。

欽明天皇六年（第二十九代、545）蒲生稲置三麿、山部連羽咋《やまべのむらじはくい》に御託宣《ごたくせん》があって、綿向山頂（標高一一一〇メートル）に祠を建て天穂日命を奉祀しました。その後、天武天皇十三年羽田公矢国《はねだきみやくに》の執奏により、山頂は四時の祭事に不便なため篠谷川の厩上《うまやがみ》の地に御遷座され、更に延暦十五年（796）厩上の地より白雲が立ち、その中に二羽の雁が舞い上り、馬見岡に座す村井御前社（村井置目を祀る）の社前の桜の樹にかかる奇瑞があったため、それによってその地に社殿を遷し奉ったのが現在の神社です。」

○

＜由緒＞

「御祭神の天穂日命は、天照大神の第二の御子にあらせられます。天夷鳥命、武三熊大人命は、そのまた御子にあらせられ、三神とも出雲国の開拓の御祖神であり国造《くにのみやつこ》の祖先です。今この神達をこの日野の地にお祀りするのは、命の後裔がこの地にも移り来て繁栄

「馬見岡綿向神社」

したものと推考します。欽明天皇六年、綿向山頂にお祀りして以来、江州蒲生郡の総社として一つには大宮とも申し当地方一帯の産土神として尊崇されてまいりました。

御神徳広大にして御霊験顕著にましまして、白河天皇、高倉天皇を始め歴代の皇室、武将の尊信篤く………。

承元三（1209）年、大永二（1522）年、永禄六（1563）年、文禄四（1595）年の四度に及ぶ兵火と災火は建物や古記録を灰燼に帰せしめました。………、綿向山を行場とした修験道や神仏習合の姿がありましたが、江戸時代に入り、寛文三（1663）年吉田唯一宗源神道に帰し、その時点で神仏分離がなされました。

豊臣氏の時に社領は全て没収されましたが、徳川氏の時代に入り、歴代将軍より社領十石を安堵する御朱印を下されるなどの庇護もあり、また近江商人の中でも活躍著しい日野商人発祥の地として、その守護神と崇敬をあつめ、出世開運、道中安全の神と信仰されました。………。」

【＝綿向神社のご祭神の三神が「出雲国の開拓のご祖神であり国造の祖先です。」との記述は重要で、大和政権以前の伝承を伝えている。そして高天原の日雲山の天照大神から天穂日尊（天之菩日尊）一族が出雲国へ国譲りに派遣された地場であり、近江の国の神代史は、日本建国に関わる大きな手掛りとなりそうです。】

（一八）日雲山（七二、八三頁）

東海道五十三次の四十九番目の宿場町「坂は照る照る鈴鹿は曇る、あいの土山雨が降る」と鈴鹿馬子唄に歌われ、また「土山や唄にもうたふ初しぐれ」など雨で有名な土山の少し北、甲賀市《こうかし》土山町《つちやまちょう》鮎河《あいかわ》「三上六所神社」境内に、明治四十二年に「大神宮社」として合祀された「井ノ口明神」というのがあり、「日雲宮」とされる。旧蹟はここから北三〇〇メートルに民家の間に小社としてのこっている。鮎河の里人は、「三上六所神社」から南東方向にのぞむ山を「日雲岳」と呼び、現在地図上では「能登ヶ峰」（「野戸ヶ峰」七五九・七メートル）と書かれ「日雲山」の記載はない。しかし、「能登ヶ峰」は二峰からなり、鮎河から見える山を「日雲山」（嶺に天照大神を祀る旧跡、「御神平」の名あり）と称し、東の峰を「能登ヶ峰」と云う。（『甲賀郡志』上巻・昭和四十六年六月二十一日発行四三頁）

その他、三重県亀山市の「御在所岳」（一二一二メートル）、伊勢市の「朝熊ケ岳」などにも天照大神降臨の伝承が残されている。

本書の記述「湖東の山々を渡り川處郡の「白黒岳」の低み尾山、今は「日雲山」という に臨み、海原に稜威を放ち玉う」と記される。この「白黒岳」は、現在「雨乞岳」（一二三七メートル）と呼ばれ旧名を「白倉岳」と書しているのでこれが「白黒岳」と思われます。

「誓約」は東西に分かれ素嗚盞尊が西側の「太神山《たなかみやま》」を背に、天照大神は東側に天の安川（野洲川）をはさんで顕幽《ひがしにし》に在される。また滋賀県の中心、「太郎坊」（「阿賀山」）からのパノラマ的眺望で「巳（南南東）の方向にあり」との記述から、鮎河の「日雲山」周辺が天照大神降臨の聖跡と推測されます。

○

もう一つの伝承として、第十一代垂仁《すいにん》天皇と日葉酢媛《ひばすひめ》の間に生まれた娘・倭姫命が豊鍬入姫命《とよすきいりびめ》に代って天照大神の御杖代として、遷座地を求めて諸国を廻り、そして最後に伊勢国の山田に祀られます。

鎌倉時代に記された『倭姫命世紀』に「淡海の甲可の日雲宮に遷りたまひ、四年斎き奉る」の記述がある。この「日雲宮」は『甲賀市史・第一巻』「古代の甲賀」に、

（1）三雲村大字三雲（湖南市三雲）　（2）三雲村大字夏見（湖南市夏見）
（3）雲井村大字牧（甲賀市信楽町牧）　（4）多羅尾《たらお》村（甲賀市信楽町多羅尾）
（5）鮎河村大字鮎河（甲賀市土山町鮎河）　（6）水口町大字水口（甲賀市水口町水口）
（7）大野村大字頓宮《とんぐう》（甲賀市大字頓宮）

の合計七ケ所の考察が提示される。その他甲賀市には倭姫命の伝承が数多くのこされ、天照大神降臨の伝承はあまりないようです。

※遷座地を求めての旅は、研修資料『出口王仁三郎聖師と丹波の元伊勢』参照下さい。

○

平安初期に起きた神仏習合（神仏混淆）に対して、政府は明治元年（1868）に「祭政一致」をはかってこれを禁じた「神仏判然令」を発布する。それより廃仏稀釈、仏教排斥

運動が起り全国で仏寺、仏像、経巻などが破壊される。

明治三十九年（1906）、内務省から「神社合祀令」が出され、町村合併（1888）により大きくなった行政村ごとに神社を合併する「一村一神社」が奨励され、明治四十二年（1909）には全国十九万余社が十四万七千余社となり、三年間で四万三千社が取壊されたと云われる。これを「稲八金天神社」と通称し、各地神社に稲荷神社・八幡神社・金毘羅神社・天神神社を合祀、新たに神社が創立されている。そしてこの廃棄された神社数は、敗戦による「神道指令」の「廃神毀社」より多かったとも云われる。

現在の神社数は、『宗教年鑑』（文化庁・平成二十三年十二月発行）によると、平成二十二年に八万一三一七社と表示される。

滋賀県下での神仏分離、それに「三上六所神社」などの合祀も、明治四十二年頃に行われ、日雲宮の「大神宮社」も遷座されている。

そしてこの神社合併反対運動（明治四十二年）を起したのが南方熊楠翁で、合併は敬神思想を損なう、庶民の慰安を奪う、景勝史跡・古伝承を隠滅させるなど七つの理由を挙げて反対され、大正九年（1920）に「合併は無益」とする法令が貴族院を通過する。そしてこの運動が近年の「鎮守の森保存」の先駆けとされている。

（一九）大和国吉野郡井戸村《いどむら》にある人生井《ひとあな》の井光《いびか》（本文八九頁）

『出口王仁三郎全集』第五巻「日本書紀と現代・神武天皇御東征之段」の中に

「時に人有りて、井の中より出でたり。光て尾もあり。天皇《すめらみこと》、問うて曰《の》りたまはく、汝《いまし》は何人ぞ。対《こた》へて曰く、臣《やつがれ》は是れ国神《くにつかみ》なり。名を井光《ゐひかり》といふ。此れ即ち吉野の首部《おひとら》の始めの祖《おや》なり」

それからどんどん八咫烏《やあたがらす》（＝一般ではやたがらすと云う）に随《つ》いて進んで行くと、「尾の有る人が出て来た」ということが記されてある。この烏は今日では神の教で、高倉下《たかくらじ》が八咫烏の御用に仕えたのであります。そこに井の中から尾のある人が出て来て、井が光って居たから、「井光」と称えたとあります。

人類学者の説によると、丁度その時代には、尾のある人が住んでいたとも云い、また人間の元祖は尾長猿などと申します。頭があれば尾がある通り、尾があるということは、沢山の部下を伴《つ》れて居る人という意味で、即ち神武天皇を助けるために出て来た土地の名望家《か》ということです。

その井光と申す井戸は今のように石で畳《たた》んで水を汲む井戸でなくして、非常に美わしい所から出て来たという意味で、即ち山を四辺にめぐらし、川を前にして井戸形の所に大きな家を建てて住んでおる。そこから出て来たということで、これは吉野の首《おびと》の始祖《しそ》であります。

昔は首《おひと》、直《あたい》、宿禰《すくね》、大臣《おおおみ》等があり、今日でいえば首の井光は郡長の如きもので、獣《けもの》の如く、尾があったのでないことはこれでも分ります。

○

「更《また》少し進《ゆ》くときに、亦尾有りて、磐石《いは》を披《おしひら》きて出づる者あり。天皇《すめらみこと》、問ひて曰《の》りたまはく、汝《いまし》は何人ぞ。対《こた》へて曰く、臣《やつがれ》は是れ磐排別之子《いはおしわけがこ》なり。此れ即ち吉野の國樔部《くずら》の始《はじめ》の祖《おや》なり………」

それから吉野を分けて行かれると、また尾の有る人に出会いされました。この人が磐《いわ》を押分けて、出て来たと書いてあります。その名が磐排別《いはおしわけ》で、一方は井戸から出て来たのでありますが、井戸は低い所にある意義で、即ちこれは前に出て来た人よりも、一つ偉い人ということです。

これは岩山のある所、要害堅固なる岩戸を押別けて、臣子《しんし》の礼を尽くされた、つまり岩戸という意義は、……非常に尊き人がいて、普通の人は会うことが出来ない。この高貴の人が天孫に対して、臣礼《しんれい》を尽くされた、と云うことです。………。

（大正九年十月四日・五六七殿《みろくでん》講演記録）

【＝奈良県吉野郡川上村井光には、吉野川の支流として清く澄んだ井光川が流れ、その上流に古代人が住んでいた「井光」の旧跡地がある。

川上村は熊野への国道一六九号線が走り、吉野川は「大滝ダム」の建設により、自然の大景観や村の様相が変化している。出口聖師は、「この吉野川を言霊から解釈いたしますと、実に美わしい、水晶の世の中ということになり、神の御徳が、国内に潤いあふれておるということであります。この川は変わるということで、世の中を清め、すべての物を美わしく変えるということになります。」と示され、吉野は日本を代表する美しい村です。

川上村役場の下、吉野川沿いに旧・丹生《にう》川上神社上社あり、現在は大滝ダム建設により、村役場の山の上側に新しく遷座されている。この丹生とは、水銀のことで、古代には水銀が産出し豪族が住んでいたようです。また旧神社の遷座の折、境内地に巨木があり、それを撤去するために重機で土を掘起したその下から、縄文時代（中期末～後期初め）の祭祀跡（「宮の平遺跡」）が発見され、現在新宮の境内地に石器跡が再現されている。】

二、琵琶湖関係補足

(一) 近江は人類誕生の地

皇祖について「王仁は十分に研究した。素嗚盞尊は変性女子で体の方の造り主である。誓約《うけい》というのは天照大神は変性男子だから霊系であるから、何時までも天照大神は父神父方で、素嗚盞尊が母神で母方である。皇室のご先祖は素嗚盞尊であると星野輝興祭事課長(宮内庁)の云うことは正しいが、余り単純に云うから反対されるのだ」(昭和十九年四月十七日『新月のかげ』「皇祖は素嗚盞尊」)と、日本の皇祖は素嗚盞尊で体系の始まりと述べている。

人間の出生について、素嗚盞尊と天照大神の「誓約」から三女神は竹生嶋に、五男神は、近江の磐座から出生されたと書かれている。しかし、『新月のかげ』「人類の発生」には

「神様が石が割れて生れたと大石凝先生は言っているがそんなものではない。王仁もそんなふうに書いて置いたが、本当は『天祥地瑞』に書いてある通りである」と、本書の記載を否定される。これには大正の時代背景や、大石凝真素美翁との関係で直接の批判はご遠慮されたものと推察される。

出口聖師は、磐座《いわくら》について「山が神霊である。昔の経綸場の役である。滋賀の岩倉とあるのは志賀の一番高い岩のことでくらは家倉と同じで神の御座である」と指摘し、磐座は「経綸の場所」と解釈されます。

○少々波《さざなみ》の志賀《しが》の近江《あふみ》は人《ひと》の祖《そ》の生《うま》れし貴国神《うづくにかみ》の守《も》る国《くに》
○琵琶《びは》の湖《うみ》の永久《とは》の神秘《しんぴ》の明《あき》らけく世《よ》に光《ひか》る時松《ときまつ》の世楽《よたの》しも

（『言華・上巻』二二〇頁、『神の国』昭和五年十一月号）

と詠まれる近江の国は、限りなき神秘が隠された神素嗚盞大神の経綸の地です。

○

素嗚盞尊は日枝の山に降臨になり、坂本に降りここを拠点に世界経営の「経綸」に着手される。その第一歩が、「誓約」による三女神五男神の出生で、天津神・国津神の神柱を生み国土開発の活動が開始される。そしてその活動は、農耕、林業、建築、工業、音楽、武術、芸術、文学など、人間が生きてゆくための文明の基本を生み出し、その業績を継承し発展させて行くのが大山咋神、大己貴神、火明命（饒速日命《にぎはやひのみこと》）などの神々である。

「誓約」に関して、日本の風習に融け込んだ三月三日の「節句」（ひなまつり）は、お内裏さまは天照大神、お雛さまが素盞嗚尊、三人官女が三姫神、五人囃子が五男神を表わしているのも興味深い。

（二）一百七十九万二千四百七十余歳

『日本書紀』第三巻「神日本磐余彦天皇《かむやまといわれひこのすめらぎ》（神武天皇）」に「天祖の降跡《あまくだり》ましてよりこの方、一百七十九万二千四百七十余歳」とある。

これは天祖の降臨より大変な年月で、「第一代は天照大神、第二代・吾勝命、第三代・ニニギ命、第四代・彦火々出見命（火遠理命・山幸彦）、第五代・鵜茅草不合命、第六代・神武天皇（神倭伊波礼毘古尊）で、名はないので位の様なものである。天照大神だけでも何十代も続いているのだ」（『新月のかげ』）と、天祖・天照大神から初代天皇が即位するまでの期間が一百七十九万二千四百六十七余歳で、これは途方もない期間となっている。

『出口王仁三郎全集』第五巻「神武天皇御東征之段」に、「お筆先に神代は立派な世であったと出ておりますが、その通りであります。ところが昔の神代は木の皮を着て穴居《けっきょ》し、石器時代を経て、今日に開けたのでありますが、しかしながら当時人民の生活は、実に安静平穏、至清至美、実に立派な世の中であったことが御詔勅《しょうちょく》によって証明されるのであります。天孫・ニニギ尊が、この地球上に降臨ましましてより、一百七十九万二千四百七十余歳を経ております。

日本歴史では、神武天皇即位紀元二千五百八十何年（＝平成二十三年は皇紀二六七一

年）と、いうことになっておりますが、日本の国体の古くして、尊きことを知るには、天孫・ニニギ尊のご降臨から数えて、一百七十九万二千何年とせねばなりませぬ。実に惜しいことをしたものです。」とある。（＝『日本書紀』の記載には「天祖」とあり、出口聖師の言には「天孫」となっている）何れにしても釈義の意味には深遠なものが包含される。

（三）同殿同床

宗教は「時・所・位」、その時代・その場所・その機会により出現して来た。日本は神代から自然や山岳を御神体として来たと云われるが、本来の日本は、祭祀の基本として造化三神を祭る「同殿同床」の祭祀が顕祭の方法により神代から伊邪那岐大神の時代、そして開化天皇（第九代、諱《いみな》・稚日本根子彦大日日尊《わかやまとねこひこおおひのみこと》、前158～前98）まで続いていた。（『霊界物語』第六巻「総説」）

「神武天皇より開花天皇まで九帝、年を歴《へ》る六百三十余歳、天皇と殿《みや》を同じくします也。

此時、帝は神とその際《あはい》いまだ遠からず。殿を同じく床《みゆか》を共《ひとしく》して、此をもって常となす。故に神物官物いまだ分別《わかた》ず矣」（『伊勢二所皇大神御鎮座伝記』）

また出口聖師は「その昔、御神殿というものは、同殿同床の本義に則って、屋内に設けられたもので、今日の如く別殿とするのは唐制を模倣してから以後の事である。このたび開祖様の御像を本宮山上、穹天閣《きゅうてんかく》の私の室にお祭りして、私はそこで寝る。これで古来の通り、同殿同床となってはなはだ愉快である。二代の室は次の間にある」（『月鏡』二〇七頁）

崇神《すじん》天皇（第十代、前97〜前30）は、初めは「同殿同床」の本義に則り屋内に天照大神、倭大国魂神（＝三輪山の神、またの名大物主）を並祭《いわいまつ》っていた。しかし、大和朝廷の天皇が征服した民族の神を天照大神と合せて祭っていたところ、その神威を畏れて天皇はこの制度を廃止し、天照大神を皇女の豊鍬入姫命《とよすけいりびめ》につけて、近江・丹波・伊賀の国を経て最後に倭の笠縫邑《かさぬいのむら》（伊勢神宮）に神籬《ひもろぎ》を立てて祭ることになる。また大国魂神（大国主神の荒魂）を皇女の渟名城入姫《ぬなきのいりびめ》命につけて祭らせたが、「髪落ち體痩《やすか》みて祭《いはひまつ》ること能《あたわず》」とよほど霊威が強すぎたものと思われる。以来、日本の国に疫病が発生し、内乱が起り始める。

(四) 卑弥呼時代の近江の国

近江の歴史は古く『先代旧事本紀・訓註』では、第十二代・景行天皇（諱《いみな》は、日本大《やまとおほ》足彦忍代別尊《たらしひこおしろわけのみこと》・71～130)、「五十八年の春二月、……近江国に幸して、志賀に居《います》こと三歳《とせ》、是を高穴穂宮《たかあなほのみや》と謂ふ。六十年の冬十一月……天皇、穴穂宮に崩《かむあがり》ます。年百六歳《みとしももちあまりむつ》。」とあり、この高穴穂宮を大津市穴太とされる。そして日本武尊は景行天皇の皇子で、九州の熊襲《くまそ》、東国の蝦夷《えみし》を討ち国を拓いて行かれる。

第十三代・成務天皇（131～190）は高穴穂宮に都を遷し、武内宿禰《たけのうちのすくね》（景行、成務、仲哀、神功、応神、仁徳の各朝にかけて活躍したと伝えられる。）を大臣と為し全国各地に国造《くにのみやつこ》を派遣し、その数は山背《やましろ》、伊賀、嶋津、尾張、参河《みかわ》の国など一四四余の国の内、高穴穂宮から六十四余国に向けて派遣される。

第十四代・仲哀天皇（日本武尊の第二子、192～200）の皇后《きさき》は、息長足姫尊《おきながのたらしひめのみこと》、後の神功皇后）で第九代・開花天皇の曾孫《ひひこ》にあたる。

息長とは近江の坂田郡の地名で、現在の米原市の大豪族で皇族との関係が深い。伊香郡木之本町、坂田郡伊吹町伊吹（現米原市）、山東町番の目（現米原市）、東浅井郡醍醐（現長浜市）などに古代遺跡があり、いわば多くが伊吹山（一三七七メートル）の山麓近辺に集り、また湖北の余呉川河口や湖北町沖の湖底遺跡などもよく知られている。

さて倭の国、卑弥呼の時代（『魏志倭人伝』に記される邪馬台国、三世紀半、応神天皇の頃。270～310）は、崇神天皇以来戦いの多い不安定な時代が始まったと推察される。

（五）建邦《たけくに》の神

『日本書紀』に欽明天皇（第二十九代・539～571）の十六（554）年に、百済の王子《せしむ》・余昌《よしょう》が使者を日本の朝廷につかわして、父の聖明王が新羅により戦没の旨を報告し、軍事援助を要請して来た。そのとき蘇我卿《そがのまへつぎみ》は「昔、雄略天皇（第二十一代、456～479）の世に、汝の国は高麗《こま》に攻められて国が危うくなった。そこで雄略天皇は神祇伯に命じて百済国を救う方策を神祇《かみ》（日本の神）に祈請したところ「建邦の神を屈請《おまねき》して百済王を救ったならば、必ず国家は穏やかとなり、人物は安らかとなろう」という神託を得た。そこで「建邦の神」を招き百済を救援したので国は安らかになった。

この「邦を建てたまひし神」（建邦の神）について素盞嗚尊とする説など賛否両論あり。

(六) 大津京

大化改新を断行した中大兄皇子《なかのおおえのおうじ》は、六六二年に即位し第三十八代・天智天皇（661～671）となったが、六六三年に百済《くだら》救援に向い日本軍は白村江《はくすきえ》の戦いに敗れ、これが元で天智天皇は都を近江の国大津京へ遷都（667）している。

しかし、天皇が崩御（671）されるや、天皇の弟・大海人皇子《おおあまのみこ》と皇太子の大友皇子《おおとものみこ》との間に「壬申《じんしん》の乱《らん》」（672）が起り、大海人皇子の勝利に終わる。即位して第四十代・天武天皇（673～686）となり、都を飛鳥浄御原《あすかきよみはら》に移し、大津京は五年で廃都となる。

（七）紫香楽宮

盧舎那大仏《るしゃなだいぶつ》建立（九州の宇佐八幡宮から辛島秦一族の支援）の詔（741）を出した第四十五代・聖武天皇（714～749）の天平十四（742）年ごろ、現在の甲賀郡（現甲賀市）信楽《しがらき》町に紫香楽宮《しがらきのみや》の造営が計画されている。しかし九州に藤原広嗣《ひろつぐ》の乱が起こり、その鎮圧後天皇は山背国《やましろ》（山城）の恭仁京《くにきょう》（京都府長岡市）へ遷都し、紫香楽宮は途中で挫折をする。天平十六（744）年には灘波宮遷都が行われ、天平十七（745）年には平城京へと遷都する。しかし、この紫香宮の発掘現地説明会ではその規模の大きさや建物跡からして数年であきらめるようなものではない。巨大な広さがあったことが想像される。

時代は平安京に移ると神仏習合（神仏混淆・神仏同体説）、本地垂迹説《ほんじすいじゃくせつ》が平安時代に流行し、神道の霊地に仏閣が建立され、近江国は仏教王国へと変化する。

（八）伊吹山

『霊界物語』では、伊吹山は武熊別の部下その他多くの魔神が時節をうかがい立てこもっていた（第二巻・第十五章「山幸」）。丹波の大江山にいた鬼雲彦が鬼武彦に追われて逃げた場所（第二十三巻・第十六章「ムカデの涙」）などと出ている。

伊吹山は薬草の産地で、物語では「各地の高山によく発生する山薊《やまあざみ》と山芹《やまぜり》にして、起死回生の神薬は、これをもって作らるるという、日本の伊吹山に今に発生するものなり」。（第六巻・第十二章「起死回生」）

また「近江の伊吹山は気象学上きわめて重要な場所である。伊吹は息を吹く所の義で、地球上に伊吹戸は無数にあるが、伊吹戸中の伊吹戸というべきは近江の伊吹山である。最近伊吹山に気象観測所が公設されたのは新聞紙上の伝ふるところであるが、大本では十年も二十年も以前から予知の事実である。」（物語第三十九巻・付録「大祓祝詞解」三三六頁）など伊吹山は気流の通路、交差点になる。『天祥地瑞』では「主の大神の御鼻」「大地の鼻」と記されている。

○

伊吹山や南の御池岳（一二九七メートル）、藤原岳（一一四五メートル）など石灰岩、つまり海の塩が固まりそこへサンゴ虫が集って出来る。科学では、「古生代」の終り、「ベルム期」（二億八〇〇〇万～二億三五〇〇万年前）に暖かい南で堆積した石灰石がヒマラヤやアルプス造山運動（二三〇〇万～一二〇〇万年前）によりプレートの移動で出来たという。

（九）政治と宗教

崇神天皇の「同殿同床」の廃止を経て大和に外国の教、道教・儒教・仏教が入り始め、世は末に降りはじめる。つまり外国と交流している内に思想界の混乱が生じ、政治、祭祀の有り方に変化が現れ始める。御霊代《みひしろ》（御神体）問題もその一つで、銅剣、銅矛、銅鐸《どうたく》、銅鏡、金仏、木仏、石仏など、御霊代は集団や個人が魂をかけた重要な宝物で、祭祀が変われば政治が変わり、政治が変われば祭祀が変わる。

やがて曽我氏と物部氏の争い（552～558頃）が始まり曽我氏の勝利に終わると仏教の勢力が増して来る。最初は神の御霊代にお経を挙げていたものが、次第に本尊仏を安置するようになると、「本地垂迹説」が起こり、神社と仏閣が同居する「神仏習合」「和光同塵」の思想や建物が出現し始める。比叡山には「仏法王法両輪説」、つまり比叡山の仏法と朝廷の政治は車の両輪であるとの伝統的な思想、影の内閣的思想があった。

藤原京（第四十一代・持統、文武《もんむ》、元明天皇の三代、694～710）、平城京（710）の時代を過ぎ、平安京時代になると社会は益々終末観が漂いはじめる。

これは釈迦滅後「正法・造法・末法」の三時を経て月光菩薩、弥勒菩薩（神素嗚盞大神）が現れ、衆生を済度すると云うもので、正法時代を一時として天皇による正しい政治が行われていた。ところが世が混乱し天皇の政治が衰えはじめ、これを補佐する臣下の大臣はじめ、聖徳太子（仏法、574～622）、そして摂関政治が藤原家を中心に行われ、これを二時の造法時代と仮定する。これ以後を三時の末法時代と考え、天皇からの勅が通じなくなると、これに代って武士団が現れ、清和源氏桓武平家をはじめ鎌倉、室町、戦国時代を経て江戸幕府創立に至るまで、長い間政治の変革がくり返される。この変革の裏には宗教思想が大きな影響を与えて来た。

（一〇）素鳴盞尊から始まる海外救済

天教山の富士山、地教山の皆神山を経てコーカス山（日枝の山）に降ってきた素鳴盞尊は、「誓約」の後、大国主命や饒速日尊《にぎはやひのみこと》に日本をまかせて尊は新羅国（朝鮮・韓郷之嶋、曾尸茂梨《そしもり》）から、蒙古を経て中東に至り、インド、中国、朝鮮から八岐大蛇を大山に追って再び日本に帰って来られる。

琵琶湖辺は、神代以来の豪族や貴人が割拠し、古墳で特筆される文化が開けた源、地理的位置にある。近江には朝鮮からの渡来人が多いのもそのためで、神代の歴史をたどるとその奥には素嗚盞尊が大源流にあることが推察される。

また開化天皇について「穴太の産土様は稚日本根子彦大日日命である。若き日本の根本の神様ということだから開化天皇はおくり名である。世界を統一される神様である。王仁は今は開化天皇の御神業をやっているのである。それだから開化天皇の宣伝歌『若人の奮ひたつべき時は来ぬ若き日本の春は近めり』（昭和青年会歌）を日本中歌って廻らしたのである。日本は古いけれども若い国である。（昭和六年十二月発表）

開化天皇は朝鮮、満州、支那、蒙古、マレーまで行幸になったのである。王仁は今は開化天皇の仕事をやっているのである。」（「開化天皇の御神業」）

「開化天皇を知らずして『霊界物語』を読んでも判るものではないと厳然として云われ

た。(昭和十七年冬)」(『新月のかげ』「開化天皇と霊界物語」)

出口聖師の教に「諸教同根」の教がある。いま「万教同根」と云っているが、本来は神儒・仏・耶の「諸教同根」(『霊界物語』第六巻・第二十三章)でそれぞれの因縁が示される。

琵琶湖の比叡山は、コーカス山に相応し、そこに巣くっていたウラル彦やウラル姫、大気津姫、贅沢三昧の八王を神素盞嗚大神(薬師瑠璃光如来………)により追い出し、真の霊地として天下修斎の神業を宇内に拡張される。天台宗は、社会改革、民衆救済の宗教として末法濁世を切り開く尊い使命が神から与えられている。

○弥勒神諸相を顕はし神となり仏と化りて世を開きたまふ　王仁

＜参考文献＞

『神霊界』大正七年八月十五日発行「大八洲号」　八幡書店
『新月のかげ』　木庭次守著　八幡書店
『近江・古代史跡への招待』　松浦俊和著　京都新聞出版センター
『京都・滋賀　古代地名を歩く』　吉田金彦著　京都新聞出版センター
『大本教学・第一四号』「大本教祖伝」　出口和明著　大本教学研鑽所
『葬られた王朝』「古代出雲の謎を解く」　梅原猛著　新潮社
『カミと日本文化』「神道論序説」　石田一良著　ぺりかん社
『国家神道と日本人』　島薗進著　岩波新書
『日吉大社と山王権現』　嵯峨井建著　人文書院
『日吉大社』「湖国に鎮まる山王さん」（週刊・神社紀行）学習研究社
『街道をゆく』（一）「湖西のみち、甲州街道、長洲路」　司馬遼太郎著　朝日文庫

『街道をゆく』(二)「韓のくに紀行」 司馬遼太郎 朝日文庫
『街道をゆく』(七)「甲賀と伊賀のみち、砂鉄のみち」 司馬遼太郎著 朝日文庫
『街道をゆく』(一六)「叡山の諸道」 司馬遼太郎著 朝日文庫
『先代旧事本紀・訓註』 大野七三(校訂編集) 批評社
『皇祖神饒速日大神の復権』 大野七三著 批評社
『天ノ朝の研究』 菊池山哉著 田中紀子解説 批評社
『神典』 大倉山精神社
『甲賀郡誌・上巻』 昭和四十六年六月二九日発行
『新修・大津市 古代 第一巻』 大津市役所発行
『近代の古代を掘る』「土に刻まれた歴史」 大津市歴史博物館発行
『消された覇王』「伝承が語るスサノオとニギハヤヒ」 小椋一葉著 河出書房新社
『女王アマテラス』「伝承が語る古代史(Ⅲ)」 小椋一葉著 河出書房新社

<滋賀県の聖跡と遺跡略図>

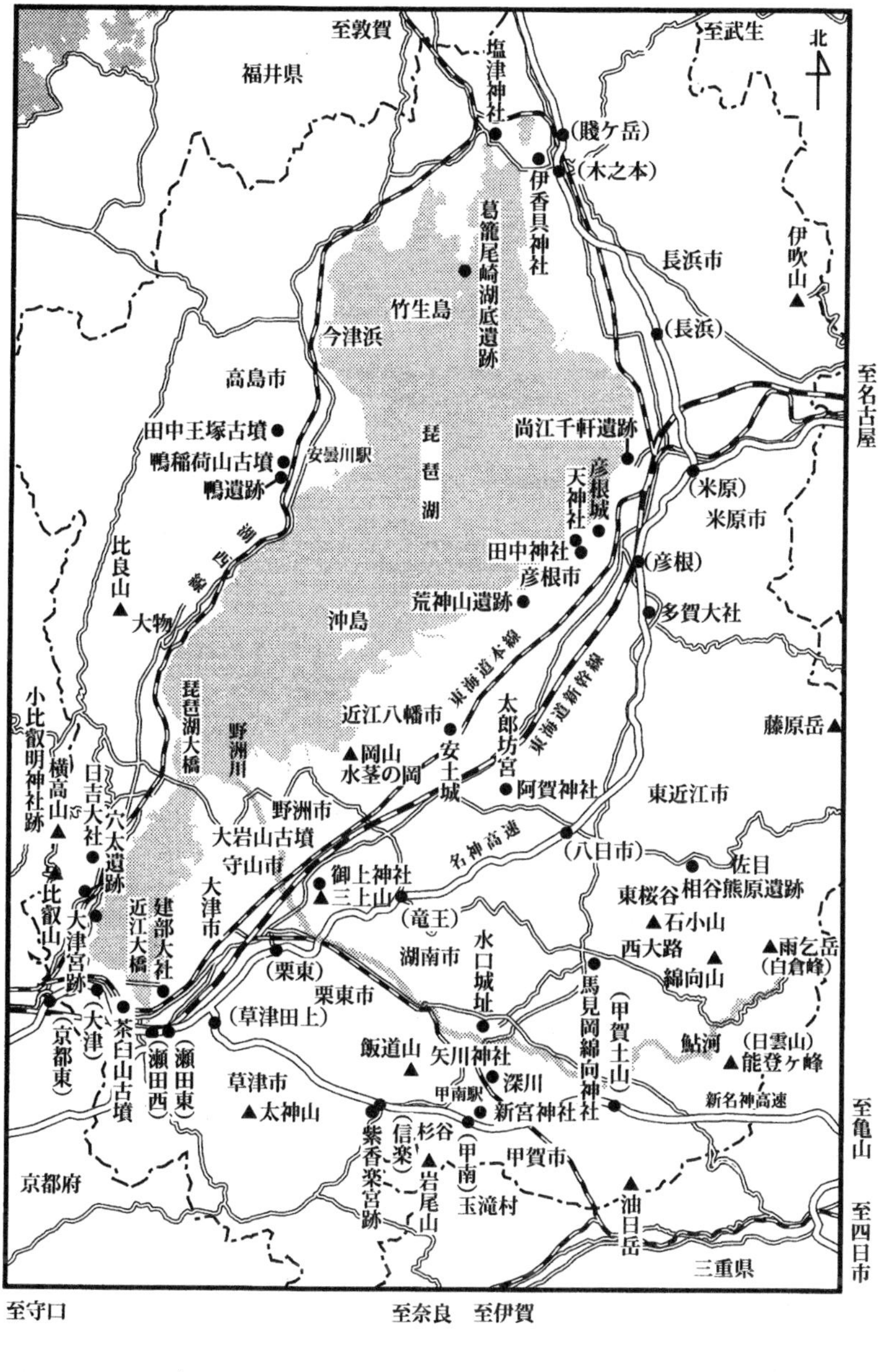

＜① 近江国の中心、愛宕山からのパノラマ的眺望＞

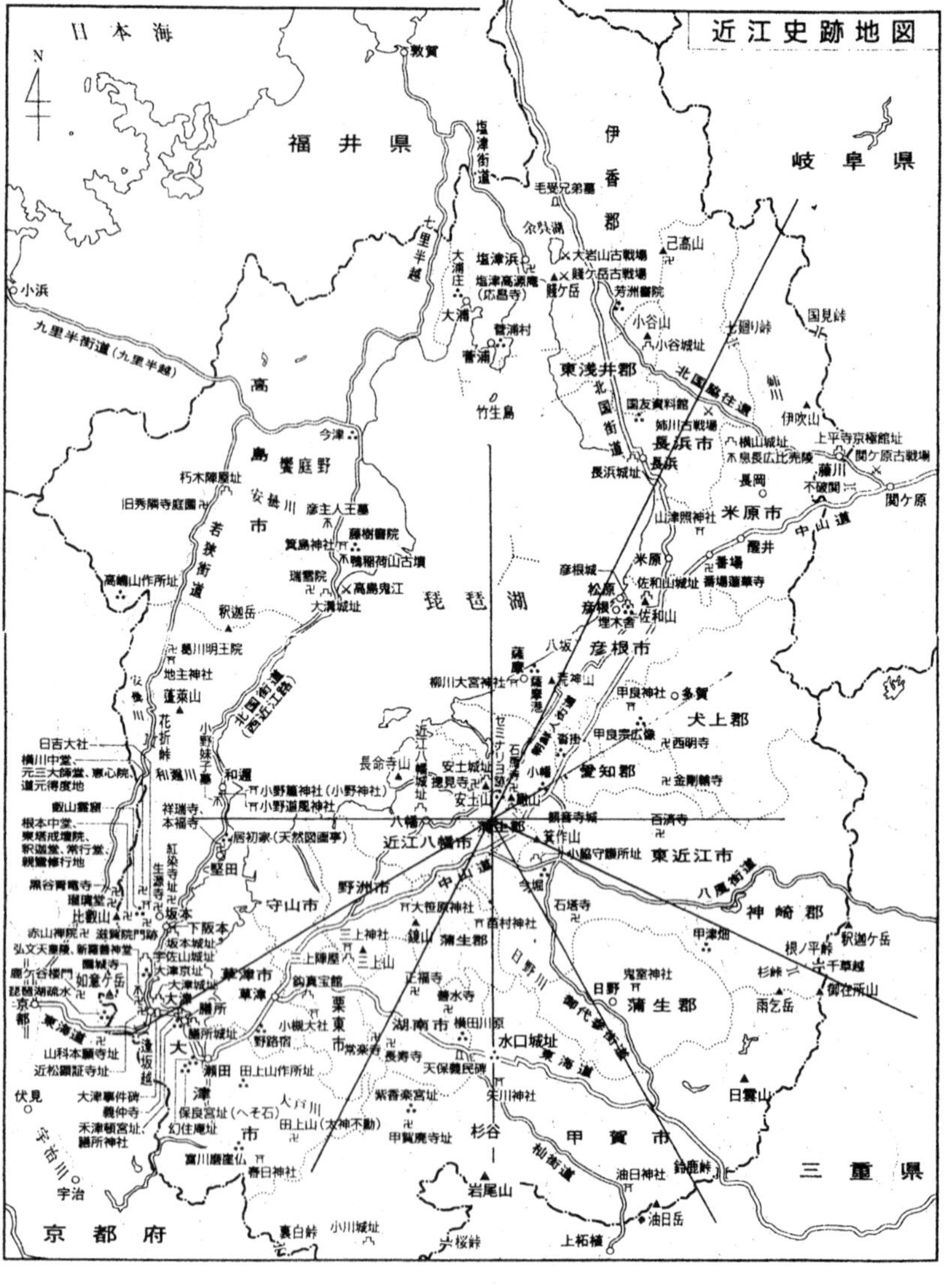

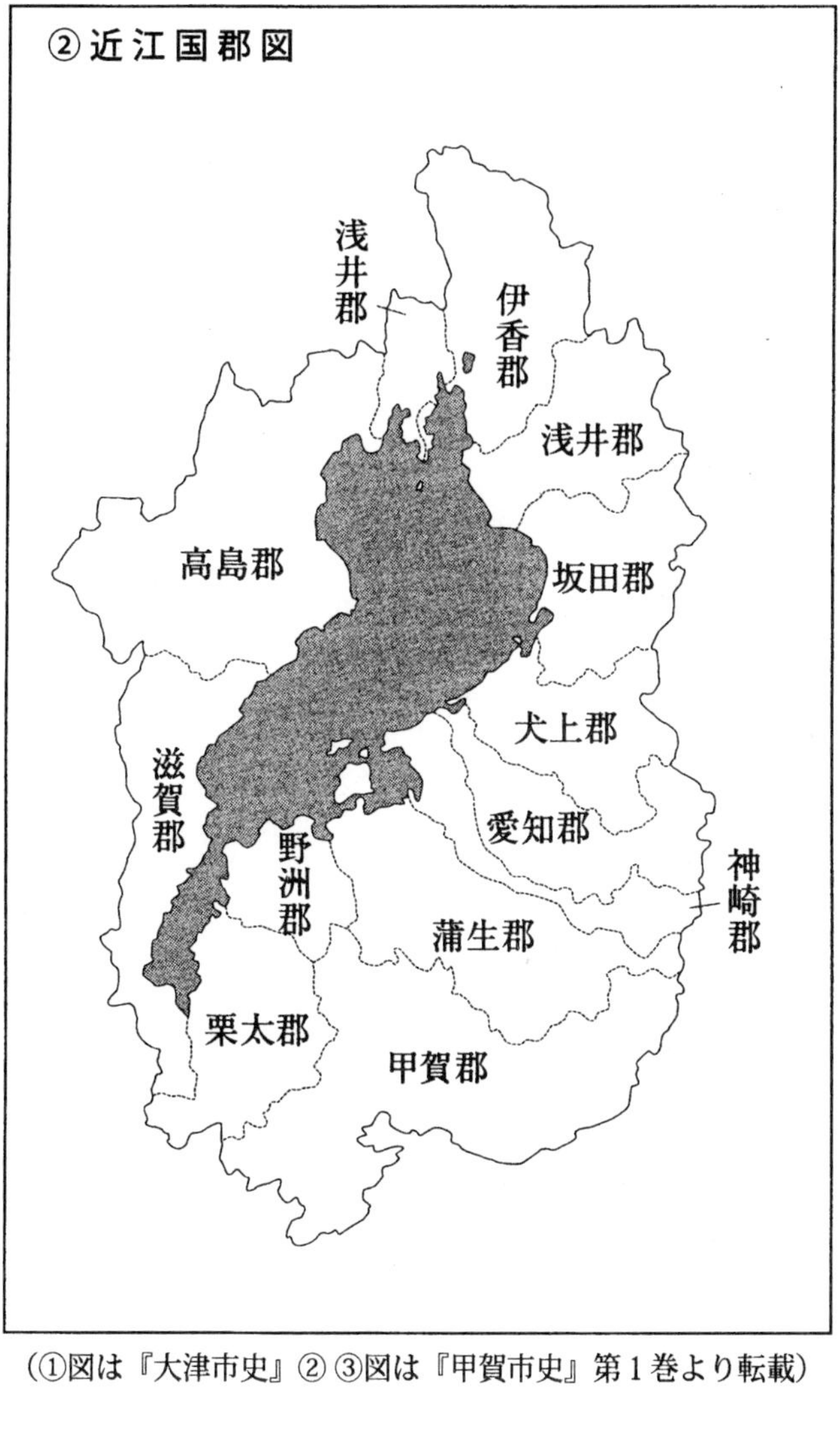

（①図は『大津市史』②③図は『甲賀市史』第１巻より転載）

③地質時代と甲賀市の地史

地質時代			地層・岩体	地史の概要
新生代	第四紀	完新世	沖積層	沖積層の堆積
		1万年前		
		更新世	河岸段丘	河岸段丘の形成 鈴鹿山脈の形成
			古琵琶湖層群	膳所・堅田・高島に湖沼群 湖東から瀬田にかけ厚い礫層の堆積 湖盆は現在の近江盆地に移り沼沢地を形成
	164万年前			
	第三紀	鮮新世		甲賀・甲南町域が湖となる 上野盆地に湖沼誕生
		520万年前		
		中新世	鮎河層群と綴喜層群	土山・甲賀町が浅い海となる 信楽の西方にも海の侵入
		2330万年前		
		漸新世 始新世 暁新世		山地の侵食と準平原化
6500万年前				
中生代	白亜紀		花こう岩類	湖東地域を中心に激しい火山活動 地下では花こう岩の形成
	1億4600万年前			
	ジュラ紀		中・古生層（美濃・丹波帯）	海洋底での堆積 堆積物をのせた海洋プレートの移動（↑） 大陸のへりに付加 （付加体の形成） 大陸縁の海底に砂や泥の堆積 （砂岩・泥岩の形成）
	2億800万年前			
	三畳紀			深海底に放散虫の沈積 （チャートの形成）
2億4500万年前				
古生代	ペルム紀（二畳紀）			熱帯の浅海でサンゴ礁 （石灰岩の形成） 南方遠洋で海底火山活動 （緑色岩の形成）
	2億9000万年前			
	石炭紀 デボン紀 シルル紀 オルドビス紀 カンブリア紀			
5億7000万年前				
先カンブリア時代				20億年前　日本最古の岩石（岐阜県） 35億年前　地球最古の化石（単細胞生物） 46億年前　地球の誕生

あとがき

近年になるまで『神典』に書かれる日本の神代史は、神話であって、目に見えぬ抽象的概念として隔世の感があった。

しかし古代遺跡の発掘により、近江の国はスサノオとアマテラスの誓約にはじまる古代歴史のルーツや湖底遺跡からの種々の情報、丹波からは大和朝廷以前の丹波王朝、島根・鳥取・岡山の遺跡からは出雲王朝、そして九州北部、大陸・朝鮮半島など、各地で素盞嗚尊やその系統（大国主神・火明命＝饒速日命）の文化が考古学的に表に現れつつある。

『新修・大津市』古代（第一巻）によるとその冒頭に

「一、歴史と文化＝古代の始原＝歴史の始めは、ながい間神話のなかにかくされていた。大津の歴史を叙述した戦前の『大津市史』（昭和十七年刊）も、その例外ではなかった。近江の国のなかに、神話の舞台である高天原《たかあまはら》や安河原《やすかわ》（＝やすのかわら・野洲川）がまじめに求められたこともあった。しかし戦後の歴史は、考古学的研究が神話にとって代わったのである。その結果、いずこの地域も同じように先土器・縄文・弥生の時代を歩んで、古墳時代を迎えたことが明らかになってきた。とくに大津市内では、石山貝塚（＝縄文時代早期）が、『新修・大津市史』の始めに記されることがその発掘調査によって明らかになっている。………」

出口聖師は「人類学者、進化論者の真面目なる研究を望む」と、近江の国の研究に強い期待をよせられている。

八百万《やおよろず》の神々が登場する『神典』の上巻について、出口聖師は、国常立尊はじめ伊邪那岐・伊邪那美大神、天照大神・月読尊・素嗚盞尊の天降りは、高天原である古代の富士山（＝神政の中心）と指摘する。

「日向の高千穂の峰」は、宮崎県の高千穂が定説ですが、古文献『富士文庫』に「日向の高千穂峰は、富士山」と明記され、高千穂の峰には二説がある。

○

国祖・国常立尊は、世界に国という区画がない時代。伊邪那岐・伊邪那美命は、世界に国が出来る時代。天祖《あまつみおや》の降臨《こうりん》（＝三貴神、天照・月読・素盞嗚）が『日本書紀』では一七九万二四七〇歳と記され、人類誕生のアフリカ説に匹敵する。そして素盞嗚尊が高天原を神追《かんやら》いに追《やら》われたのが、三十八万年前（＝物語第十五巻・第二十一章「帰顕」）日本列島が大陸から分離途中で、古琵琶湖が現在の位置に移動した頃とも推察されるが、時代が考古学や人類学と合致しない。

神々は富士山から信州・皆神山《みなかみやま》（＝山の中腹に天照大神の御陵あり）、皆神山から近江の国・湖北の伊香具山（現・賤《しず》ケ岳）から湖東を通り日雲山に天照大神、日枝の山（比叡山・コーカス山）に素嗚盞尊が天降りになり、坂本を本拠に瀬田、石山を経て太神山を背に「誓約」が行われ、人は天地経綸の主体として「一霊四魂」という魂（心）、五情と肉体を具備された三女神と五男神が誕生される。

この三女神の出生について、物語第十二巻では、橘姫《たちばなひめ》・深雪姫《みゆきひめ》・秋月姫《あきづきひめ》が素盞嗚尊の剱《つるぎ》の霊性から生れる。この三姫神の後身として『神典』の多岐津姫・多紀理姫・市岐嶋姫命が生れ、二段階での出生が記される。

○

「琵琶湖《あめのまない》の誓約」により、旧大和朝廷を生み成した大根元が近江の国にあるが、これらは総て不知火《しらぬい》海に捨てられる。

日本の建国は、神武天皇（神倭伊波礼彦命）の即位から、平成二十三年は皇紀二六七一年になる。初代・神武天皇を別にして、第二代・綏靖《すいぜい》天皇から第九代・開化天皇までを闕《けつ》史《し》八代（欠けた歴史）といい、歴史上の実在や実績が疑問視されているが、古代天皇は名前はなく「時代」を表している。

三世紀のはじめ中国の『魏志倭人伝』（出口聖師の文献には倭人伝は出てこない。）に記される邪馬台国の内乱は、「同殿同床」の制を廃止、貢物を徴収始めた第十代・崇神天皇（前97～前30・弥生時代）の頃から既に始まっていた。記紀の所伝によれば疫病が流行し、三輪山を祭祀するなど、祭事・政治の歯車がかみ合わず各地で内乱が勃発、四道将軍を北陸・東海・四海（山陽）・丹波（山陰）に派遣するなど、戦乱の世が続いていた。

○

昨年九月、奈良の纒向《まきむく》遺跡（応神天皇の頃）が発表された。そこで注目されたのが桃の実の種と、銅鐸の破片。銅鐸は固く弥生時代の技術の高さを誇るもので、叩いても壊れない頑丈さがある。この銅鐸のレプリカを作り千二百度の高温で焼き叩くと壊れたという。全国各地で発見される銅鐸は、山の中腹とか、麓で発見されており、大和政権による廃棄の命に、神聖な場所に隠されたのではないかと推測される。銅鐸は祭祀用の神具なのか、用途には不明な点が多いようです。滋賀県の三上山の中腹、大岩山遺跡から一三四・七センチの日本最大の銅鐸など二十四個、栗東市の下鈎《しもまがり》遺跡から三・四センチの小銅鐸が発見されており、全国では総数四七〇個を超えている。

素盞嗚尊は、『霊界物語』によると銅や鉄の鉱山を探させ、武器を造りたくわえたのを天照大神に疑われたことから、根の堅洲国《かたすくに》に神追われることが書かれている。

○

世界有数の古代湖・琵琶湖は、『神典』の神代、原始、縄文、弥生、大和、そして中世にかけて日本の政治・経済・文化の重要な役割をなし、また日本海を天の真名井として朝鮮・中国・ロシア・アジア諸国、太平洋を真名井として南北アメリカ、カスピ海・中東を真名井としてアジアと西欧の関係など文化や政治、経済、精神的な分岐点となっている。

○

古墳について出口聖師は、ひょうたん型が一番古く、伊邪那美命の御陵がそれで、神武天皇以後が前方後円墳であると指摘する。考古学では、弥生を経て古墳時代へ、天皇陵は前方後円墳から八角形になり、一般では円墳（土まんじゅう型）となっている。これらの古墳は中国や朝鮮から伝わったとの説がある。しかし本来は日本から伝えたものと考えられるのですが………。

○

滋賀県には、渡来人が多くそのルーツは、弥生時代からといわれているが、既に素盞嗚尊の神代から始っていた。つまり素盞嗚尊の時代、日本海は、塩分濃度が高く、また島伝いに渡航が容易であったとか。

五～七世紀頃の渡来人の住居跡から「オンドル」（炊事と床暖房を兼たもの）らしきものや霊蹟地が大津市、高島市、日野町など各地にあり、大陸との交流の深さを伺うことができる。湖北の冬は、大陸朝鮮の寒気が、若狭湾、湖北を通り、伊吹山に抜ける風の通り道となり底冷えがする。しかし日本は、「オンドル」の風習はなかったといわれる。

○

素嗚盞尊は、人間の祖を誕生され、国土を開拓し、人間に文字を与え、衣・食・住、天文、地文、芸術、宗教、医学それに製鉄は現代の基本となる高度な技術を教え、また幾度となく海外に出かけた、日本で唯一の神様です。その分霊は五大洲におよび、世界を弥勒の世に善導する尊い国柄、生きる喜びを与える国、責任の重い国、それ故日本は世界の雛型の国というのですが……。

主神の命により天降られた伊邪那岐大神が左の目を洗われると天照大神が生れ、右の目を洗われると月読命が生れる。八百万の神々が生れると、これを統一する神が生れねばならない。それが顔の中心なる鼻から生れた神、神素嗚盞大神で、宇宙を統一する神、大海原（地球）を主宰する神、人類を救う神、伊都能売大神《いづのめのおおかみ》、みろくの大神と奉称し、キリスト教では、主神・天主・ゴッド、仏教では薬師瑠璃光如来・阿弥陀如来・千手観音、中国では天帝、朝鮮では檀君《だんくん》……として現れるなど、世界の宗教には共通点がある。

○

出口聖師の滋賀県訪問は、明治三十一年秋に、大石凝真素美翁と先の水茎の岡山を訪ね、昭和四年四月十九日に、県下の有力者・村長区長村内協議員・江若鉄道社長安原仁兵衛氏等から比良山の近く木戸村字大物《だいもつ》の景勝地に七千坪の土地献納の話があり、検分に出かけられるが、大本の神苑建設順番の都合で取りやめになった。

また彦根城買収の話に「悪い蚊が居たのでやめた。」との記述は、滋賀県での宗教的開発は難しかった様子です。

昭和五年には各地で出口聖師の作品展が開催され、京都市岡崎での「宗教博覧会」（昭和五年三月八日〜五月六日）が大々的に行われる。滋賀県下では、同年九月二十二日から大達磨、神像、仏画、書、楽焼など約九十点が大津市白玉町「紅葉館」を皮切りに草津、信楽、長野、雄琴、水口、守山、土山など数十ケ所で行われ、大盛況に終了する。

昭和七・八年頃「天風海濤《かいとう》」と書かれ、その頃琵琶湖が荒れて舟が転覆したり赤くなったことがあった。出口聖師は「ユダヤの竜神と日本の竜神との戦いであった。江州はユダヤの型でここが開けんと世界は開けん。宣伝歌を歌って、琵琶湖を一周するように」と教えられた。（『新月のかげ』）

○

本書は日本で最古の『古事記』をはじめ『日本書紀』の釈義として、神素盞鳴大神の経綸・ご因縁を学ぶ誌上現地研修資料として発行しました。

滋賀県では、素盞鳴尊の姿が見えにくい。しかし、各地の霊跡や土の中、湖の中から先祖の生きてきた証が発掘され、大きな波紋を投げかけております。

古代の系統については出口聖師推薦の『旧事紀』、現在は大野七三編『先代旧事本紀・訓注』（批評社刊）を参照下さい。

出口聖師の目的は、日本を雛型に「精神界の王国」を建設することにあり、大正の時代背景等を考慮しつつ、神話・歴史・宗教として読み取り下さい。

平成二十三年四月七日　　　　　　　　　　みいづ舎編集　山口勝人

（本書『皇典釈義』第三版は、第一・二版より追加、訂正を行っています。）

皇典釈義　素盞嗚尊と近江の神々

平成23年 5月18日　　第1版発行
平成27年10月22日　　第3版発行

著　　者　　出口王仁三郎
発 行 者　　山 口 勝 人
編集・発行　　み い づ 舎

〒621-0855 京都府亀岡市中矢田町岸の上27-6
電話 0771(21)2271　FAX 0771(21)2272
http://www.miidusha.jp/
郵便振替 00950-1-189324

ISBN978-4-900441-88-0 C0014

出口王仁三郎著

道の栞

日清戦争より十年後、日本はかろうじてバルチック艦隊を撃破、旅順を攻落、多くの犠牲を出しながら日露戦争は勝利する。戦勝に沸く明治三八年、若き王仁三郎はアマテラス国家に対して、本当の神はスサノオの尊であり、救い主であることを明言、戦争は悪魔だと断言する。B六判／285頁／本体1500円＋税

出口王仁三郎著

スサノオ哲学

道之大本

明治帝国下、大胆にもスサノオ神話を提唱する王仁三郎は数千冊の本を執筆しながら、焼却され封じられてきた。だが残された数少ない文献の中に、希望の未来を開く真理が語られる。三千世界の梅の花が咲きほこり、そして一度散ってしまい、やがて実を結ぶという例えのように。B六判／180頁／本体1500円＋税

◉実録・出口王仁三郎伝

大地の母

全十二巻

出口和明著

大本草創期、丹波の里から世界の立替え立直しを叫び、波乱万丈の生涯を描く雄渾の物語である。いたずら者で女好きだった青年王仁三郎の生き方は、現代という時代にこそ似つかわしい。人間回復への言霊が読者の心にしみ通ってくる。好著！

文庫判／各巻本体980円＋税
一セット／本体11760円＋税